KB155954

언어는
인권이다

언어는 인권이다

2018
세종도서 교양부문

초판 1쇄 발행 2017년 9월 25일
초판 6쇄 인쇄 2024년 5월 10일

지은이 이건범

펴낸이 김명진

감수 리의도
편집 김명진
디자인 김정환
인쇄 재원프린팅
종이 화인페이퍼

펴낸곳 도서출판 피어나
출판등록 2012년 11월 1일 제2012-000357호
주소 121-731 서울시 마포구 토정로 37길 46, 303호(도화동, 정우빌딩)
전화 02-702-5084
전송 02-6082-8855

ISBN 978-89-98408-16-9   03300
값 16,000원

이 도서의 국립중앙도서관 출판예정도서목록(CIP)은 서지정보유통지원시스템 홈페이지(http://seoji.nl.go.kr)와 국가자료공동목록시스템(http://www.nl.go.kr/kolisnet)에서 이용하실 수 있습니다. (CIP제어번호: CIP2017023552)

언어에서 삶을 그리고 사회를

세상에 이런 일 하는 사람 몇은 있어야 한다는 생각이 나를 17년이나 국어운동에 매달리게 했다. 처음엔 동아리 활동처럼 시작한 시민운동이었는데, 2004년 이명박 전 서울시장이 시내버스에 크게 B, G, R, Y라고 써 붙인 걸 없애려다 한 발 더 깊이 발을 담갔고, 정부가 동사무소 새 이름에 '센터'를 넣은 일과 영어몰입교육이니 한자혼용이니 하는 문제에 맞서면서 점차 사명감과 책임감이 커졌다. 하다 보니 옛날 생각이나 논리로는 국민을 설득하기 어려울 때가 많았다. 이 책은 그런 고민의 결과다.

대학 신입생 때 학회 이름을 '우리나'라고 지었던 기억이 떠오른다. 친구들이 지은 다른 학회 이름은 '벼리, 불휘, 씨알'이었다. 나나 친구들은 대개 토박이말에 잔잔한 호기심을 지닌 젊은이였다. 말이 좀 바뀐 건 학생운동을 하면서였던 것 같다. 당시 우리는 경찰의 감시를 피하기 위해 영어 첫머리 글자로 만든 줄임말을 암호처럼 사용하였다. 학생운동은 에스엠(SM: Student Movement), 노동운동은 엘엠(LM: Labor Movement), 선도적 투쟁은 줄임말 '선택'을 영어로 바꾼 초이스(choice) 따위. 요즘 청소년이나 방송의 줄임말, 공무원들의 알파벳 약어가 낯설지 않다. 토박이말도 좋아했지만, 점차 영어를 많이 쓰게 된 데에는 어린 시절 독재 정권이 '민족 주체성'을 내세우며 강요했던 국어순화에 대한 정치적 반발도 작용했으리라.

⟨📎⟩

부끄러운 고백이지만, 외국 서적을 읽고 알게 된 개념을 후배들에게 가르칠 때면 외국어 용어를 마구 사용하기도 했다. 후배들은 답답했겠지만, 나는 그 말을 쓰고 있는 내가 상당히 진보적이고 뭔가를 더 아는 사람이라는 일종의 우월감을 맛보았다. 솔직히 말하자면, 나의 이해 부족을 그 외국어로 은폐하며 내 권위를 지키고 안심했는지도 모른다. 한두 번 그러다 보니 나중엔 반론에 맞설 때 외국어를 앞세우려는 유혹에 빠진 적도 있었다.

1994년부터 사업을 하면서는 영어에 더 관대해졌다. 한자말이나 영어 낱말이나 다 토박이말 아니기는 마찬가지인데 영어 좀 쓰는 게 무어 그리 큰 문제냐는 생각으로. 세계화 추세 속에 외국어 사용을 못마땅하게 여기는 주장은 좀 고리타분하게 들렸다. 내가 일궜던 사업이 미국 영향을 많이 받던 정보통신 분야의 일이었는지라 더더욱 그랬을 것이다. 그렇다고 남보다 영어를 남용하거나 토박이말 사용에 거부감을 가진 것도 아니었다. 다들 그랬듯이 나 역시 뒤죽박죽이었다.

2000년에 우연히 한글문화연대 활동을 시작하면서 나는 이런 문제에 답해야 했지만, 처음엔 기존의 생각과 한글문화연대 활동이 충분히 공존할 수 있을 거라고 여겼다. 젊은 날의 민주화운동 경험 때문에 나는 한 축으로 '민주주의'라는 가치를 내걸었고, 다른 한 축으로 사업가

답게 국어를 '경쟁력'이라고 추켜세웠다. 두 가치가 어떻게 충돌하는지 크게 신경 쓰지 않고 이게 필요하면 이걸, 저게 필요하면 저걸 들이밀었다. 하지만 민주주의는 현실에서 대개 종이호랑이 신세를 면치 못했고, 경쟁력 면에서는 영어 실력이 최강 기준이었던지라 논리 싸움에서 승패를 장담할 수 없었다. 국수주의라는 비난을 들은 적도 많다.

결국, 나는 '사회'와 '민족' 이전에 한 개인의 문제로 눈을 돌렸다. 그런 영감을 준 기억이 떠올라서였다. 바로 젊은 날 민주화운동을 하다 구속되었을 때 감옥에서 나와 한방을 썼던 잡범들. 배운 것 없어 어려운 말 앞에 주눅이 들고 자기변호조차 제대로 할 수 없었던 사람들이었다. 그 기억 속에서 나는 언어 문제가 표현의 자유와 알 권리의 보장에 얼마나 중요한지 곰곰이 짚어보게 되었다. 그리고 어느 순간, 언어는 인권이라는 깨달음에 이른 것이다. 2008년께의 일이다. 국민의 삶을 규정하는 공공언어 사용에서 알 권리를 보장하는 문제는 곧 내 운동의 핵심 가치가 되었다. 나중에 알게 된 사실이지만 영국과 스웨덴 등에서 이미 그런 운동이 일어나 이어지고 있었고, 다시 따져보니 570여 년 전에 세종께서 그런 정신으로 한글을 창제하신 게 아니었나 싶었다.

그 뒤 공화주의 사상을 접하면서 나는 언어와 민주주의, 민주공화국의 관계를 다시 성찰하게 되었다. 민주주의를 그저 절차나 선거 차원의 문제가 아니라 시민의 자유와 인간적 존엄을 지키기 위해 시민이 정치에 참여하는 문제로 보게 된 것이다. 시민이 공론을 만들어가는 공간인 공론장의 언어는 누구나 알아들을 수 있는 쉬운 말, 민주적 토론을 북

돈울 시민적 예의가 깃든 말이어야 한다. 그래서 나는 민주주의와 인권을 위해 국어를 지키고 사랑해야 한다는 결론에 이르렀다.

⌒

　나는 어린 날을 박정희 유신독재와 전두환 군사독재 아래 순응적으로 살았고, 20대에는 그에 반발하여 민주화운동에 투신하였으며, 30대에는 기업을 경영하며 날마다 경쟁력을 높이는 데에 골몰했었다. 이 책에서는 그런 나의 삶에 투영된 우리 사회의 변화와 국어 환경의 변화를 엮어서 다음 질문에 답하고자 했다. 내가 왜 젊은 날 국어 사랑에 그다지 크게 마음이 일지 않았는지, 우리 시대 한국인들은 왜 외국어 남용에 그리 관대하고 우리말과 맞춤법 파괴에 눈살을 찌푸리면서도 슬그머니 탐닉하는지. 우리 역사에서 보수적 민족주의와 병든 자유주의가 미친 해악, 이에 대한 인권과 민주주의라는 나의 답은 우리가 다시 국어를 사랑해야 할 이유를 고민하게 해줄 것이다.

　이런 나의 시각은 국어운동 선배님들의 시각과 조금 다르다. 우리말과 한글이 우리 민족의 자랑스러운 자주 문화이기에 잘 가꾸고 지켜야 한다는 선배님들의 생각에서 나는 조금 비켜나 있다. 포개진 부분도 있지만, 민주주의와 인권이라는 현대적 가치 쪽에 조금 더 서 있다. 어떤 견해가 옳은가의 문제는 아니다. 나의 견해가 선배들과 다른 것은 세상이 그만큼 변했기 때문이다.

　환경이나 언어나 모두 손에 잘 잡히지 않는지라 마구 훼손하다가 망가지고 나면 회복이 어렵다고들 말한다. 다만 몸으로 느끼는 고통의 크기가 다르다 보니, 환경보다 국어 쪽은 운동의 조건이 훨씬 더 나쁘다.

국어운동을 하는 시민단체는 내가 일하는 한글문화연대가 거의 유일하며, 그 후원회원 수는 환경단체의 새끼손톱만큼이나 될까 모르겠다. 선배들도 그리 많지 않았고, 이제는 연로하셔서 어떤 일로 기자회견이라도 열라치면 사진을 채워줄 사람이 모자라 기가 막힐 때도 있다. 그래서 더더욱 오기가 나는지도 모른다. 평생을 국어 사랑에 앞장서신 이대로 님, 오동춘 님, 남영신 님, 차재경 님 등 선배님들께 깊은 존경을 바치는 까닭이 여기에 있다.

내가 이룬 작은 일들, 약간 키운 생각들이 결코 나 혼자만의 것은 아니다. 늘 내 운동을 마음 깊은 곳에서 지지하고 실제로도 지원해온 동지이자 아내 이민선 님, 그리고 가족 모두에게 고마움을 밝힌다. 운동 현장에서 늘 궂은일을 마다치 않는 한글문화연대 김명진 님, 정인환 님을 비롯한 운영위원 모두에게도 동지에 대한 믿음과 헌신에 고맙다는 말씀을 전한다. 추천사를 써주신 한글학회 권재일 회장님을 비롯한 네 분께는 무게 모를 고마움으로 나의 부끄러움을 가리고 싶다. 일부 내용을 감수해주신 리의도 님, 귀한 자료 찾아주신 김슬옹 님께도 빚을 졌다.

늘 되뇌는 말이지만, 더 좋은 날이 올 것이다.

2017년 9월 11일
마포 한글문화연대 사무실에서
이건범

믿음 가는 국어운동가의 올곧은 생각

언어는 의사소통의 기능을 할 뿐만 아니라, 이를 바탕으로 그 사회의 문화를 창조하는 힘이 되기도 합니다. 우리말 역시 반만년 역사 속에서 우리 문화를 창조해 온 힘이었습니다. 그런데 오늘날 어려운 한자말, 외국어가 제멋대로 사용되어 올바른 의사소통을 가로막고 있습니다. 그냥 내버려 둘 수는 없는 처지입니다.

일찍이 프랑스의 철학자 뷔퐁은 "문장은 그 사람의 인격을 나타낸다"라는 명언을 남겼습니다. 그런데 최근 국민을 대표하는 정치인, 사회 여론을 주도하는 논객들이 우리의 귀와 눈을 어지럽히는 말을 거침없이 합니다. 참으로 안타깝습니다. 상대방의 가슴을 칼로 도려내는 표현이 이들 자신에게는 즐거움을 가져다줄지 모르지만, 듣는 상대방에게는 돌이킬 수 없는 충격을 안겨 줍니다.

이처럼 우리 말글살이가 헝클어진 오늘날, 우리 말글을 제대로 지키고 가꾸는 일의 중심에는 늘 한글문화연대 이건범 대표가 우뚝 서 있습니다. 제가 한글학회 일을 하면서 자주 만나 이야기 나눈 이건범 대표는 우리 말글을 가꾸고 지키는 일에 이론과 실천을 함께 갖춘 국어운동가입니다. 실천에만 힘쓰고 이론의 뒷받침 없는 여느 국어운동가와는 사뭇 다릅니다. 평소 그의 학구적인 태도에서 이론을 갖춘 국어운동가의 면모를 충분히 보았습니다. 특히 그는 최근 초등학교 한자 병기 논란을 논리적이고 합리적인 이론으로 당당히 막아 내었습니다. 국어운동가는 이처럼 이론이 뒷받침되어 있어야 그의 실천에도 믿음이 간다고 생각합니다. 이번에 펴내는 책, "언어는 인권이다"에 담긴 뜻이 바로 그러합니다.

이 책은 쉽고 바르고, 그리고 품위 있는 언어를 사용하는 것이 언어 생활의 민주주의요, 인권이라는 관점에 서 있습니다. 이를 위한 실제 현실 언어의 여러 모습을 통해 우리가 함께 생각해 보아야 할 실천 방법을 다양하게 제시하였습니다.

특히 공공언어에서 영어 남용은 우리말을 싸구려 이류언어로 떨어뜨린다고 하면서 대통령을 비롯하여 정부 고위공무원들이 외국어 사용을 줄이고 쉬운 말 사용에 앞장서야 한다고 주장한 점, 법률 용어에서 어렵고 낯선 한자어를 낯익은 고유어나 쉬운 한자어로 고쳐야 한다고 주장한 점, 글쓰기와 말하기에서 처지를 바꾸어 생각하고 말하는 버릇, 차별하지 않는 말버릇, 대화를 독점하지 않고 비아냥거리지 않고 핵심을 정확하게 표현하는 능력, 비판에 귀 기울여 듣는 태도를 키워야 한다고 주장한 점은 우리가 진지하게 읽어야 할 대목입니다.

일찍이 주시경 선생께서 말이 오르면 나라도 오른다고 하신 말씀을 되새기면서, 모쪼록 이건범 대표가 "언어는 인권이다"에서 펼치는 올곧은 생각을 우리 모두가 실천하여 말이 올라 나라가 오르는, 그러한 나라가 되길 기대합니다.

권재일 ✴ 한글학회 회장

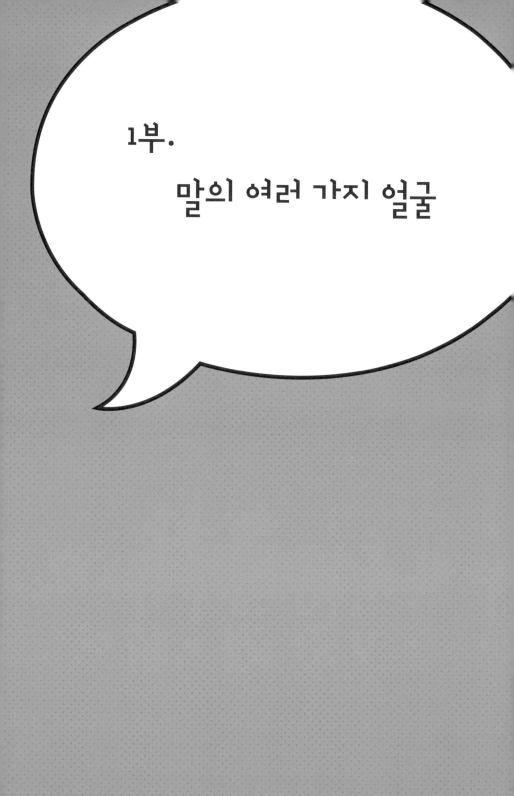

1부.

말의 여러 가지 얼굴

1장.
생명의 언어
- 위험에 빠뜨리는 말

　서울의 출근길. 3호선 녹번역을 떠나 홍제역 쪽으로 달리던 지하철 안에서 사고가 일어났다. 출근하던 중년 남성이 갑자기 심장마비로 혼수상태에 빠진 것. 옆에 있던 승객이 승무원에게 연락하고, 승무원은 곧 도착할 홍제역에 연락하여 역무원이 미리 출동하였다. 하지만 심폐소생술에도 이 승객의 멎어버린 심장은 쉬 다시 뛰지 않았다. 그때 구조에 앞장섰던 어느 여성이 역무원에게 역마다 자동제세동기가 있으니 빨리 그걸 가져오라고 하여 이 장비를 사용하게 되었고, 삶과 죽음의 갈림길에 섰던 승객은 목숨을 건졌다. 2015년 1월말에 실제로 일어난 일이다.

　자동제세동기. 쉽게 말한다면 '심장충격기'이다. 심장에 마비가 왔을 때 심실과 심방의 잔떨림을 억제하여 규칙적인 심장 박동의 리듬을 찾도록 심장에 강한 전류를 순간적으로 보내는 기기로서, 의학 지식이 부족한 일반인이 사용하기에도 어려움이 없다. 잔떨림(세동)

을 제거한다는 의미에서 자동제세동기라고 이름 붙였고, 원래 영어로는 A.E.D.(Automated External Defibrillator)의 약자를 이름처럼 사용하였다. '응급의료에 관한 법률'에 따라 공공보건의료기관, 구급차, 여객 항공기, 공항, 철도 객차, 20톤 이상의 선박, 다중이용시설에 반드시 이 기기를 설치해야 한다.

그렇지만 이런 장비가 공공장소와 시설에 설치되어 있다는 사실을 아는 사람은 드물다. 왜 그럴까? 내가 보기엔 이름이 너무 어려워서다. 'A.E.D.'라는 로마자 약어만 눈에 띄고 작은 글씨로 그 밑에 '자동제세동기'라고 뜻 모를 말로 적혀 있어서 일반 시민은 그 정체를 파악하기 어렵다. 좀 낯선 전문용어인지라 '자동제세동기(自動除細動機)'라고 한자를 함께 적더라도 사정에는 변함이 없을 것이다.

당시 사고 현장에 있던 역무원은 이 장비가 있다는 사실을 몰랐을까? 아니, 그럴 리는 없다. 다만 평소에 너무나도 낯설고 어려운 말로 표시돼 있던 터라 이 장비의 존재감이 약했으리라. 반면에, 자동제세동기라는 전문용어를 거침없이 사용하면서 그 장비를 가져오라던 여성은 건강보험심사평가원 직원이었다. 의료 쪽 전문가였던 것이다.

사람이 죽고 사는 문제와 관련 있는 말

나는 이 사건 전에도 어려운 이름 때문에 응급상황에서 이 장비를 제대로 사용하지 못할 위험이 있으니 이름을 바꾸라고 정부와 서울시에 몇 차례나 건의했었다. 2014년에 서울시는 우리 한글문화연대

심장충격기

의 제안을 받아들여 행정용어 79개를 쉬운 말로 바꾸면서 'A.E.D.' 또는 '자동제세동기'라는 말 대신 '(자동)심장충격기'라는 말을 사용하라고 발표했지만 새 이름으로 모두 바뀌지는 않은 상태였다. 이 사고가 난 뒤 한글문화연대에서 몇 차례 다시 개선을 요구하였고, 마침내 '자동심장충격기'라고 바꾸어 부르기로 2015년 5월에 국회 보건복지위원회에서 '응급의료에 관한 법률'을 개정했다. 나는 한글문화연대에서 운영하는 대학생 연합 동아리 '우리말 가꿈이' 학생들과 함께 서울 지하철 5호선 모든 역의 '자동제세동기' 표시를 '자동심장충격기'로 바꾸어 붙이기도 했다.

　말 가운데에는 사람이 죽고 사는 문제, 즉 생명과 안전에 관련된 것들이 제법 많다. 세월호 참사가 일어났을 때 방송에서는 '브이티에스'(해상교통관제소), '가이드 라인'(길잡이 줄), '에어 포켓'(배 안 공기 층), '라이프 재킷'(구명조끼) 따위 영어 낱말을 수도 없이 뱉어냈다. 당시 쓰던 '가이드라인'은 사회에서 흔히 쓰던 '지침'의 뜻이 아니었고, 바지선에 매단 '공기 주머니'가 있음에도 '에어 포켓'이라는 말을 써서 둘을 헷갈리게 했다. 그 얼마 뒤 서울 송파 지역에서 갑자기 땅이 꺼져 큰 구덩이가 생기는 걸 두고 언론에서는 '싱크홀'이라고들 떠들어댔다. 지하철 타는 곳 벽에 걸려 있는 응급전화에는 여전히 'EMERGENCY'라는 위험한 영어만 적혀 있다. 이걸 다 알아먹는 국민이 얼마나 되겠는가. 우리 사회는 어려운 말이 위급 상황에서 국민의 안전을 위협할 수 있다는 사실을 너무나도 가벼이 넘기고 있다. 안전을 가벼이 여기는 만큼이나 안전용어도.

게다가 한 번 이름을 짓거나 용어를 만들어 사용하고 나면 그걸 바꾸는 데에 엄청난 시간이 걸리고 돈을 써야 한다는 점도 문제다. 이제는 회사가 통합된 서울지하철 1~4호선과 5~8호선은 운행을 시작한 시기나 관리주체가 서로 달랐지만, 그것 말고도 지금은 '스크린 도어'라는 말을 안내 방송에서 사용하느냐 않느냐의 차이도 있다.

2013년 한글날 낮 한 시. 서울 지하철 1, 2호선이 겹치는 시청역 안에서 스무 명 남짓의 대학생과 박원순 서울시장이 큰 목소리로 함께 만세를 불렀다. 열차 문이 열릴 때 나오던 "스크린 도어가 열립니다"라는 방송 대신 "안전문이 열립니다"라는 말이 흘러나오고 있었다. 대학생 동아리 '우리말 가꿈이' 학생들이 그 일 년 전에 〈서울시 공공언어 시민돌봄이 한마당〉에서 박 시장에게 건의하여 '스크린 도어'라는 말을 '안전문'으로 바꾸겠노라는 답변을 얻어냈지만, 일 년이 지나도록 바뀌지 않던 판이었다. 이에 대학생들과 내가 박 시장에게 한 달 내내 편지를 보내어 재촉한 결과로 먼저 시청역과 5~8호선의 방송이 바뀐 것이다. 1~4호선은 문마다 달린 각각의 방송 장치를 바꿔야 하는 탓에 예산을 확보하는 대로 환승역과 낡은 시설부터 바꿔가기로 했고, 지금 그렇게 바꾸고 있다.

사실 이 말을 바꾸자는 의견은 10년 가까이 제기되었지만 그동안 지하철 실무자들이나 서울시 관계자는 교통 관련 무슨 규칙에 이 용어가 들어 있어서 함부로 방송을 바꿀 수 없다며 나 몰라라 했다. 시장이 그 문제점을 깨닫고서야, 그것도 약속한 지 일 년이 지나서야 겨우 바뀐 것이다. 그런데 이 '스크린 도어'라는 말이 10년 넘게 사용되다 보니 정작 언론에서는 안 바뀌는 게 아닌가.

2016년 5월 말, 서울지하철 2호선 구의역에서 고장 난 안전문을 혼자 수리하다 역에 들어오는 전동차에 목숨을 잃은 비정규직 청년의 사고 소식이 많은 국민의 가슴을 할퀴었는데, 당시 대부분 언론에서는 '안전문'이라는 말 대신 '스크린 도어'라는 말을 사용하였다. 시민의 안전을 지키는 안전문을 수리하다 꽃다운 젊은이가 목숨을 잃은 이 사고의 심각성은 '스크린 도어'가 아니라 '안전문'이라는 말을 써야 더 뚜렷하게 드러날 수 있었을 텐데. 말 하나 바꾸기가 참 어렵다.

물론 '스크린 도어'라는 말 때문에 큰 사고가 난 적은 없다. 지하철을 자주 타는 사람이라면 '스크린 도어'라는 말을 듣고 난 뒤 그 문이 열리는 걸 보게 되니까 그게 스크린 도어일 것이라고 짐작하여 알 터. 그러니 굳이 돈까지 써가면서 그걸 바꿀 필요가 있겠냐고 반문할 사람도 있으리라. 하지만 사고는 늘 그런 방심을 틈타 일어난다. 게다가 늘 스크린 도어라는 영어를 듣는 사람들은 자기 일터에서도 그 비슷한 말을 만들어낼 것이다. 위험은 그렇게 스멀스멀 퍼져 나간다.

어려운 말과 함께 위험도 퍼져 나가

세계화 시대에 우리가 외국어를 좀 사용하는 게 뭐 그다지 큰 문제가 되겠냐고 생각하는 이가 많다. 아니 더 나아가 나처럼 문제를 제기하는 사람을 국수주의자라고 비난하는 사람도 있을 것이다. 하지만 문제가 그리 단순하지는 않다. 만일 당신이 이 세상에서 영향력을 미칠 수 있는 대화 상대자가 당신의 가족 서너 명 정도로 제한되어 있고, 그런 상태로 평생을 산다면 나는 당신이 말의 절반을 영어로 하고 절반은 인도어와 러시아어를 섞어 쓴다고 해도 절대 간섭할 생각이 없다. 그건 전적으로 당신의 자유다. 그러나 이렇게 외톨이처럼 사는 사람이 과연 있겠는가? 우리는 분명 누군가에게 영향을 받고 영향을 미치며 산다. 그리고 그 대상 범위는 나날이 넓어진다. 통신망에 연결된 개인 매체가 매우 빠르게 발전하기 때문이다.

물론 영향력이 넓어지고 커진다 하여 개인의 수다와 자기 일터 전문가끼리 나누는 대화, 연인들의 노골적인 사랑싸움이 문제가 되지는 않는다. 문제는 개인의 말이 아니라 국민에게 두루 영향을 미치는 공적 기관들이 정책과 제도, 법률을 만들 때 쓰는 말의 위력이다. 이런 말을 '공공 언어'라고 부르는데, 'A.E.D.', '자동제세동기', '스크린 도어' 모두 공적 기관에서 정한 말이다. 이런 말은 다양한 매체를 통해 빠르게 퍼지고 주변 친구나 가족의 사적인 말보다도 한 개인의 삶에 강력한 영향을 미친다. 돈 버는 일, 침해받으면 안 될 권리, 내 의견을 밝혀야 할 일은 대개 이런 공공언어와 연결되어 있다.

정부 등 공적 기관이 정하여 사용하는 공공언어 가운데 어려운 말은 무엇보다 국민의 생명과 안전을 위협한다. 그리고 더 나아가 아주 교묘하고도 비열한 방식으로 국민의 알 권리와 평등권을 짓밟기도 한다. 누구나 경험했음 직한 그런 일들은 남이 나를 무식하다고 무시할까 봐 제대로 알려지지 않을 뿐이다. 흔히들 생각하는 것보다 자주 우리는 어려운 말을 하는 사람 앞에서 절절매거나 할 말을 못하게 된다. 심하게는 개인의 존엄을 무시당하는 일까지 벌어진다. 나는 지금부터 그런 이야기를 하려고 한다.

2장.
존엄의 언어
– '무릎 지뢰'처럼
주눅 들게 하는 말

난 밤보다 낮에 더 많은 위험을 느낀다. 눈부심 현상이 매우 강하게 일어나는 시각장애인이라 낮에는 두더지처럼 밝은 햇살을 피하며 살고 밤에는 그럭저럭 네온사인 불빛 아래 편안함을 느낀다. 내가 낮에 나다닐 때 가장 두려운 놈은 역시 자동차지만, 그 밖에도 두려운 존재가 제법 많다. 느릿느릿 인도로 오가는 자전거나 전화기만 보면서 다가오는 사람도 만만찮게 위험한 대상이다. 하지만 역시 결정타는, 인도에 자동차가 들어오거나 주차하지 못하도록 박아둔 돌기둥이다. 대개 무릎 높이거나 그 아래 정강이뼈에 부딪히기 좋은 높이인 데다 아주 악질적인 놈들은 뾰족한 사각 형태를 취하고 있다. '볼라드'라는 이름의 이 돌기둥을 나 같은 시각장애인들은 '무릎 지뢰'라고 부른다.

처음 이 돌기둥은 지체 장애인의 이동권을 보장하기 위해 인도에 차가 주정차하지 못하도록 설치하였다고 들었다. 그런데 원래 나쁜

족속은 법망을 요리조리 잘 피해 나가지 않는가. 악질적인 운전자들은 어떻게든 차를 세워 길을 막는다. 결국, 이 돌기둥이 길을 오가는 사람들에게만 불편하고 위험한 천덕꾸러기가 되는 바람에 요즘은 없애는 추세라고 한다.

한눈팔고 걷다가 당해본 사람은 알겠지만, 이 돌기둥에 부딪히면 제일 먼저 참을 수 없는 통증이 밀려온다. 대개는 높이가 비슷해서 '깐 데 또 까는' 기가 막힌 신공을 지닌 놈이다. 아주 죽을 맛이다. 그다음엔 원죄를 지었을 자동차 운전자들에 대한 분노가 치민다. 그리고 마지막엔 설움 같은 게 밀려온다. 왜 내 눈이 이 모양이 되었을까 하는. 몇 번 이런 경험을 하다 보면 자연히 요령이 생긴다. 차도와 인도가 만나는 곳 근처에서는 아주 자연스레 발걸음을 늦추고 정신을 바짝 차린다. 그런 곳을 지나노라면 긴장이 높아져 피곤할 때도 있다. 점차 그런 곳에는 가기 싫어지고, 낯익은 곳, 검증한 동네에서만 뱅뱅 돈다. 나의 세상은 그렇게 좁아진다.

움직이지 않는 물체 가운데 내가 무서워하는 또 다른 놈은 바로 계단이다. 모든 계단이 그런 건 아니고, 아주 반들반들 윤이 나는, 설치비가 많이 들어갔을 법한 그런 계단들이다. 늙은이들도 나와 비슷할 거다. 이런 계단의 특징은 계단 끝에 아무런 표시가 없어 구분하기 어렵다는 점이다. 올라갈 때는 바로 윗단의 그림자가 비쳐 희미하게나마 계단과 계단을 구분할 수 있지만, 내려올 때는 어디서부터 계단이 시작되는지 알아채기 어렵다. 대리석을 깔아놓은 계단이라

면 더 말할 나위도 없다. 이런 계단에서 구르면 돌기둥과는 비교할
수 없는……. 우, 정말 겁나는 일이다.

자기 처지를 운명의 탓으로 비관하게 하는 말

우리가 사용하는 말 가운데에도 의도는 그렇지 않았으나 무릎 지
뢰 역할을 하는 말, 빛나고 고급스럽기는 한데 어떤 이를 골로 보낼
수도 있는 그런 말이 있지는 않을까? 아니 강도는 약하더라도 사람
을 긴장하게 만들어 저절로 절게 하고 자기 처지를 그저 운명의 탓
으로 비관하게 하는 그런 말말이다.

어느 해 여름에 전국적인 행사를 준비하기 위해 스무 명이 넘는
시민운동가들이 함께 논의하는 사전 모임에 참석한 적이 있었다. 각
자 주제를 잡고 그에 관심이 있는 사람들을 모아 자유롭게 토론하
는 자리를 전국적으로 동시에 만들자는 계획이었다. 그런데 회의 처
음부터 나온 의제가 '퍼실리테이터'를 어떻게 조직하느냐는 것이었
다. '퍼실리테이터'라는 말이 무릎 지뢰처럼 내 머리를 가격했다. 고
등학교 때 영어 공부하면서 분명히 외웠을 법한 단어였지만, 난 그
정확한 뜻이 떠오르지 않아 무척이나 답답했다. 무릎 지뢰의 특징
처럼 이 말도 사람들이 쓸 때마다 깐 데 또 까는 공격력을 발휘하였
고, 난 도무지 회의에 집중할 수가 없었다. 문맥으로 파악해보려고
꽤 애를 썼지만 그림이 정확하게 들어오지도 않았다. 그 정체 모를
외국어를 남발하는 사람들에게 짜증이 났고, 곧 그 짜증은 '어쩌다

내가 저런 단어까지 잊어먹었지?'하는 회한으로 돌아왔다. 내 탓이 된 셈이다. 대략 한 시간 정도 지나면서 '아, 퍼실리테이터라는 말이 도와주는 사람이겠구나' 정도의 추측이 가능했다. 집중을 못 한 탓에 내 차례가 되었을 때 나는 횡설수설을 피할 수 없었다. 꽤 우울한 회의였다. 눈만 좋았으면 휴대전화로 검색이라도 해보련만 그마저도 불가능했으니 그 한 시간 내내 오죽 답답했겠는가.

회의를 마치고 돌아오면서 나는 시민운동 한다는 사람들이 왜 시민들이 알아듣기 어려운 말을 사용하는지 잠깐 생각해봤다. 첫째, 우리나라의 시민운동이 비교적 늦게 시작된 탓에 시민운동의 경험이나 이론이 외국으로부터 들어온 경우가 많을 것이다. 여기에 묻어서 영어나 다른 외국어로 쓰이던 말이 들어왔고, 이를 번역할 틈도 없이 그냥 사용했으리라. 둘째, 일종의 서구식 자유주의가 언어 환경에도 영향을 미치는 것 같았다. 군사독재 정권 시대에 낱말 선택조차 규제를 받던 그 악몽의 반작용으로, 영어를 사용하든 국어를 사용하든 그것은 개인의 자유라고 보는 분위기가 많이 퍼진 것 같았다. 심지어 영어 사용이 좀 더 진보적이고 개방적인 느낌을 준다고 여기는 시민운동가도 있을 수 있다. 정작 시민들은 못 알아들을 위험이 있는데도 말이다.

공적인 위치에서든, 사적인 자리에서든 우리가 무심결에 쓰는 말 가운데 어떤 사람에게는 무릎 지뢰로 다가갈 말이 없을까? 사회생활을 시작하면서 누구나 마주하게 되는 클라이언트, 벤치마킹, 스왓 분석, 네고, 메타포, 거버넌스 같은 말들. 사회에 나와 이런 말을 처음 들었을 때 나는 꽤 긴장했었다. 어떤 때는 그냥 아는 체하면서 고개를 끄덕였고, 어떤 때는 황급히 말을 돌리기도 했다. 누구든 남이 하는 말 앞에서 그 뜻을 몰라 주눅이 들거나 어색한 미소로 고개를 끄덕이며 아는 체한 일, 그러다 창피를 당한 일이 왜 없겠는가. 그런 말은 셀 수도 없이 많을 것이다. 더 나아가 자존심을 구기거나 창피 당하는 수준을 넘어서는 일도 생길 수 있다.

3장.
권리의 언어
– 어려운 이의
어려움을 키우는 말

나는 2012년부터 5년 동안 서울고등법원의 시민사법위원으로 활동하였다. 국어운동을 하는 시민단체 한글문화연대의 대표 자격이랄까. 사실 내가 한글문화연대 일을 하게 된 동기는 젊은 시절의 감옥살이 경험과 긴밀하게 연관되어 있다. 난 대학 4학년이던 1986년에 대통령 직선제를 포함한 민주적 개헌을 요구하다 집회 및 시위에 관한 법률 위반으로 넉 달가량, 1990년 말부터는 대학생과 노동자들을 조직하여 민주화운동을 벌인 일로 2년 4개월 동안 감옥 생활을 했다. 세상 참 많이 변했다. 전과 2범인 내가 당시에 재판을 받았던 서울고등법원의 시민사법위원이 되었으니.

두 번째 감옥살이 때 나와 함께 방을 쓰던 사람들은 모두 1심 재판에서 유죄를 선고받고 항소한 절도범들이었다. 그들은 대개 가난하였는지라 변호사를 선임할 처지가 아니었고, 배운 것도 적어 스스로 자기를 변호하기에 한계가 있었다. 그런데 검찰의 공소장과 1심

재판부의 판결문은 대학을 졸업한 내가 읽기에도 쉽지 않았고, 형법은 국한문혼용이었다. 그들은 지은 죄 이상으로 처벌받을 위험에 놓여 있었던 것이다.

서울고법 시민사법위원에 지원할 때 나는 그 동기를 다음과 같이 밝혔다.

"저는 청년 시절 민주화운동을 하다가 두 차례 투옥되어 밑바닥 피의자들과 함께 생활하면서 우리말글을 잘 지켜야 하고 되도록 쉬운 말을 사용해야 한다는 생각을 하게 되었습니다. 고등교육을 받은 저로서도 뜻을 헤아리기 어려운 여러 가지 재판 관련 용어 때문에 그 사람들은 많은 어려움을 겪고 있었습니다. 검찰의 공소장이나 재판부의 판결문에서 사용하는 말들은 일반인에게 참으로 생소합니다. 그들은 자기방어를 포기하고 인생을 포기할 처지였습니다. 그들에게 조금이나마 도움을 주고자 제가 직접 큰 법전과 국어사전을 구해 그 말들의 의미를 찾아 뜻을 풀어주었고, 그 경험 덕에 한글운동에 나서게 되었습니다."

부작위, 일응, 일몰, 기속, 해태, 부종, 가사 등 법률 용어가 아님에도 법조계에서 사용하는 이런 말의 뜻을 정확하게 아는 일반 국민이 과연 몇이나 되겠는가? 검찰과 판사는 그들이 의도하지 않더라도 그런 난해한 말을 통해 시민 위에 군림한다. 내가 보기에, 사법 관계자는 중학교 의무교육을 마친 국민이라면 누구나 알아들을 수 있도록 쉬운 말로 재판 절차 안내나 민원 문서, 판결문과 통지문 등을 써야 한다. 그런 분위기를 만드는 데에 조금이라도 이바지하고자 시민사법위원으로 지원했던 것이다.

의도와 상관없이 난해한 말로 국민 위에 군림

어려운 말이 사람의 권리를, 특히 사회적 약자의 권리를 짓누른다는 사실을 보여주는 역사적 사례로, 우리나라 근대화 과정에서 빼놓을 수 없는 인물인 전태일 열사의 삶을 들 수 있다. 빠른 산업화와 경제성장이 오늘날의 풍요를 만들어주었다면, 그 반대편 그늘에서 노동자의 인권은 짓밟히고 늘 성장 그다음의 일로 미뤄졌다. 이에 전면적으로 문제를 제기한 사람이 바로 전태일이다. 1970년에 청계천 평화시장에서 "우리는 기계가 아니다", "근로기준법을 지켜라" 하고 외치며 분신한 노동자 전태일. 그가 너무나도 열악한 어린 여공들의 근로 조건을 고치기 위해 어떤 장벽부터 넘어서야 했는지, 조영래 변호사가 쓴《전태일 평전》에는 이렇게 적혀 있다. 1969년의 일이다.

"바보회가 창립된 지 얼마 후 태일은 어머니에게 빚을 내어 책 한 권을 사달라고 졸랐다. 어느 노동법 학자가 쓴《勤勞基準法解說書》(근로기준법 해설서)였다. 정가가 2,700원이었는데 어머니한테는 엄청난 액수였다. 결국, 동네 사람들에게 빚을 얻어 책을 샀다. 그날 이후로 그는 시간만 나면 그 책을 읽고 또 읽었다. 원래 그 책은 법학을 전공하는 대학생들을 상대로 쓰인 것이었다. 그런데 학력이라고는 초등학교 과정과 중등 정도의 공민학교를 포함해 3년 남짓 다닌 것밖에 없는 태일이 그 대학교재를 붙들고 씨름하자니 여간 어려운 일이 아니었다. 몇 페이지만 넘겨도 전문적인 법학 개념과 법률용어들이 수두룩하게 나왔다. 하지만 태일은 하룻밤을 꼬박 새워 한 장밖에 못 보는 한이 있더라도 책을 놓지 않았다. 이때부터 그는 '대학생 친구가 하나 있었으면 원이 없겠다'는 말을 입버릇처럼 하게 되었다."

여기서 우리는 평화시장 노동자 전태일이 밤새 읽던 《근로기준법 해설서》뿐만 아니라 '근로기준법' 또한 국한문혼용이었던 점을 놓쳐선 안 된다. 글자도 어렵고 뜻도 어려운 외계어로 자신의 권리를 해설 당하고 있는 이 청년 노동자의 심정은 그 시대의 근로 조건만큼이나 참담하였을 것이다.

내가 시민사법위원으로 활동을 시작할 무렵에 마침 서울고등법원에서는 형사, 민사, 행정 재판의 항소 절차를 쉽게 설명해주는 안내 소책자를 발간하려는 계획을 세우고 있었다. 난 그 원고를 검토할 기회를 달라고 아주 강하게 요구했다. 법원에서도 원하던 바였다. 나는 꼬박 나흘에 걸쳐 원고를 고쳐 주었다. 물론 법률 용어를 내 마음대로 바꿀 수는 없었지만, 정말 어려운 말은 그 앞에 뜻을 풀어 주고, 문장 서술이 난해한 것들은 모두 쉽게 고쳤다. 예를 들면 다음과 같다.

- (민사) 적절한 화해·조정안이 도출되었으나, 경미한 부분의 의견 차이가
- → 적절한 화해·조정안이 나왔으나, 가벼운 의견 차이가

- (형사) 구비해 놓았습니다. → 갖춰 놓았습니다.
- (행정) 직접 법정에 현출하는 방법으로 → 직접 법정에 내놓는 방법으로

서울고법에서는 나의 의견을 대폭 받아들였다. 세상은 조금씩 변하고 있다. 그러나 또 어떤 곳은 변하지 않는다. 관성이란 만만치 않다. 사람들이 어려워할 거라는 생각 없이 만들어지는 말이 참으로 많다. 내가 경험했던 웃기는 사례를 하나 소개하겠다.

국민 생활에 파고드는 전문용어, 어려워

2012년 6월 말에 나는 어느 복지 단체의 운영위원 자격으로 한국의사협회 건물 앞에서 '포괄수가제' 도입에 찬성하는 기자회견에 참여한 적이 있다. 하필 그날 같은 시각에 의사협회는 포괄수가제 도입에 반대하는 기자회견을 열 계획이었는지라 백 명 이상의 기자가 모여들었다. 포괄수가제 도입에 반대하는 의사협회의 발표를 찍고 난 기자들은 우리에게 사진기를 들이댔다. 서로 대비되는 그림이 있어야 기사가 되므로 기자들이 여유 있게 찍을 수 있도록 우리에게 기자회견 시간 조정을 요청해서 약간 뒤로 늦춰놓은 상태였다. 내가

현수막의 맨 끝을 잡고 있었는데, 아마도 내 턱밑에서부터 올려 찍으면 의사협회 건물까지 다 나오는지 내 주변에서 사진기 터지는 소리가 쉼 없이 들려왔다. 나중에 보니 내 얼굴이 신문과 텔레비전 여기저기에 주먹만 하게 나왔더라.

그 기자회견 2주일 전엔가 텔레비전 토론회를 본 적이 있었는데, 주제가 포괄수가제 도입이었다. 난 토론회 중간부터 봤기 때문에 포괄수가제가 뭔지 설명하는 장면을 놓친 상태였다. 거의 한 시간이 지나도록 지켜봤지만 포괄수가제가 어떤 제도인지 중간 정리라도 해주는 사람은 아무도 없었다. 사회자마저 그 모양이었고, 그저 찬성과 반대의 무한 대립이었다. 게으른 탓에 결국은 포괄수가제의 뜻을 파악하지도 못하고 의사협회 앞에서 열린 기자회견에 나갔던 참이었는데…….

기자들이 흩어지고 난 뒤에 물어보았다. "근데 포괄수가제가 도대체 뭐야?" 함께 기자회견에 참가했던 동료가 아주 쉽게 답을 해줬다. "질환별 의료비 정찰제 정도로 이해하면 돼" 젠장, 정말 너무 쉬운 말이었다. 질병의 검진이나 수술 등 진료 행위마다 받던 병원비를 질환별로 묶어 통일한 제도란다. 같은 병을 앓으면 어느 병원을 가도 의료비가 같아진다. 두 용어 가운데 어느 것이 분명하게 다가오는지 두말할 필요가 없지 않은가. 만일 그 텔레비전 토론에서 포괄수가제라는 말 대신 의료비 정찰제라는 말을 썼다면 국민들의 정책 이해와 반응은 어땠을까? 아마 의사협회는 반대의 뜻을 밝힐 엄두도 내지 못했을 것이다.

어려운 말은 어려운 이의 어려움을 더 키운다. 장애인, 기초생활보장 수급자, 노숙인, 홀로 노인 등 사회와 이웃의 손길이 필요한 사람들은 경향적으로 학력이 낮거나 정보를 얻기 어려워 최신 정보 및 용어에 뒤처지는 편이다. 그런데 그들의 어려움을 덜어줄 사회복지 용어는 참으로 쉽지 않다. 동사무소 사회복지 창구 앞에서 10분만 앉아 들어보면 공무원의 말을 이해하지 못해 했던 말 또 하고 물은 거 또 묻고 그래도 석연찮은 얼굴로 일어나는 광경을 두어 번은 볼 수 있다. 법과 사회가 마련하고 보장한 권리조차 제대로 찾을 수 없는 것이다.

근대화 과정에서 서구의 학문이나 제도가 대개 일본을 거쳐 들어온 사정을 고려한다면 그 용어에서 일본이나 독일, 미국의 영향력은 어쩔 수 없었던 듯하다. 우리에게 없었던 제도와 학문을 받아들일 때는 용어도 따라 들어오기 마련이다. 사회복지 용어도 마찬가지일 것이다. 그렇지만 그렇게 너그럽게 이해하기엔 좀 충격적인 말들이 많다. 그 가운데에서는 '바우처'라는 말이 으뜸이다. 이 제도가 낯설기도 하겠지만 그 낯설음은 '바우처'라는 말 때문에 갑절이 된다. 나역시 장애인 활동 보조인 제도를 이용하면서 전자 바우처 카드라는 걸 받게 되었다. 복지관 담당자가 처음에 바우처라는 말을 꺼낼 때부터 나는 그 제도가 매우 복잡하리라는 선입관에 지레 절절맸다. 고등 교육을 받은 내가 이럴진대 나보다 교육 기회가 적었을 대부분의 바우처 대상자들에게는 어땠을까? 사용하다 보니 바우처라는 게 별것 아니었다. 회사에서 나눠준 식권을 식당에 내고 밥을 먹는 것처럼 내게 주어지는 복지제도를 사용할 때 쓰는 이용권이었다. '복지 이용권'이라고 해도 될 말을 '복지 바우처'라고 부르는 것이다.

어려운 말은 어려운 이의 어려움을 더 키운다.

복지 언어에서 일반인이 이해하기 어려운 말로 '급여'라는 말을 빼놓을 수 없다. 공무원이나 회사 직원들이 일하고 받는 돈을 급여라고 부르는데, 사회복지 분야에서는 같은 말을 다른 뜻으로 널리 쓰고 있다. 재가 급여, 장기요양 급여, 의료 급여, 시설 급여, 생계 급여, 시설 생계 급여 등이 그 예인데, 일한 대가에 해당하는 급여(pay)와 사회의 손길에 해당하는 급여(benefits) 사이에는 큰 거리가 있음에도 이 차이를 무색하게 만든다. 여기에 다시 수많은 종류의 복지 급여를 받는 수급자 또는 수급권자라는 말이 따라붙는다. 흔히 '수급자'라고 줄여 부를 때는 기초생활보장법에 따른 기초생활보장 수급자를 뜻하지만, 이와는 또 다른 의미다. 어렵다.

이렇듯 이해하기 어려운 한자어로는 적정 보수권, 송영 서비스, 시간/장소 지남력, 노유자 시설, 촉탁 의사 등 사회복지의 여러 분야에서 사용하는 다양한 말이 있다. 문제는 이런 말이 복지의 내용을 정확하게 전달하는 데 어려움을 준다는 점이다. 게다가 복지가 국민 전체의 관심사가 되기 전에 정부가 주도해 만든 말이 많아서 그런지, 일방적이고 갑을 관계가 연상되는 고압적인 말이 너무 많다. 격리 조치, 보호 처분, 관리 대상자, 생활 지도원, 입소 희망 장애인, 사회 복

귀와 같은 말이 대표적이다. 어디 그뿐이랴. 이제 복지 용어도 어려운 한자어에서 영어 쪽으로 옮아가고 있다. 클라이언트, 데이 케어, 케어복지사, 시니어 클럽, 푸드 뱅크 사업, 그룹홈, 의료급여 텔레케어 등 정책 담당자들이 만든 어려운 말이 숱하다.

이렇듯 국민의 알 권리를 원천봉쇄하는 어려운 말들은 언어 공동체에서 약자들을 소외시키고 추방함으로써 그들을 인권 공동체, 정치 공동체에서 추방하는 결과를 낳는다.

4장.
살림의 언어
- 일의 효율을 떨어뜨리는 말

    사업가 최 씨는 7년 전에 처리했던 회사의 세금 신고가 잘못되었다는 이유로 150만 원가량의 종합 소득세를 내라는 고지서를 받았다. 깜짝 놀란 최 씨는 세무서를 찾아가 세금을 매긴 사유를 알아보았고, 그 당시의 거래 관련 자료를 찾아보았다. 분명 자신의 잘못이 아니며 세무서의 업무 착오라는 판단이 섰다. 이에 세무서마다 있는 납세자보호 담당관실에 이의를 제기하는 문서를 냈다. 3주일가량 지나 최 씨의 집으로 '이의신청 결정서'가 날아왔다. 주요 내용은 아래와 같았다.

    주문 : 이 건 이의 신청을 각하 결정합니다. 이유는 …… 부과 제척 기간이 5년으로 본 쟁점 금액은 이미 기간 경과하였기에 고지세액 직권 경정함. 살펴본 바와 같이, 처분청의 직권 시정으로 인하여 불복의 대상이 되는 처분이

존재하지 아니하므로 국세기본법 …… 의 규정에 의하여 주문과 같이 결정
한다.

결정서를 읽은 최 씨는 자신의 이의신청이 받아들여진 것인지 아
니면 받아들여지지 않아 세금을 내야 하는지 가늠하기 어려웠다.
'각하'라는 말의 느낌만으로는 뭔가 자신의 요구가 제대로 받아들
여지지 않은 것 같았다. 국어사전을 찾아보니, '각하'라는 말은 행정
법에서 국가기관에 대한 행정상의 신청을 배척하는 처분을 뜻하며,
'물리침'이라는 말로 순화했다고 나왔다. 그렇다면 최 씨의 이의 제
기가 받아들여지지 않았다는 말인데. 더구나 그 이유를 밝히는 문
장에는 더 어려운 말이 그득해서 결국 최 씨는 세무서에 전화를 걸
어 물어보지 않을 수 없었다.

결론은 세금을 낼 필요가 없다는 것. ○○세무서에서 애초 세금을
내라는 결정을 내려 최 씨 주소지 ××세무서를 거쳐 고지서를 보낸
건데, ○○세무서에 다시 확인해보니 세금을 내라고 요구할 기간이
지난 사안이라 없던 일로 수정됐고, 그래서 이의신청의 대상이 되는
사건이 없어져 이의신청을 받지 않겠다는 이야기였다. 물론 최 씨가
이 설명을 듣기까지는 전화를 무려 여섯 번이나 걸어야 했다. 게다가
세무서의 착오로 벌어진 일이라는 게 최 씨 생각이었는데, 세무서에
서는 실수를 인정하지 않은 채 기간 문제만 어려운 말로 설명하니
더 혼란스러울 수밖에 없었다. 최 씨는 세무서 직원에게 좀 쉬운 말
로 하면 안 되느냐는 씁쓸함을 전하고 통화를 마쳤다.

어려운 말은 사회적 낭비 불러

최 씨가 당한 것과 비슷한 경험을 하는 사람은 우리 주변에 적지 않다. 사전과 법률, 공문서에만 등장하는 어려운 한자어들, 그리고 각종 광고와 상품 이름, 사용 설명서에 실린 영어 낱말은 고등학교를 나온 일반인조차 문장을 제대로 이해하는 데 방해가 된다. 국민의 알 권리를 심각하게 침해하는 것이다. 또한, 어려운 말은 그걸 보고 듣는 이에게 불안감과 심리적 위축을 일으키고, 그 뜻을 알고자 남에게 물어볼 때 문화적 수치심을 느끼게 한다. 지식의 정도, 교양의 정도는 매우 자주 언어로 표현되기 때문이다. 이뿐만 아니라 사회적으로는 비용을 쓸데없이 낭비하게 한다. 시간이 곧 돈 아닌가? 최 씨도 문서 내용을 이해할 수 없어 설명을 듣고자 무려 여섯 번이나 전화를 걸었고, 세무서 직원도 최 씨를 이해시키기 위해 길게 통화를 해야 했듯이 말이다.

이렇듯 어려운 말은 행정에서든 기업활동에서든 일의 효율을 떨어뜨린다. 서울문화재단이 "무너진 삼풍백화점, 시민들의 기억으로 다시 세웁시다"라는 제목으로 광고를 낸 적이 있는데, 그 사업의 이름은 '메모리人서울프로젝트'이고, 그 내용에는 "그날의 아픔을 기록하고 아카이빙하여……"라는 대목이 나온다. 이 사업은 삼풍백화점 사고를 당했던 생존자와 유가족, 당시 봉사자나 구조대로 일했던 사람들의 기억을 모으고 보관하려는 데에 목적이 있다. 그런데 '아카이빙'이라는 낯선 외국어 낱말을 사용해 목적을 밝히면 그 말을 모르는 사람에게는 그 목적이 제대로 들어올 리 없다. 이런 낯선 외국어 낱말도 문제지만, '메모리인서울프로젝트'(여기서 '인'은 한자로 적어 재단의 국제 감각을 한껏 뽐냈다)라는 사업명도 문제다. 우리말로 '서울의 기억 남기기'라고 해도 충분할 것을 외국어로 포장해 정체를 아리송하게 만드는 것 역시 이 사업의 값어치를 떨어뜨리고 시민의 협조나 참여를 막는 짓이다.

민법 용어 고쳐 효율 높여야

2015년에 법무부에서는 민법에 들어 있는 어려운 말들을 고치려고 법률 내용에는 변화를 주지 않는 선에서 용어를 다듬어 국회에 개정안을 냈다. 우리나라에서는 1958년에야 우리 민법을 제정했는데, 그때까지는 일제 치하에서 사용하던 일본 민법을 썼으므로 당시 만든 민법에도 일제의 흔적이 강하게 남아 있었다. 대표적인 수정 내용은 다음과 같다.

- 일본식 한자어 개선:

假住所(가주소) → 임시주소　　　　窮迫(궁박) → 곤궁하고 절박한 사정

要(요)하지 아니 한다 → 필요하지 않다.　除却(제각) → 제거

貸主(대주) → 대여자　　　　　　　備置(비치)하여야 → 갖추어 두어야

- 어려운 한자어 개선

懈怠(해태)한 → 태만한, 게을리 한　　催告(최고) → 촉구,

相對方(상대방)과 通情(통정)한 虛僞(허위)의 意思表示(의사표시)
→ 상대방과 짜고 거짓으로 한 의사표시,

隣地(인지) → 이웃 토지,　　　　　　閉塞(폐색) → 막힌

對岸(대안)과 兩岸(양안) → 건너편 기슭과 양쪽 기슭, 堰(언) → 둑,

放賣(방매) → 매각,　　　　　　採鹽(채염) → 소금 채취,

胞胎(포태) → 임신,　　　　　　蒙利者(몽리자) → 이용자,

深掘(심굴)하지 → 깊이 파지　　溝渠(구거) → 도랑

遮面施設義務(차면시설의무) → 가림 시설 의무,　貯置(저치)할 → 모아 둘,

汚液(오액) → 더러운 액체,　　委棄(위기) → 소유권 양도의 의사표시,

受贈者(수증자) → 증여받은 자,　連署(연서) → 잇따라 서명한

• 의미 이해에 혼란을 줄 수 있는 용어 개선:

相當(상당)한 → 적절한,　　　　公然(공연)하게 → 공공연하게

異議(이의)를 保留(보류)한 때에 → 이의(異議)를 단 경우에는,

• 지나치게 줄인 말 개선:

表意者(표의자) → 의사표시자,　復任權(부임권) → 復代理人(부대리인),

地權(차지권) → 토지 임대차,　　그 倍額(배액) → 두 배의 가액,

破毀(파훼)한 → 파손한

• 좀 더 이해하기 쉽게 풀이를 덧붙임:

要役地(요역지) → 편익을 받는 토지[이하 '요역지(要役地)'라 한다]

　민법을 고치는 일은 2006년에 〈알기 쉬운 법령 만들기〉 사업을 시작한 법제처에서 2013년부터 본격적으로 추진하여 마침내 법무부에서 첫 매듭을 지은 것이다. 법무부 '알기 쉬운 민법 개정 위원회'에서 발표한 자료에 따르자면, 바꾸려는 것은 법률의 내용이 아

니라 낱말과 문장 표현 방식이다. 어려운 한자어를 쉬운 말로 바꾸고 국한문혼용을 한글전용으로 표기하는 것이 핵심이다. 하지만 이 민법 개정안은 19대 국회의원들의 무관심 탓에 국회에서 처리되지 않았다. 말과 글에서 국민의 알 권리를 보장해야 한다는 생각은 아직 많은 지지자를 얻지 못한 상태다. 그런 개선이 쓸데없는 비용을 줄여준다는 점에도 생각이 미치지 못하는 것이다.

쉬운 말 써서 민원 줄이면 모두 이익

미국의 오바마 대통령은 2010년에 '공문서 쉽게 쓰기 법안(Plain Writing Act)'을 제정하였다. 법안 제정의 목표는 두 가지였다. 하나는 국민의 알 권리를 보장하는 것. 다른 하나는 민원 대응 비용을 줄이는 것이었다.

미국에서는 퇴역군인청을 대상으로 기존의 편지 양식과 쉽게 바꾼 편지양식을 이용하였을 때 월간 문의 전화가 얼마나 오는지 편차를 연구하였다. 연구 결과, 기존 편지 양식은 750건을 발송하면 1,128번의 상담 전화를 받아 편지 한 통마다 1.5회꼴이었다. 반면에 개선된 편지 양식은 750건에 192회의 상담 전화가 걸려와 편지마다 0.27회꼴이었다. 이런 경제적 효과를 돈으로 환산해보았더니 미국 내 전체 퇴역군인청에서 편지 1통에 4만 달러의 절감 효과로 나타났다. 이를 기관의 전체 편지, 정부의 전체 편지로 확대하면 엄청난 경제적 효과 추정치를 얻을 수 있다. 또한, 해군장교단이 사용하는 업무용 메모에서 쉬운 용어를 사용할 때 읽는 시간이 얼마나 절감되는지 조사한 연구에서도 경제적 비용 감소 효과가 연간 수천만 달러로 나왔다. 캐나다와 호주에서도 비슷한 연구 결과를 얻었다.

이처럼 외국에서 먼저 한 연구에 비추어 2021년 국어문화원연합회에서 현대경제연구원에 의뢰하여 시행한 '공공언어 개선의 정책 효과 조사 연구'에 따르면 민원 서식에서 사용되는 어려운 용어를 개선할 때 연간 약 1,952억 원의 시간 비용이 절감되는 것으로 분석되었다. 그리고 정책 용어를 개선하면 연간 약 753억 원, 약관 및 계약서류에서 사용되는 어려운 용어를 개선하면 연간 약 791억 원의 시간 비용을 절감할 수 있는 것으로 나타났다. 한편, 공공언어 개선에 따른 스트레스 저감, 정확한 정보 전달, 정부 업무의 효율성 향상 등의 '공공언어 개선의 공익적 가치'는 1인당 연간 7,833원으로 나타났으며, 연구진은 이를 전 국민 단위로 확대하였을 때 연간 3,375억 원에 달하는 것으로 추정했다.

말은 곧 돈이기도 하다.

5장.
평등의 언어
- 배제와 차별을
숨기는 말

말이 안전과 생명, 알 권리, 일의 효율성까지 좌우한다는 사정을 살펴보았는데, 마지막으로 하나 더 볼 것이 있다. "아 다르고 어 다르다"는 말처럼, 자칫하면 사회적 차별이나 배제를 숨기고 포장하는 역할을 한다는 점이다. 그리고 어떤 때는 교묘하게 이 차별을 강화하기도 한다.

나는 어린 시절부터 눈이 나빴다. 시력 때문에 병역을 면제받을 정도였다. 서른다섯 살 무렵부터 책이나 신문을 읽기 힘들어졌고, 사람들 얼굴도 알아보기 어렵게 되었다. 서른여섯 살에 시각장애 5급 판정을 받았고, 마흔 살 무렵에는 시각장애 1급이 될 정도로 나빠졌다. 전혀 안 보이는 것은 아니지만, 등급은 그런 분들과 같은 1급이 된 것이다. 현대 의학으로 아직 원인을 제대로 밝혀내지 못한 망막변성증이었다. 사실 이 무렵부터는 잘 아는 곳 아니면 남의 도움 없이 혼자 길을 찾아가기가 쉽지 않았다.

시각 장애 1급 판정을 받기 몇 달 전에 급한 일로 지방에 출장을 가야 해서 국내선 비행기를 이용한 적이 있었다. 김포공항에서 가까운 발산동에 사무실이 있었던 터라 늑장을 부린 측면도 있지만, 출장 전에 해치워야 할 일을 마무리하느라 허겁지겁 택시를 타고 비행기가 뜨기 10분 전에야 겨우 공항에 도착했다. 시간이 넉넉했다면 나 혼자 어떻게든 탑승 절차를 마치고 비행기 탈 곳을 찾아갔겠으나 그럴 상황이 아니었다. 난 예약을 확인하고 탑승권을 받으면서 내가 시각장애인이니 비행기 타는 일을 도와달라고 부탁했다.

위험한 물건 취급받는 사람들

여직원은 곧 무전기를 들고 담당 요원에게 상황을 설명하기 시작했다. 그들 사이에 비행기 편명과 탑승 장소를 확인하는 짧은 통화가 이어지던 중에 여직원의 입에서 이런 말이 흘러나왔다.

"네, 블라인드 하나."

나지막이 스쳐 지나가는 그 말이 내 귀에 팍 꽂혔다. 블라인드(blind)라는 영어 낱말을 그저 창문에 설치하는 빛 가리개 정도로만 아는 사람이었다면 그 말이 잘 들리지 않았으리라. 그런데 다른 뜻도 있다는 기억이 떠오르며 내 머리를 스쳐 지나갔다. '아하, 나를 가리키는 말이구나.' 영어로 장님을 블라인드라고 부른다는 게 생각나 갑자기 몸이 오그라들었다. 그들 사이에 약속한 업무 용어일 수도 있고, 여러 나라 손님을 상대하는 직업인지라 업무 용어가 영어로 굳어졌을 수도 있다. 또는 '장님'이나 '시각장애인'이라고 말하면 혹시라도 손님의 아픈 곳을 건드리는 짓이 될까 봐 마치 암호처럼 블라인드라고 불렀을 수도 있다. 어쨌거나 나는 수만 명 관중이 지켜보는 원형 경기장 한복판에 벌거벗겨진 채 서 있는 듯한 당혹감을 느꼈다. 왕따 당하는 기분. 무슨 위험한 물건 취급받는 것 같았다.

요즘 학벌이나 외모에 선입관을 가지지 않고 사람을 뽑는 제도를 '블라인드 채용'이라고 부르는 기관과 매체가 늘고 있다. 나는 내 장애가 부끄럽지는 않지만 '블라인드'라는 말을 들을 때마다 공항에서 내 몸을 휘감았던 그 오싹함이 떠올라 매우 불쾌하다.

나 같은 시각장애인을 블라인드라고 부르는 그 따뜻한 '배려'를 우리는 요즘 사회 곳곳에서 마주하게 된다. 노숙인은 '홈리스'로, 노인은 '실버'로, 돌봄과 수발은 '케어' 따위로 말이다.

블라인드, 홈리스, 실버의 서글픔

2009년 8월에 보건복지가족부(지금의 보건복지부)는 사회복지사업법 일부 개정안을 발의했었다. 이 개정안에는 부랑인 시설과 노숙인 시설을 통합하여 예산을 지원하는 근거 조항과 함께 부랑인과 노숙인이라는 말을 합쳐 '홈리스'로 바꾼다는 내용이 담겨 있었다. 나는 당장 복지부에 항의했다. 노숙인이라는 말이 있는데 굳이 '홈리스'라고 사람들이 잘 알아듣지 못할 영어를 사용할 필요가 있느냐고.

나는 이미 외환위기 전에 뉴욕에서 홈리스라는 존재를 겪었던 터였다. 거리에서 쓰레기 버릴 곳이 마땅치 않아 두리번거리다가 어릴 적 보았던 넝마통을 발견하고는 거기에 쓰레기를 버렸는데, 누군가 나를 쫓아오며 욕을 해대는 것 같아 돌아보니 그 넝마통을 끌고 어떤 여인이 나에게 달려드는 게 아닌가. 그 넝마통이 말하자면 그 여인의 세간이었던 셈이다. 떠듬떠듬 사정을 설명하고 몇 번이나 미안하다고 사과하고서야 겨우 그 상황에서 벗어날 수 있었다. 한국에서는 길바닥에서 먹고 자는 거지를 못 본 지가 꽤 오래되었던지라 낯선 풍경이었다.

그런 사람들을 미국에서는 홈리스(homeless)라고 불렀다. 접미사 '-less'가 붙으면 '-이 없다'는 뜻이니 처음 듣는 말이었지만 대충 이해가 갔다. 뉴욕의 길거리 곳곳엔 홈리스가 제법 많았다. 걷는 사람에게 방해되지 않도록 걷는 방향을 따라 길게 누워 있었다. 그 홈리스가 1997년 외환위기 뒤에 우리나라에서도 흔히 볼 수 있는 슬픈 풍경이 된 것이다. 그렇지만 외환위기 뒤로 10년이 넘도록 나는 주변에서 홈리스라고 말하는 걸 들어본 적이 없었다. 언론에서는 그저 노숙자, 노숙인이라는 말만 쓰고 있었다. 그만큼 홈리스라는 말은 일반인에게 낯선 말이었다.

예상치 못한 항의에 난처해진 보건복지부 담당 부서는 부랑인 시설 및 노숙인 시설 관계자들과 국어 관계자들을 모아 회의를 열었다. 다른 이들도 마찬가지겠지만 난 그때까지 부랑인과 노숙인이 어떻게 다른지 몰랐다. 토론하다 보니 중앙정부 예산으로 지원되는 곳은 부랑인 시설, 지방자치단체 예산으로 지원되는 곳은 노숙인 시설이며, 같은 사람이라도 부랑인 시설에 머무르면 부랑인이고, 노숙인 시설에 머무르면 노숙인이라는 사실을 알게 되었다. 확실히 체계 통합은 필요했다.

굳이 홈리스라는 영어를 사용하지 말고 노숙인이라는 말로 통합하면 안 되겠냐는 나의 의견은 부랑인 시설 관련 단체의 반발에 가로막혔다. 자기네 조직이 잡아먹히는 모양새라 싫다는 거였다. 노숙인 시설 관련 단체에서도 부랑인으로는 통합할 수 없다는 입장이었다. 두 단체의 힘겨루기 사이에서 갈피를 잡지 못하던 보건복지부는 속 편하게 홈리스라는 말로 대안을 내놓은 것이었다. 부랑인과 노숙인이라는 말은 이미 사회적으로 낙인이 찍혀서 관계자들이나 당사자들이 싫어하며, 시설 운영 및 지원 사업에서 주민들의 저항을 부른단다. 이에 비해 '홈리스'는 이미 오랫동안 사회복지 관계자들과 학계에서 써왔기에 익숙하고, 국제적으로 통용되는 말이므로 향후의 복지 체계 확대를 고려할 때 가장 적절하다고 했다.

'홈리스'라는 말은 외국어이기에 부정적인 느낌이 노골적으로 드러나지 않아 사업 실무자들 사이에서 사용하기 좋았을 것이다. 마치 별명이나 줄임말처럼 말이다. 그러니 사회복지 관계자들에게는 이미 낯익은 말이고 선호하는 말로 자리 잡은 것이다. 그런데 과연 이들에 대한 부정적 낙인은 말 때문에 생긴 것일까? 아니다. 그건 부랑인과 노숙인의 형편 때문에 생겼으므로 어떤 이름을 붙여도 그 화장 효과는 높지 않을 것이다. '청소부'를 '환경미화원'으로 고친 것과는 달리 어떠한 철학의 변화도 담겨 있지 않다. '홈리스'라는 말은 부랑인과 노숙인의 성격을 바꿔주는 말이 아니므로 이 말을 알릴 때는 이런 내용을 자세하게 설명해야 한다. 결국은 사회복지 체계가 더 잘 돌아가 이들의 자활이 늘어나고 주민들의 의식이 바뀌어야 그 지칭에 대한 부정적 느낌도 줄어들 것이다.

부랑인, 노숙인은 낙인 찍힌 말이라고 싫어해

몇몇은 홈리스가 긍정적인 의미까지 지닌 말이라고 주장했는데, 이는 관계자들이 외국의 선진 사례를 통해 복지 제도나 정책의 발전 방향을 고민하기 때문에 생겨난 일종의 착시현상이 아닌가 싶었다. 홈리스라는 영어 단어를 아는 사람들에게 홈리스는 부랑인이나 노숙인과 같은 말일 뿐이다. 더구나 의미가 노골적으로 드러나지 않는 외국어에 의존하면 설득의 수고를 덜 수 있다는 얕은 생각이야말로 위험하다. 물론 정부 지원도 중요하지만, 복지는 궁극적으로 주민과 사회의 따뜻한 품이 필요한 사업이므로 사업에 대한 이해와 공감대를 구하는 일이 필수적이다. 이 경우에 홈리스의 화장 효과는 사라지고, 오히려 영어 탓에 국민이 이해하기 어려워하는 부작용이 생길 수 있다.

결국, 이 문제는 법제처 법령용어심의위원회로 넘어갔다. 알기 쉬운 법률용어 사업을 펼치고 있던 법제처에서도 홈리스라는 외국어를 법률용어로 사용하려는 보건복지부의 입장에 반대하였다. 사회복지사업법뿐만 아니라 부랑인이나 노숙인이라는 용어가 들어 있던 다른 법률에서도 홈리스라는 말로 바꿔야 하고, 그리되면 우리나라 법률에 외국어를 마구 쓰는 풍조가 자리 잡으리라는 염려가 있었다. 그런데 논란은 아주 싱겁게 끝나고 말았다. 예산 통합 계획이 5년 미뤄지는 바람에 법률 개정이 흐지부지된 것이다. 헛고생한 것 같았지만, 그렇게라도 막은 게 참 다행이었다.

'다문화' 지칭이 오히려 차별 굳혀

이런 정체 숨기기 식의 말 사용은 배려에서 나오는 것 같지만 결과적으로는 차별을 굳히고 정당화한다. 대화의 본격적인 주제로 올리길 꺼리는 기피 대상으로 삼는 것이다. 2014년부터 정부가 시행한 '기초연금'만 해도 그 성격을 정확하게 밝히려 든다면 '노인 연금'이라는 표현이 더 적당하다. 그런데 정부는 뜻이 바로 닿지 않는 말을 선택했다. 마땅한 말이 없어서 그런 게 아니라 '노인'이라는 말을 피하고 싶어서 그렇게 정한 것 같다. 이렇게 어렵거나 모호한 말로 기존 관행에 비추어 불편하게 여기는 사업을 포장하는 역할은 최근 들어 한자어에서 영어로 옮겨간다. 노인은 대개 '실버'라고 부르고 있다. 실버 타운, 실버 인력 뱅크, 실버 보듬이 같은 말이 대표적인 사례다. 노인들의 일자리를 찾아주는 전담기관은 '시니어 클럽'이다. 하지만 시니어 클럽이 어떤 곳인지 짐작하기란 쉽지 않다. 보살피고 돌본다는 말은 '케어'라는 영어 낱말을 사용하여 데이 케어 센터, 노노 케어 같은 말을 만들었다. 그런데 건강보험 개혁에 '오바마

케어'를 본떠 '문재인 케어'라고들 별명을 붙이니 점점 더 혼란스러워진다.

차별을 은폐하려는 용어 사용은 오히려 차별을 더 강화한다. '다문화주의'가 중요하다면서 여기저기서 다문화, 다문화를 떠들다 보니까 어느새 '다문화'는 외국 이주민 가족의 우스꽝스러운 별명이 되어 버렸다. 차라리 분명하게 정체를 알려 주는 '이주민 가족'이라 부르는 게 이들에게 필요한 사랑과 도움을 끌어내는 데에 더 유리하다. 사람은 빵만으로 살 수는 없다. 존엄한 인간으로 살아가도록 보장하려면 언어에서도 차별하지 않고 대등한 공동체 성원으로 대접해야 한다.

6장.
공생의 언어
- 사람의 값어치를 뭉개는 말

자신이 고용한 운전기사에게 차 안에서 온갖 욕설을 퍼부어가며 인격을 짓밟던 기업주들이 숱한 비난과 손가락질을 받았다. 호출 팔찌를 채운 공관병을 종 부리듯 다룬 육군 대장과 그 부인도 갑질의 전형으로 심판받았다. 말로 퍼붓는 인격 모독과 비하는 모든 갑질의 기본이다. 상사와 부하 직원 사이에, 본사와 가맹점 사이에, 아파트 주민과 경비원 사이에, 손님과 종업원 사이에 너무나도 넓게 갑을 관계가 형성되고 갑질이 문제를 일으킨다. 함께 살아가는 공동체의 성원이라는 생각이 눈곱만치도 없는 것이다.

갑을 관계의 쇠사슬은 쉽게 끊어지지도 않는다. 위에서 당하면 밑으로 푸는 게 이런 야만 세계의 본질이다. 갑질쟁이는 당연한 일이고, 그에 당한 사람들 가운데 일부가 어디에선가는 '진상' 고객으로 등장한다. 쪼잔한 갑질을 연약한 종업원, 아르바이트생들에게 재현한다. "손님은 왕"이라는 의식으로 단단히 무장한 이 진상 고객들은 심지어 무식하기까지 하다. "커피 나오셨습니다"와 같이 손님이 아니라 커피라는 사물을 존대하는 높임말이 잘못되었다는 사실을 모른다. 그래서 "커피 나왔습니다"라고 제대로 말하면 어디서 아르바이트생 주제에 건방지게 손님에게 반말지거리하느냐며 언성을 높인다.

무조건 '~(으)시' 붙였다간 사물 높이기 일쑤

2014년에 우리 한글문화연대에서는 '커피 나오셨습니다'라는 제목의 동영상을 만들어 유튜브에 올렸다. 약 2분 40초짜리 이 영상의 이야기 흐름을 대사와 함께 소개하면 다음과 같다.

더 빨리, 더 멀리. 말과 바퀴에서 출발한 인류의 꿈은 마침내 자동차를 만들어 냈습니다. 그것은 이제 하나의 문화입니다. 흐르는 물이 있다면 얼음을 깨고라도 언 손을 호호 불어가며 방망이질을 하던 여성들. 세탁기는 여성을 그 고된 노동에서 해방시켰습니다. 이디오피아 고원, 남미 원주민의 손에 들려 있던 이 열매. 커피는 단지 음료가 아니라 삶의 향기입니다.

인류의 손으로 만들어낸 빛나는 산물들. 그들은 어쩌면 한 개인의 일생보다도 위대합니다. 그 사물들에게 우리는 존경의 마음을 억누를 수 없습니다. 그리하여,

여성 종업원) 커피 나오셨습니다. 이쪽이 라떼십니다.

남자 영업사원) 엔진은 터보시고요, 타이어는 광폭이십니다. 새 모델이시거든요.

남자 수리공) 이 세탁기는 통이 넓으시고요, 흔들림이 전혀 없으십니다.

연회비 없으신 카드시고요. 어쩌구 저쩌구……

그들은 분명 위대한 문명의 자손입니다. 사람의 손으로 만들어낸 그 모든 위대한 물건들. 그들은 사람보다도 더 고귀하고 사람 손이 닿지 않는 저 높은 세계의 존재들입니다.

여자 종업원) 네? 아~! 커피가 제 시급보다 더 비싸 거든요.

커피 나오셨습니다

그들에게 진심을 담아 존대합니다.

"커피 나오셨습니다."

▲ 동영상 보러 가기

이 동영상은 유튜브에 올라가자마자 한국방송과 에스비에스 두 텔레비전 뉴스에 아주 자세하게 소개되었다. 조회 수도 76,000회를 넘겼다. 초중고 학교뿐만 아니라 평창 겨울올림픽 자원 봉사단도 이 영상을 이용해 사물 존대의 문제점을 짚어보고 고쳐나갔다.

우리말 높임법에서는 사람을 직접 높이는 '직접 높임'과 사람과 관련된 것을 높여 표현하는 '간접 높임'이 있다. 높여야 할 사람의 신체 부위, 말, 생각 등에 관한 서술에 '-(으)시'를 붙여 간접적으로 높임을 표현하기도 한다. 예를 들어 "네 말이 타당하다"는 문장에서 말의 주체를 선생님으로 바꾸면 "선생님 말씀이 타당하십니다"로 바뀐다. 그런데 이를 잘못 이해하여 서술어에 무조건 '-(으)시'를 붙이면 높임말이 된다고 착각하는 사람이 많다. 선어말어미 '-(으)시'는 사람을 높일 때 사용해야 하는데, 요즘은 대화를 나누는 상대방을 높이겠다는 의도로 사람과 상관없이 '-(으)시'를 잘못 붙이는 사례가 잦다.

　이 반바지는 17만 원이십니다.
　새로 나온 이 보험 상품은 종신보장형이십니다.
　커피 나오셨습니다.

　가게에서 또는 영업사원에게서 흔히 듣는 말이다. 높임의 대상인 사람이 아니라 사물의 서술에 '-(으)시'를 넣어 높임법을 파괴하는 셈이다. 이런 현상은 높여야 할 사람이 지닌 물건이나 상품을 간접 높임의 대상으로 포함한다고 일부에서 주장하는 바람에 더욱 심하게 퍼졌다. 그 차이를 보자.

　① 목도리가 참 멋있으십니다.
　② 목도리가 참 멋있습니다.

　이 두 문장은 같은 뜻으로 보이지만, ①은 목도리를 두른 상대가 멋있다는 뜻이고, ②는 상대가 두른 목도리가 멋있다는 뜻이다. 둘 다 어법에 어긋나지 않는 문장이다. 여기서 ②처럼 말하지 않고 ①처럼 상대가 지닌 물품에 '-(으)시'를 붙여 높이는 경우는 목도리가 멋있다는 말이 아니라 목도리가 잘 어울려 사람인 상대방이 멋있다는 뜻일 때에만 적절하다. 상대방이 지닌 가방을 두고 "가방이 참으로 튼튼하십니다"라고 '-(으)시'를 가방에다 붙인다 하여 그 가방을 들고 있는 상대방을 높이는 결과를 얻는 것은 결코 아니다. 말이나 생각, 신체 부위와 달리 물건은 그 사람과 떨어진 개체이기 때문이다.

갑질 사회의 슬픈 운명들

그런데 일부에서 상대를 간접적으로 높일 때 위의 ①, ②와 같은 미묘한 뜻 차이를 착각하여 상대가 지닌 물건을 높이는 말투를 허용하다 보니, 물건이나 품을 파는 사람들이 상대가 지닌 것이든 아니든 무조건 '-(으)시'를 붙여댄다. 이는 완전히 잘못된 높임법으로, 높임의 대상인 상대방을 높이지 못하고 물건이나 돈을 높일 뿐이다. 상대가 불쾌하게 느낄 수도 있고, 금전만능주의를 퍼뜨릴 위험도 크다.

이렇게 '-(으)시'를 마구 붙이는 걸 내가 처음 느낀 건 2000년대 초였다. 외환위기를 거치면서 '고객 만족' 구호가 나돌 만큼 나돈 뒤였다. 고객 응대법을 교육하는 곳에서 잘못 가르치기 시작하여 전화로 영업하는 사람들이 이 잘못된 사물 존대를 굳히더니 곧 상점과 커피집으로 퍼졌고, 그다음엔 편의점과 할인매장, 온갖 영업장으로 퍼졌다. 손님을 배려하는 말이 사실은 자신을 상품보다 못한 처지로 비하하는데도 눈치챌 겨를이 없거나 아예 모른 체한다.

사물 존대는 어법을 잘 몰라서 벌어진 일이긴 하지만, 이야말로 갑질 사회를 살아가는 슬픈 운명들의 처지를 말로써 보여준다. 손님에게는 무조건 친절해야 하니 높이고 또 높이고 또 높이는 말투로 응대하라 가르치는 주인, 사람의 당당함을 뒤로 한 채 진상 고객에 대비해 물건과 돈에 존댓말을 써야 하는 종업원들. 물건보다 못한 인생 행렬이 오늘도 아르바이트직과 비정규직으로 떠돌아다닌다.

2부.

언어는 인권이다.

1장.
3D 프린터,
유치한 '삼디', '스리디' 논쟁

    말이라는 게 사람의 안전과 생명, 존엄과 차별, 권리와 살림에서 어떤 몫을 맡고 있는지 살펴보았는데, 이 모든 것을 두루 아우르는 문제가 하나 남아 있다. 민주공화국의 주인으로서 시민이 정치에 참여하는 일과 언어의 관계이다. 우리 주위에는 바쁜 생활에 쫓겨 살다 보면 무슨 일이 일어나는지 모른 채 하루하루를 보내고 일 년을 보내는 사람이 숱하다. 이들에게 정치란 너무 먼 남의 나라 이야기이다. 하물며 정치판에서 사용하는 말마저 그렇다면 어떻겠는가?

    박근혜 전 대통령이 헌정 질서를 무너뜨린 죄로 헌법재판소에서 파면당하고 19대 대통령 보궐선거가 열렸을 때, 유력 후보들 사이에서 말과 관련하여 두 가지 재미있는 논전이 벌어졌었다. 정보통신혁명의 한 가지 상징으로 평가받는 '3D 프린터'의 '3D'를 어찌 읽을 것이냐, 방송가에서 도는 말인 '코리아 패싱'이 무슨 뜻인지 아느냐는 논란이었다. 공교롭게도 두 논란은 모두 나중에 대통령이 된 문재인 후보를 겨냥한 것이었다.

'3D 프린터' 사건의 처음과 끝은 이렇다. 후보 등록 마감 막바지에 대통령 선거 출마를 선언한 김종인 씨가 당시 당선이 유력했던 문재인 후보를 비판하면서 "국가 경영은 '3D(스리디)프린터'를 '삼디프린터'라고 읽는 사람이 할 수 있는 일이 아니다. …… 너무도 심각한 결함"이라며 "국정 책임자에게 무능은 죄악"이라고 비판했다. 다음 날 안철수 후보도 어느 토론회에서 문 후보의 자질에 문제가 있다는 투로 답했다. 관련 업계에서는 모두 '스리디 프린터'라고 읽고 말하는데, 그런 사정을 모르니 '삼디 프린터'라고 부르는 것일 테고, 결국 4차 산업혁명 시대의 급변하는 과학기술 동향에 문 후보가 둔감하다는 비판 논조였다.

영어로 숫자 읽는 경향 강해져

외국어 약자와 함께 쓰인 숫자를 어찌 읽는가는 말마다 때마다 다르다. 'G7, G2'는 '지세븐, 지투'라고 읽고 'G20'은 '지트웬티'가 아니라 '지이십'이라고 부른다. 3세대, 4세대를 뜻하는 '3G, 4G'는 '스리지, 포지'라고 읽지만 총기인 'M16'은 대개 '엠십육'으로, 제도용 연필 '4B'는 '사비'로 읽는다. 우리는 'MP3'을 '엠피쓰리'라고 부르지만 중국에서는 '엠피싼'이라고 자기네 숫자 발음 '이, 얼, 싼'으로 읽는다. 'MP4'는 '엠피포'보다 발음하기 편한 '엠피사'가 더 널리 쓰인다.

이런 걸 어떻게 읽느냐 하는 원칙이 정해진 건 없지만, 우리말 '일, 이, 삼, 사'로 읽던 것을 영어 '원, 투, 스리, 포'로 바꾸어 읽는 추세가 강해지는 것만은 분명하다. 더럽고 위험하고 힘들다는 '3D 업종'을 처음엔 '삼디 업종'이라고 읽다가 점차 '쓰리디 업종'이라고 읽는 사람이 늘어나는 게 대표 사례이다. 미국이 정보통신 분야를 주도하다 보니 아무래도 이 분야에서 숫자를 영어로 읽게 되는 경향이 강해지고 그런 흐름이 사회 전반에 빨리 퍼지는 것 같다. 문제의 '3D'는 2차원을 뜻하는 '2D'를 '투디'로 읽던 이 분야의 관성에다 3차원 기술이 발전하는 사이에 우리나라에서 영어 남용 분위기가 강화된 결과다.

당시 문재인 후보를 지지하지 않던 사람들은 대개 '스리디 프린터'라고 부르는 물건을 문 후보가 '삼디 프린터'라고 읽는 걸 보니 기술 동향을 모르는 게 분명하다고 믿었고, 그걸 국가 지도자의 능력과 엮어버린 것이다. 나는 문 후보가 '3D 프린터'의 정체나 그것이 의미하는 기술 동향을 얼마나 깊게 이해하고 있었는지는 모른다. 나도 정보통신 분야에서 사업을 한 사람이긴 하지만, 이 기기를 사용해 본 적이 없고 적용 기술을 연구한 것도 아니므로 이 기기를 알고 있는지 누군가 내게 묻는다면 나는 모른다고 하기도 그렇고 안다고 하기도 난처하다. 문제를 제기한 김종인 씨도 마찬가지였을 테고, 무수한 댓글을 남긴 누리꾼들 사정도 나와 크게 다르지 않으리라. 아니 이게 왜 논쟁거리인지도 잘 모르는 채 멀뚱멀뚱 쳐다보기만 하던 대다수 국민에게는 매우 뜨악한 상황이었을 것이다.

영어 실력을 잣대로 사람 재는 정치판

　어찌 보면 이명박 정부 인수위 시절 'orange'를 '오렌지'라고 발음할 것이냐 '어린지' 혹은 '어우린지'라고 발음할 것이냐 떠들던 것만큼이나 수준 낮은 논쟁이다. 하지만 우리 정치판에서 사람의 능력을 평가할 때 영어 실력을 잣대 가운데 하나로 사용한다는 점만은 분명히 보여준 사건이다. 이는 며칠 뒤 야당의 유승민 후보가 '삼디' 논란의 등을 타고 가며 문재인 후보를 공격하는 장면에서 더 명확하게 드러났다. "영어를 별로 안 좋아하시니까"라고 전제를 달면서 문 후보에게 '코리아 패싱'을 아느냐고 질문을 던진 것이다. 문 후보는 그게 뭐냐고 반문하여 질문자를 만족시켰다. 다음날 어느 똑똑한 정치인이 문 후보가 '코리아 패싱'이라는 말도 모르는 걸 보면 한국이 처한 외교 난맥상을 헤쳐나갈 능력이 있는지 의심스럽다며 공격을 이어갔다.

　'코리아 패싱'은 미국과 일본, 중국, 러시아 등 우리 주변의 강대국들이 한국은 빼놓은 채 한반도 문제를 다룬다는 뜻의 새말이었다. 미국에서는 사용하지도 않는 국적 불명 영어 신조어인데, 나도 그 토론 일주일 전에 방송에서 처음 이 말을 들었다. 당시 방송 진행자들 설명을 듣지 않았다면 당연히 무슨 뜻인지 몰랐을 것이다. '빼도 박도 못한다'는 말을 줄인 '빼박'을 처음 듣는 사람이라면 그 뜻을 모르듯이. '한국 왕따'와 같은 뜻이니 조금만 설명하면 알아들을 말인지라 문 후보도 곧 토론을 이어갔는데, 문제는 유 후보의 비판 논조가 매우 고약했다는 점이다. 모든 국민이 국가 최고 지도자감의 됨됨이와 정견을 살피는 방송에서 "영어를 별로 안 좋아하시니까"라는 말로 비아냥거리며 영어 좋아하지 않는 사람은 시대에 뒤처지고 촌스럽다는 말빛을 강하게 내비친 것이다. 당시 유승민 후보가 그렇게도 잡고 싶어 하던 보수층 노년 유권자 중에는 이 말을 못 알아들을 사람이 대다수였을 텐데도.

　정치인들이 우리말로 충분히 표현하던 것을 외국어로 표현하는 일은 이미 어제오늘의 이야기가 아니다. "팩트가 중요한데, 워딩에 문제가 있다, 지도자의 마인드라고 보기에는, 국민과 콘센서스가 이루어지지 않았다" 따위의 영어 낱말 사용을 우리는 심심치 않게 마주한다. 사실, '3D'를 '스리디'로 읽을지 '삼디'로 읽을지는 전혀 중요하지 않다. 문 후보 선거운동본부에서는 아버지를 아버지라 부르지 못하던 홍길동에 빗대어 왜 삼디를 삼디라고 읽으면 안 되느냐고 항변했지만, 이건 사태의 본질을 제대로 두드린 게 아니었다. 국민의 일상생활 속으로 깊이 들어오고 있는 이 전문용어를 쉬운 우리말로 바꾸지 않는 게 진짜 문제인 것이다. 만일 문재인 후보가 '입체 성형기'나 '삼차원 인쇄기'라고 부르지 않고 영어 섞어서 '삼디 프린터'라고 부른 점을 김종인 씨가 비판했다면 이는 전적으로 옳은 지적일 거다. 그렇지만 3을 '스리'로 읽지 않는다고 '결함, 무능, 죄악' 따위로 비난하는 판이니, 이런 사람들이 높은 자리에 오르면 얼마나 외국어 사용을 즐기며 뽐낼 것인가.

　더구나 요즘에는 과학기술과 융복합 개념이 우리 생활에 널리 적용되면서 일상생활에 스며드는 새로운 전문용어가 많은데, 이들 대부분이 외국어인지라 국민 사이의 소통을 가로막곤 한다. 그러니 국민과 소통하려는 정치인이라면 생활 속에 자주 등장하는 외국어 전문용어를 쉬운 우리말로 바꾸어 사용하려 애써야 하건만, 그걸 아느냐 모르느냐로 사람을 갈구니 일반 국민이 무얼 따라 하겠는가? 이런 외국어 전문용어는 우리말로 가리킬 것조차 외국어로 표현하는 짓을 부추긴다.

희극은 연기가 중요하고 비극은 줄거리의 힘이 성공을 좌우한다고 했던가. 영어를 좀 쓸 줄 아느냐 모르느냐는 잣대로 비아냥감이 되었던 문재인 후보는 대통령이 되자마자 북한 미사일 문제로 연이어 국가안보회의를 열어야 했다. 아, 그리고 '스리디 프린터, 코리아 패싱' 따위에 곤혹스러웠을 텐데도 국가안보회의는 전처럼 영어 약자인 '엔에스시(NSC)'라고 발표되었다. 학벌이나 외모에 구애받지 않고 채용을 하겠다는 '기회 균등 채용'이나 '편견 없는 채용', '정보 가림 채용' 정책은 '블라인드 채용'이라고 발표되고, 국정원과 외교부, 문체부에서는 연이어 무슨 무슨 '티에프(TF)'를 조직하였으며, 건강보험 개혁 정책은 '문재인 케어'라는 별명을 얻었다. 이건 희극일까, 비극일까?

말이 국민의 정치 참여를 좌우한다.

말은 국민의 정치 참여를 북돋기도 하고 가로막기도 한다. 때로는 귀찮게만 여기는 정치 참여가 헌법에서, 교과서에서 써놓은 것 이상으로 우리 삶에는 중요하다. 투표하러 갈 시간조차 없이 바쁘게 살아가도록 우리를 밀어붙이는 힘은 무엇이겠는가? 그게 바로 정치다.

주당 60시간을 넘게 일 시켜도 눈감아주는 근로기준법과 고용노동부, 최저임금이 너무 낮아 어쩔 수 없이 장시간 노동을 택해야 하는 처지, 손님이 없는데도 우리만 문을 닫을 수는 없다는 24시간 가게 경쟁, 언제나 정규직이 될 수 있을까 전전긍긍하는 비정규직 신세, 내 집 마련은커녕 해마다 높아가는 보증금과 월세 걱정…… 그래서 바쁘게 살 수밖에 없는 우리 삶은 언제 어떻게 바뀔 수 있는가? 답은 정치다. 최저임금, 일자리 수, 일자리 질, 비정규직 줄이기, 세금, 부동산 가격, 군 복무 기간, 사병 월급, 입시제도, 건강보험 적용 범위, 연금 액수 등 우리 삶의 방향과 속도를 규정하는 모든 일을 정치에서 결정한다.

일터에 따라 구체적인 사정이야 조금씩 달라지겠지만, 우리가 일해서 일구어내는 성과를 사회에서 어떻게 나눌지, 사람으로서 평등한 존엄을 누리며 살아가는 데에 필요한 최소한의 조건은 어떠해야 하는지 그 원칙을 결정하는 곳이 정치판이다. 그러니 정치에 참여할 수 없다면 나는 나의 운명을 다른 사람의 손에 맡겨두는 것이나 마찬가지다.

과거엔 국회의원이나 대표자를 뽑는 일을 정치의 전부처럼 여겼고, 이들이 국민의 운명을 좌우했다. 그런데 이제 세상은 바뀌었다. 공론 형성에 참여할 수 있는 개인 매체를 국민 누구나 이용할 수 있게 된 것이다. 페이스북, 트위터, 밴드, 카카오톡, 텔레그램, 팟캐스트와 무수한 온라인 게시판 등 남의 생각을 알아보고 자기 의견을 밝힐 수 있는 개인 매체가 사람들 손안에 있다. 그런 환경에서 불붙은 국민 참여가 촛불의 파도로 넘쳐 헌정 파괴 세력을 쓸어내고 정치와 역사의 변화를 이끌었다.

그러나 그런 수단이 생겼음에도 '정치 언어'가 우리 앞에 3미터 높이의 콘크리트 담을 세워둔다면 우리 국민은 삶의 특정 부분을 여전히 남의 손에 맡겨두고 살 수밖에 없다. 정치인들이 일상어부터 전문어까지 외국어와 어려운 한자어를 남용하는 순간 그 말들은 우리 국민의 정치 참여를 가로막는 걸림돌이 되어 버린다. 당장 대통령감이 우스갯거리가 되는 판이니 일반 국민이야 말해 무엇하겠는가. 정치 참여는 정치 공간에서 논의되는 의제들을 막힘 없이 알아들을 수 있는 상태, 즉 국민의 '알 권리'를 보장하는 정치 언어의 사용에서 시작된다. 박근혜 전 대통령의 탄핵을 선고한 헌법재판소의 결정문은 그 내용도 내용이지만 글투가 쉽고 명확하다는 점에서 더 큰 명예를 얻었다.

우리는 이처럼 사람의 삶과 언어의 관계를 살필 수 있어야 한다. 그런데 지금까지 '언어', '국어' 문제는 언어 내부의 문제, 즉 언어 규범 문제로 제한되는 면이 많았다. '3D'를 '스리디'로 읽을 것이냐 '삼디'로 읽을 것이냐 하는 문제처럼, 또는 더 유치하게 영어 'three'를 '스리'로 적을 것이냐 '쓰리'로 적을 것이냐 '뜨리'로 적을 것이냐 따위로 말이다. 우리는 왜 이런 좀스러운 강박에 시달리게 되었을까?

2장.
짜장면과 자장면,
정말 무엇이 맞을까?

　우리 국민 가운데 하루 평균 7백만 명이 먹는다는 짜장면. 과거에는 학교 운동회나 졸업식 때만 외식으로 먹었던 그 귀한 음식이 이제는 우리 국가 대표 음식에 버금가는 지위를 얻었다. 이를 '자장면'이라 적을지, 흔히 발음하는 대로 '짜장면'이라 적을지 거센 논란이 있었다. 아마도 낱말의 표기나 발음과 관련하여 이보다 더 뜨겁게 사람들의 관심을 끈 일은 없었던 듯하다.

　중국집에서 팔았으므로 당연히 중국 요리라고 굳게 믿던 이 짜장면이 중국에는 없고 화교가 한국에 들어와 만든 음식이라는 이야기가 퍼져 한때는 그 출생의 비밀이 매우 큰 충격으로 다가왔었다. 물론 이는 사실이 아니었다. 1999년에 눈을 치료하려 베이징에서 넉 달 동안 침을 맞은 일이 있는데, 당시 내 안내를 맡았던 분에게 짜장면의 출생의 비밀을 물어보았다. 그는 깜짝 놀라며 "짜장면 중국 음식 맞아요" 하더니 청나라 때 옷을 입은 종업원들이 손님을 맞는 식당으로 나를 데려갔다. 한국의 짜장면처럼 되직한 춘장에 달짝지근

한 맛은 아니었지만, 모양은 짜장면 그대로였다. 귤이 회수를 건너면 탱자가 된다는 정도의 변형이지 무슨 꼬이고 꼬인 출생의 비밀까지는 아니었던 것이다. 중국어 발음은 '자지앙미앤(zhajiangmian, 炸醬麵)'인데, 앞의 '자' 소리가 '짜' 소리와 비슷하게 들린다.

맞춤법 강박관념은 과거 역사의 후유증

짜장면 논란의 주범은 당시 정부에서 문화와 교육을 맡던 부처인 문교부. 1986년에 문교부가 고시한 외래어표기법에서 '자장면'이 표준어 지위를 얻음으로써 논란의 불이 붙었다. '짜장면'과 '자장면'은 1980년대까지 사전과 신문에 함께 등장하였는데, 이 당시 대중이 사용하던 말은 표기와 발음에서 대개 '짜장면'이었던 듯하다. 1984년 3월에 '짜파게티'라는 이름의 라면이 시장에 나와 선풍적인 인기를 끈 것이 이의 방증이다.

사람들은 문교부의 발표에 몹시 당황했다. 국어 점수의 문제가 아니라 목에 걸린 가시처럼 일상의 걸림돌로 받아들인 것이다. 이 사람 저 사람 모두 짜장면 먹을 때마다 이 이야기를 꺼냈다. '자장'이라고 적거나 발음해서는 짭짤하면서도 달콤한 그 맛과 거무튀튀한 빛깔을 절대로 표현할 수 없다는 비난이 이어졌고, 어떤 연예인은 이를 바로잡기 위해 정부와 싸우겠노라며 목소리를 높이기도 했다. 반면에 법은 법이니 이제는 '자장면'으로 적어야 한다고 지적질을 일삼는 사람도 많았다. 된소리를 많이 내는 건 우리말의 품격을 떨어뜨리는 짓이라며 '자장면'을 옹호하는 사람들도 나왔다. 결국, 2011년 8월 31일에 국립국어원에서는 자장면과 짜장면 두 개의 표기 형태를 모두 복수 표준어로 인정하였다. 25년 만의 일이다.

이 논란은 한국 사람들이 표준어나 맞춤법과 같은 어문 규범에 얼마나 심하게 얽매여 사는지 잘 보여준다. 맞춤법이 좀 틀리거나 표준어를 사용하지 않더라도 아무런 제재가 없건만, 어린 시절의 받아쓰기 기억, 또는 뭔가를 사투리로 말해서 촌놈 취급에 웃음거리가 되었던 기억 때문인지 어문 규범에 꽤 집착하는 편이다. 창의적인 글쓰기 능력보다는 맞춤법대로 쓰는 받아쓰기 점수를 중시하는 게 우리네 보통의 학부모 정서이고, 직장에서도 결재 문서의 줄거리를 건드리기보다는 높임말이나 맞춤법, 글꼴, 서식만 손질하는 것이 상사의 할 일이라고 여기듯 말이다. '찌개'를 '찌게'라고 잘못 적으면 아주 무식한 사람 취급하기 일쑤고, 거꾸로 맞춤법 틀린 걸 알려주면 생각 이상으로 민감하게 반응하면서 자기를 방어하려 든다. 이들에게 요즘 인터넷에 넘쳐나는 우리말 파괴, 맞춤법 파괴 현상은 말세의 징조일지도 모른다.

이런 집착이 혹시 우리의 좀스러운 민족성 탓은 아닐까? 그런 억측을 하는 사람도 있겠지만, 내가 보기엔 국가가 국민의 말까지 감 놔라 배 놔라 흔들던 역사의 후유증이다. 시인 안도현은 이를 다음과 같이 꼬집었다.

"어떤 글을 쓰더라도 짜장면을 자장면으로 표기하지는 않을 작정이다. 그것도 어른들 때문이다. 어른들은 아이들이 짜장면이라고 쓰면 맞춤법에 맞게 기어이 자장면으로 쓰라고 가르친다. 우둔한 탓인지는 몰라도 나는 우리나라 어느 중국집도 자장면을 파는 집을 보지 못했다. 중국집에는 짜장면이 있고, 짜장면은 짜장면일 뿐이다. 이 세상의 권력을 쥐고 있는 어른들이 언젠가는 아이들에게 배워서 자장면이 아닌 짜장면을 사주는 날이 올 것이라 기대하면서……" - 안도현,《짜장면》

우리 국민이 바른말 사용에 일종의 강박을 지니게 된 데에는 국가 주도의 근대화 과정이 큰 영향을 미쳤을 것이다. 세계 어느 곳에서든 국어의 정비는 국경의 정비 못지않게 근대 국민국가의 수립과 발전에 매우 중요한 과제였다. 특히, 근대화가 늦은 나라에서는 경제뿐만 아니라 언어 등 문화에서도 국가가 주도하는 '선두 따라잡기 전략'을 강하게 펼치는 경우가 많았다. 국가가 나서서 언어를 정비하고 그 언어를 사용하는 사람들을 국민으로 통합시켜야 하는 과제가 더욱 긴급하게 다가왔기 때문이다. 우리는 1960년대 말부터 국가가 국민의 국어 생활을 통제하는 일이 벌어졌고 그 후유증이 아직도 가시지 않았다.

국어 정비는 국경 정비 못지 않은 과제

우리 근대사에서는 1894년 갑오경장을 단행하며 고종 황제가 칙령 1호로 언어 문제를 다룬 것에서 언어와 근대 국민국가 수립의 맥락을 처음으로 짚을 수 있다. 고종은 갑오개혁 직후 1894년 음력 11월에 칙령 제1호로 공문식제(公文式制)에 관한 것을 반포하였는바, 제14조에서 "법률과 칙령은 모두 국문(國文)을 기본으로 하고 한문(漢文) 번역을 붙이거나 국한문(國漢文)을 혼용한다."라고 정하였다. 여기서 국문은 한글을 뜻하는데, 그동안 한자만으로는 문장 전체를 우리말 표현과 순서대로 적을 수 없었으니 국문으로 글을 적는다 함은 우리말 어법대로 한글을 사용하여 글을 적는 언문일치를 이룩한다는 뜻이었다. 문자인 한글만이 아니라 조선 사람의 말이 국가의 공식 언어로 규정된 것이다.

조선이 망하면서 국어 연구에 독립운동의 씨를 심은 주시경은 1910년에 쓴 "한나라말"의 첫머리에서 말과 사람, 국가의 관계를 이렇게 정리하고 있다.

"말은 사람과 사람의 뜻을 통하는 것이라. 한 말을 쓰는 사람끼리는 그 뜻을 통하여 살기를 서로 도와주므로 그 사람들이 절로 한 덩이가 지고, 그 덩이가 점점 늘어 큰 덩이를 이루나니, 사람의 제일 큰 덩이는 나라라. 그러하므로 말은 나라를 이루는 것인데, 말이 오르면 나라도 오르고 말이 내리면 나라도 내리나니라. 이러하므로 나라마다 그 말을 힘쓰지 아니할 수 없는 바니라."

한 나라의 언어를 정비하는 과정은 언어 내적으로는 문법과 어휘와 표기 원칙을 정하는 것이다. 그리고 다른 언어를 사용하는 둘 이상의 민족이나 부족이 국민을 이루고 있다면 공적 영역에서 사용할 공용어를 어떻게 정할 것인지, 소수 언어를 지배적인 언어 쪽으로 통합할지 아니면 보호할지 등의 문제가 더 생긴다. 여러 민족이 섞여 있고 소수 언어 사용자가 많은 유럽, 제국주의의 식민지배를 겪은 남미와 동남아시아, 아프리카 등에서 이런 문제가 심각하였다. 하지만 우리는 적어도 천 년 넘게 같은 땅덩어리 안에서 같은 말을 사용한 하나의 민족으로 근대 국민국가를 세워야 할 처지였기에 주시경은 매우 자연스럽게 하나의 말로 이루어지는 하나의 국가를 상정했던 것이다. 또한, 민족국가의 발전이 잘 정돈된 말과 글로 소통하는 힘에 달렸음을 힘주어 말한다. 주시경의 이 글은 이렇게 끝난다.

> "또 그 나라 말과 그 나라 글은 그 나라, 곧 그 사람들이 무리진 덩이가 천연으로 이 땅덩이 위에 홀로 서는 나라가 됨의 특별한 빛이라. 이 빛을 밝히면 그 나라의 홀로 서는 일도 밝아지고, 이 빛을 어둡게 하면 그 나라의 홀로 서는 일도 어두워 가나니라. 우리 나라의 뜻있는 이들이여, 우리 나라 말과 글을 다스리어 주시기를 바라노라."

제 나라의 말과 글이 독립국가 건설, 국가 정체성의 특별한 빛이라는 생각에서 주시경은 밤낮을 가리지 않고 우리말글 연구에 몰두했으며, 그런 중에서도 시간을 깨알같이 쪼개어 한글 보급과 교육 활동을 줄기차게 펼쳤다. 그 뒤를 이어 이극로, 최현배, 이희승, 이윤재 등이 주도한 조선어학회에서 일제 강점기에 우리말 맞춤법 통일안과 사전 만들기에 몰두했던 일들이 다 하나의 독립된 민족 국가를 이루려는 뜻에서 비롯했음은 말할 것도 없다. 제국주의 일본과 우리의 격차가 그다지 크지 않았고, 남미와 아프리카, 동남아 나라들보다 비교적 식민지 기간이 짧았던 점도 작용했겠지만, 다른 무엇보다도 조선어학회 선열들의 피땀에 힘입어 우리는 우리말과 한글을 바탕에 두고 새 나라를 세우게 된 것이다.

국가가 점차 독점하게 된 국어 정비

해방 뒤 분단 상황에서 건국한 대한민국의 법률 가운데 '한글 전용에 관한 법률'이 여섯째로 제정되었음도 국어의 표기와 국민국가 형성의 관계가 얼마나 긴밀한지 잘 보여주는 사례이다. 이 법률은, 대한민국의 공문서는 한글로 적는다는 매우 짧은 원칙만 담았지만, 7월 17일 제헌헌법과 함께 법률 제1호로 정부조직법이 만들어진 뒤 사면법, 반민족행위처벌법, 연호에 관한 법률, 국회법 등에 이어 법률 제6호로 제정되었음에 주목해야 한다. 35년 제국주의 강점에도 우리말은 사라지지 않았으나, 한자에서 한글로 주류 문자가 옮아가던 과도기인지라 나라의 기틀을 잡기 위해 공용문자를 법으로 규정해야 했다. 이 또한 조선어학회가 앞장서 벌인 국어 회복 운동의 결과로 볼 수 있다.

그런데 우리의 국어 정립에는 다른 나라들과 구별되는 큰 특징이 있다. 근대 국민국가를 세우는 과정에서 어느 나라건 국가와 민간이 국어의 정립에 함께 힘을 쏟거나 주고받는 모습을 보이다 점차 민간의 역할이 커졌다. 이에 비해, 우리는 나라를 잃은 상태에서 민간 위주로 진행되던 국어 정립 노력이 대한민국 건국 뒤에 점차 국가 손으로 넘어가, 1970년대부터는 국가가 독점하는 경향을 보였다는 것이다.

국어사전에 올라가는 낱말 표기를 예로 들어보자. 영어에서는 하나의 낱말에 약간 다른 표기가 사전에 모두 올라오기도 한다. 이런 것을 영국이나 미국의 정부 기관에서 정하지는 않는다. 민간에서 사전을 편찬하는 사람들이 판단하여 올린다. 새말을 표준어로 정하여 사전에 올릴 것이냐 말 것이냐도 국가에서 정하는 일이 아니라 민간의 사전 편찬자들 몫이다. 그런데 우리나라에서는 한글학회 등 민간 학술단체와 학자들이 맡던 이 일이 1980년대부터 국가 주도로 기울었고, 1990년대부터는 국립국어(연구)원으로 거의 모든 권한이 옮아갔다. 표준어, 국어순화, 한글맞춤법, 외래어표기법, 국어의 로마자 표기법 등 모든 어문 규범도 1970년대부터는 거의 국가의 손으로 결정권이 넘어갔다. '자장면이냐, 짜장면이냐' 논쟁을 부른 1986년의 외래어표기법이 바로 국가의 작품이었던 것이다.

국가가 국어 정비를 점차 독점한 게 잘한 일이냐 잘못한 일이냐를 단정적으로 판단하기는 어렵다. 예를 들어, 1960~80년대 우리 사회에서는 표준어 규정과 맞춤법에 맞는 바른말 사용이 정확한 의사소통과 표준적인 업무 진행을 가능하게 해줄 것이라고 기대하였다. 잘못된 기대는 아니다. 그것은 경제 발전과도 긴밀하게 연관되어 있었다.

1970년대에 국가가 주도한 한글전용 정책은 경제 발전에 필요한 노동력의 인문적 기초를 닦는 데에 목적이 있었다고 해석할 수도 있겠다. 제조업 위주의 공업이 경제 발전을 주도하게 된 시대에 표준적인 말과 글로 소통할 수 있는 노동력은 그 자체로 높은 생산성을 의미했고, 경제력과 군사력의 밑바탕이었다. 표준적인 어문 규범은 산업 분야와 지역의 울타리를 넘어 여러 분야와 지역이 교류하고 각자 쌓은 요령과 공력을 주고받는 데에 꼭 필요한 장치였다. 한글전용 시행으로 문맹이 사라지면서 경제뿐만 아니라 민주주의 발전의 잠재력이 커지기도 했다.

국가가 하면 무조건 옳다는 편견과 그에 대한 반발

문제는 이런 과정이 국민 의식 속에 국어는 국가가 관리하는 게 마땅하다는 생각을 굳혀버려 국민의 '표현의 자유'를 꽃피우는 데에 걸림돌이 되었다는 점이다. 국어정비를 국가가 독점해가고, 표준어와 언어 규범을 지키라고 강조하다 보니 그에 대한 반발도 조금씩 고개를 들어 1980년대 후반 민주화 이후에는 반발의 강도가 거세어졌다. 단적으로 짜장면 논쟁이 그렇고, 요즘 나타나는 우리말 파괴, 맞춤법 파괴, 외국어, 비속어, 은어 범람의 바탕에는 이런 반발심이 깔려 있다. 왜 국가가 국민 개인의 말에 이래라저래라 간섭하고 가르치려 드느냐는 생각 말이다.

이런 반발에 일리가 없는 것은 결코 아니다. 사실 중년 이상의 어른들은 하나의 정해진 표준어나 맞춤법이 너무도 당연한 질서라고 여겼고, 예전에 알던 고운 말이 아니라면 천박한 말이라는 고정 관념을 가지고 있다. 이런 경향은 국가가 경제와 사회 발전을 주도한 우리 현대사에서 국민 개인의 삶이 국가의 영향을 크게 받았고, 국어 정책 또한 예외가 아니었다는 데서 비롯한 것 같다. 1970년대 박정희 정권에서는 민족주의 감정을 자극하는 국어 순화 정책이 독재를 정당화하는 통치 수단으로 악용되기까지 했다. 1987년 민주화 이후에도 그 관성이 남아 1990년대 말까지 우리 국어의 주인은 국가였다고 해도 지나친 말은 아니다. 그러다 보니 국가가 주도한 획일적인 국어 정책은 표준어와 사투리를 가려 쓰는 것, 맞춤법을 지키게 하는 것, 욕설이나 비속어 사용을 자제시키는 것 등 언어 규범을 지키는 쪽에 집중되었고, 국가가 정한 말을 쓰느냐 아니냐에 따라 사람을 평가하는 부작용까지 낳았다.

그런데 이런 질문도 하나 던져보자. 표준어 규정에 맞지 않는 사투리와 은어를 사용한다거나 맞춤법 좀 틀리는 게 과연 지금의 우리 언어생활에서 그리 큰 문제가 될까? 적어도 1980년대 후반까지는 무슨 큰일이라도 나는 것처럼 그랬다. 해방 이후 이때까지가 우리 국어의 형성기이고, 급격한 사회변화 및 경제 성장이 진행되면서 표준화 문제가 사회 발전의 관건으로 떠올랐기 때문이다. 그렇지만 이제 자장면을 '짜장면'이라고 쓴다 하여, 일본 제국주의 강점의 찌꺼기인 '오봉'을 '쟁반' 대신 쓴다 하여, '부추' 대신 사투리 '정구지'나 '솔'이라고 말한다 하여 무슨 큰일이 벌어지는가? 이제 우리말은 유년기를 지나 튼튼한 다리로 떡 버티고 선 청년기 경지에 들어섰는데 말이다.

언어와 사회의 문제

우리는 단일 언어를 바탕으로 확보한 문화의 동질성 위에서 하나의 '민족'이라는 개념을 유지하다 근대 민족 국가로 탈바꿈하였다. 이러한 특수성은 다양한 민족이나 인종, 지역, 언어를 하나의 근대 국가로 통합시킨 서구 여러 나라의 특수한 사정과는 다른 말 문화를 낳았다. 즉, 언어의 차이에 따른 갈등이 사회 갈등의 전면에 떠오른 적이 없었다. 또한, 단일 언어를 사용하는 민족의 뿌리가 적어도 천 년은 넘는 탓에 우리 국민은 사회적 갈등과 대립에서 튀어나올 수 있는 언어 갈등의 문제에도 비교적 둔감하다.

여러 민족으로 이루어진 동남아 대부분의 나라에서 복수 공용어를 허용하고 영어를 공용어로 채택하는 일이나 프랑스와 스웨덴 등 유럽 나라들에서 소수 언어에 공식어 지위를 부여하는 정책에 모두 언어적인 차별에서 일어날 수 있는 갈등을 줄이려는 의도가 담겨 있다면, 우리에게는 그런 고민이 있을 수 없었다. 우리 국민이 언어 갈등에 둔감하다는 사실은 언어를 인권이나 민주주의, 공동체 통합의 문제와 연결지어 생각하지 않음을 뜻한다. 고통이 적으면 그만큼 깨달음도 적을 수밖에 없지 않겠는가.

나라가 주도한 국어 정책은 '국가가 정한 것이면 옳다'는 편견을 키웠고, 거기에는 규범의 문제만 있었지 사람의 문제, 권리의 문제는 없었다. 언어 규범을 중시하는 이 오랜 전통은 언어도 인간다운 생활을 보장하기 위해 고민해야 할 권리 가운데 하나라는 데까지는 아직 이르지 못한 것이다. '자장면'이라고 적든 '짜장면'이라고 적든 그게 틀렸다 하여 약간 '쪽팔릴' 수는 있겠지만, 그 때문에 사람이 죽거나 배를 곯거나 재산을 손해 보는 일은 없지 않은가?

정보가 많아지고 평균 학력이 높아질수록 언어를 통해 표현되는 배제와 차별, 그 때문에 국민 가운데 누군가가 받을 고통은 커지는데도 사람들의 관심은 '자장면이냐, 짜장면이냐'와 같이 어문 규범과 그 규범을 정한 주체에 대한 불만을 넘어서지 못하고 있다. 사람을 보지 못하는 것이다.

3장.
누구라도
어떤 단어를 몰라 죽게 해선
안 된다.

1979년 어느 날, 영국 런던의 국회의사당 앞 광장에서 40대 초반의 여성이 학생들과 함께 탁자에 수북이 쌓아 올린 종이를 작두로 갈가리 잘라 대는 특이한 시위를 벌이고 있었다. 지나가던 경찰관은 그들에게 해산하라고 경고하면서 100개의 단어로 구성된 수도경찰법을 읽어 내려갔다. 1839년에 만들어진 이 법은 난해한 법률용어와 지나치게 복잡한 문장으로 가득했다. 모여든 기자들에게 이 중년 여성은 그 문장들을 쉬운 영어로 번역해주며 조롱하듯 경찰에게 물었다. "당신이 읽은 그 복잡하고 어려운 표현은 우리가 여기서 다른 곳으로 가야 한다는 뜻인가요?" 경찰은 말을 잇지 못했다.

이들이 찢고 있던 종이는 몹시 이해하기 어렵게 쓰인 공문서들이었다. 이 시위를 주도한 40대 초반의 여성 크리시 메이어는 정부의 쉬운 영어 사용이 매우 더디게 진행되는 상황에 격분하여 거리로 나선 터였다. 공식적으로 이 해부터 영국에서는 '쉬운 영어 운동

(Plain English Campaign)'이 펼쳐진다. 메이어는 어떤 모녀의 안타까운 죽음을 계기로 이 운동을 시작하였다고 전한다.

"저는 리버풀에 있는 튜브룩이라는 매우 가난한 동네의 사회 단체에서 일을 하고 있었습니다. 내가 하는 일은 서민들이 어려운 공문 신청서를 작성하는 것을 도와주는 일이었습니다. 사실은 나 자신도 14세가 될 때까지 읽고 쓰는 법을 제대로 배우지 못했습니다. 어쨌든 그날은 다른 때보다 훨씬 더 늦어서 밤 11시도 지난 시간이었습니다. 내가 방문한 집에는 은퇴한 선생님과 그 딸이 살고 있었습니다. 선생님의 나이는 90세였고, 딸은 60세를 조금 넘었습니다. 내가 그곳에 간 이유는 두 모녀가 경제적인 어려움 때문에 배고픔과 추위로 힘들어하고 있다는 것을 알게 되었기 때문입니다.

두 모녀는 매우 가난했는데, 추운 날씨에 난방을 위해 음식값을 줄여야 할지, 아니면 좀 더 먹는 대신에 추위를 참아야 할지 결정하지 못하고 있었습니다. 그들은 자신들이 정부한테서 난방비를 보조받을 수 있다는 사실을 모르고 있었던 것입니다. 그날 밤 저는 두 사람에게 그들은 정부로부터 추가 난방 수당을 받을 수 있다는 것을 알려주고, 다음날 신청서를 작성해주기 위해 다시 오겠다고 말하고 집으로 돌아왔습니다.

그 다음 날 내가 다시 그들을 찾아갔을 때, 그 집의 문밖에 두 대의 구급차가 와 있었습니다. 두 사람이 각각 비상 침대에 누워있었는데, 몸이 온통 담요로 둘둘 말려있었습니다. 누군가가 두 사람이 저체온증이라고 말했습니다. 두 모녀의 상태가 심상치 않다는 것을 알고 나는 병원까지 따라갔습니다. 그러나 두 모녀는 이틀 만에 모두 죽었습니다." - 김미경, 《Plain English 쉬운 영어》

이 인용문은 메이어가 1998년 미국 에이비시(ABC) 방송국과 인터뷰한 이야기 일부이다. 크리시 메이어는 1938년 리버풀의 가난한 집에서 태어났다. 정규교육을 제대로 받지 못한지라 뒤늦게 야학에서 글을 배운 그는 1971년부터 어려운 영어를 이해하지 못하는 지역 주민을 위한 신문을 내는 등 지역 사회 활동에 적극적으로 참여하였다. 메이어는 1974년 임팩트 재단을 설립하여 쉽게 글을 쓰는 방법과 신문 만드는 법을 가르쳤다. 또한, 영국 최초로 학습 장애를 지닌 성인을 위한 신문인 《리버풀 뉴스》를 발행하였다.

서민이 접하는 공문서에 어려운 용어 많아

메이어의 활동이 널리 알려지자 1975년 국립소비자위원회에서는 그를 위원으로 초빙하여 소비자의 권익을 보호하는 일을 맡겼다. 그는 일반 서민들이 정부 보조나 연금 등을 받기 위한 신청서를 작성하는 데에 도움을 주는 일종의 대서 상담소를 만들어 운영했다. 이 상담소를 운영하면서 그는 불필요하게 복잡한 양식 때문에 사람들이 무척 고통스러워한다는 사실에 주목했다. 여러 활동을 거치면서 그는 정부 관료나 법률가, 기업인, 금융인, 정치인들이 서민들을 상대할 때에도 매우 낯설고 전문적이며 어려운 용어를 사용하고, 그런 말의 뜻을 정확하게 알지 못하는 서민들은 단지 뜻을 모른다는 이유만으로 불이익을 참아야 하는 처지임을 알게 되었다.

메이어와 그의 동료들은 기존의 영어와 공문서에 담겨 있는 문제점들을 파악한 뒤 정부의 수많은 서식에 있는 말을 쉬운 영어로 바꾸어내기 위해 노력했다. 마침내 그가 만든 새로운 양식은 공식 승인을 얻게 된다. 하지만 행정기관에서는 쉬운 말로 쓰인 이 양식을 사용하기 꺼리거나 마지못해 하는 분위기였다. 정부는 이 일의 중요성을 파악하는 데에 무척이나 더뎠다. 그는 더 이상 참을 수 없어 영국 정치의 중앙 무대 앞까지 나선 참이었다. 방송 인터뷰는 이렇게 이어진다.

"나는 누구도, 이 세상의 어떤 누구도 특별한 단어를 모르기 때문에 죽어서는 안 된다고 생각합니다. 그러나 어떤 단어들은 3미터 높이의 벽돌담과 같습니다. 우리가 그 담을 넘자마자 또 다른 장벽이 기다리고 있습니다. 그때 그 자리에서 나는 맹세했습니다. 내 남은 평생을 '어려운 말'이라는 괴물과 싸우는 데 바칠 것이라고 맹세했습니다. 왜냐하면 누구라도 어떤 단어를 이해하지 못해서 죽게 되면 안 되기 때문입니다.

언제나 문서에는 pari passu(같은 편/장/절), inter alia(가운데 이름), lien(선취특권, 담보권)과 같은 어려운 라틴어가 끼어 있습니다. 우리 일반인들이 반드시 서명해야 하는 문서나 일반인을 위한 홍보자료에는 그런 어려운 단어들이 들어있으면 안 됩니다. 어떤 문서가 되었든, 그 문서를 처음 작성한 법률가나 전문가만이 그 내용을 제대로 이해할 수 있고, 정작 그것을 읽는 일반인은 이해하기 힘든 그런 어렵고 일방적인 문서는 거부되어야 합니다.

내 생각에 그런 문서는 매우 비민주적이기 때문입니다. 또한, 그것은 매우 불공평한 것입니다. 더구나 정부 보조를 받을 자격이 있는 서민들이 난해한 문서를 이해하지 못했기 때문에 그들이 누려야 할 혜택을 받지 못하거나 포기하게 된다면, 그건 분명히 잘못된 것입니다." - 김미경, 《Plain English 쉬운 영어》

쉬운 영어 운동은 영국 사회 민주화에 이바지

1980년대에 영국 정부는 크리시 메이어의 요구를 받아들여 각종 공문서를 쉬운 말로 바꾸는 일을 시작하였으며 법률, 의료, 보험 등 사회 전 영역에서 쉬운 말을 쓰자는 분위기가 퍼져나갔다. 1979년 이래로, '쉬운 영어 운동'은 어렵고 전문적이며 혼동하기 쉬운 공공 정보에 대항하여 이를 쉬운 말로 바꾸자는 캠페인을 벌여 정부의 많은 부서와 다른 공공 기관들이 다루는 문서, 보고서 및 출판물 등에 도움을 주고 있다. 모든 사람이 명확하고 간결한 정보에 접근해야만 한다는 게 이들의 믿음이다. 유럽연합에서도 이 운동의 영향을 받아 1995년에 '의약품 사용 설명에 관한 명령'과 '소비자 계약서에 관한 명령'을 채택해 쉬운 말 사용을 회원국에 권장하였다. 2000년에 영국에서는 가장 보수적이라고 할 수 있는 법률 분야에서 가장 중요한 법률인 민법이 쉬운 영어로 개정되었다.

현재 이 운동은 영국뿐만 아니라 유럽연합과 미국, 호주 등 80여개 나라에 12,000여 명의 회원을 보유하고 있으며, 이들이 쉬운 말로 쓰였다고 보장하는 문서와 누리집(홈페이지)에 '크리스탈 마크'를 부여하고 있다. 크리시 메이어는 쉬운 영어 운동으로 영국 사회의 민주화에 기여한 공로를 인정받아 1994년에 영국 왕실로부터 대영제국 훈작사 작위를 받았으며, 1995년에는 맨체스터 대학으로부터 명예학위를 받기도 했다.

영국의 쉬운 영어 운동 등에 비추어볼 때 우리가 언어 규범에서 언어 사용 권리로 눈을 옮기는 일은 너무 늦은 감이 있다. 그렇지만 알고 보면, 우리 역사에서는 이미 600여 년 전에 이런 문제를 고민하고 세상을 바꾼 놀라운 일이 벌어졌었다.

바로 세종대왕의 한글 창제다.

4장.
한글 창제 정신은
오늘날의 인권 의식

5월 15일은 '스승의 날'이다. 이날이 '스승의 날'이라는 사실이야 국민 대부분이 알고 있지만, 세종대왕께서 나신 날임은 널리 알려지지 않았다. 두 날이 같은 날짜인 건 우연이 아니다. 한때 5월 26일로 기념하던 스승의 날을 대한적십자사와 대한교육연합회(지금은 한국교총)가 1965년부터 세종대왕 나신 날인 5월 15일로 옮겨서 그렇다. 우리 겨레의 큰 스승인 세종대왕을 기리는 마음과 세종 같은 스승이 되자는 바람을 함께 담은 것이다.

세종대왕의 업적은 한글 창제, 물시계와 같은 무수한 과학 장치의 발명, 농사 지식의 보급, 국경 정비, 예법의 보급, 의학 지식의 정리와 보급 등 헤아릴 수 없이 많다. 그 결과물도 소중하게 기려야 하겠지만, 이런 일을 추진하느라 밤을 지새우던 세종의 마음을 한 번쯤은 헤아려 봄이 어떨까 싶다. 나는 특히 관청의 노비에게 출산 휴가를 늘려준 일에서 세종의 마음 씀씀이를 엿보게 된다.

여성 관노비가 아기를 낳으면 당시에는 7일의 휴가를 주었다 한다.

즉위 5년인 1426년에 세종은 기존의 7일 휴가에 100일을 더 주게 하였다. 7년 뒤에는 법규를 마련하는 기구인 상정소의 건의를 받아들여 관노비가 아이를 낳을 산달에도 휴가를 주었다. 모두 130일의 출산 휴가를 준 셈이다. 노비도 사람으로 대우하게 한 출산 휴가 조치는 여기서 그치지 않는다. 4년 뒤인 세종 16년에는 아기를 낳은 노비의 남편에게도 30일 휴가를 주어 산모를 돌보게 하였다. 그 마음 씀씀이가 600년이 지난 지금의 복지 제도 수준을 넘어선다.

한글 창제는 백성을 뿌리로 여긴 결과

세종의 이런 마음을 가리켜 백성을 뿌리로 여기는 민본 정신, 백성을 사랑하는 애민 정신이라 부른다. 비록 신분 사회라는 한계를 벗어날 수는 없었지만, 동서양을 통틀어 이토록 제 나라 백성을 사람으로 대접해야 한다고 생각한 군주가 어디 있겠는가? 세종께서 한 일 가운데 한글 창제가 가장 빛나는데, 이 또한 민본정신에서 피어난 꽃이다.

아직도 한자를 떠받드는 몇몇 사람은 세종이 한글을 만든 주된 목적이 한자의 음 적기에 있었다고 말한다. 이들의 주장대로 세종의 한글 창제가 한자 발전에 이바지하는 것이었다면 당대 최고의 유학자인 최만리는 도대체 왜 중국에 대한 사대의 도리에 어긋난다며 한글 반포를 반대했단 말인가? 한글이 한자의 음을 보존하는 발음 기호 노릇을 할 놀라운 발명품인데 말이다. 물론《동국정운》편찬에서 알 수 있듯이 한글 창제에는 한자음을 정확히 표기하려는 부차적인 목적도 있었다. 그러나 주된 목적은 세종께서 손수 쓴 훈민정음 서문에 너무나도 뚜렷하게 드러나 있듯이, '어리석은 백성이 제 뜻을 펴게 하겠다'는 것이었다. 요즘 말로 바꾼 이 서문을 보자.

"우리나라의 말소리가 중국과 달라 한자로는 서로 통하지 아니한다. 이런 까닭으로 글을 모르는 백성들이 말하고자 하는 바가 있어도 마침내 제 뜻을 펴지 못하는 사람이 많다. 내가 이것을 가엾게 여겨 새로 스물여덟 글자를 만드니, 사람마다 쉬이 익혀서 날마다 쓰는 데 편하게 하고자 할 따름이니라."

세종의 한글 창제 목적은 이 서문뿐만 아니라 한글 반포를 반대한 최만리의 상소문에서 오히려 잘 드러난다. 한글은 세종과 집현전 학사들이 함께 만들었다거나 세종은 지시만 하고 집현전 학사들이 만들었다는 설이 있지만, 1443년 세종께서 한글을 창제한 지 두 달 뒤에 최만리 등이 낸 '언문 반포 반대 상소'를 보면 한글은 세종이 만든 작품이라는 사실이 분명하게 나온다. 집현전 부제학 최만리의 이 상소에는 세종께서 나랏일을 대폭 의정부에 넘긴 채 임시처소에서 건강을 돌보지 않고 몸소 한글을 창제하였다고 적혀 있다. 특히 이 상소에 최만리가 인용한 세종의 말씀은 세종이 어떤 이유로 훈민정음을 창제하게 되었는지 잘 보여준다. 바로 백성이 제 뜻을 펴도록 하자는 것이다. 세종께서 사대부에게 훈민정음 반포의 정당성을 설득하기 위해 이런 말을 하였다고 최만리는 반대 상소에서 인용하였다.

"사형 집행에 대한 법 판결문을 이두문자로 쓴다면, 글 뜻을 알지 못하는 어리석은 백성이 한 글자의 착오로도 원통함을 당할 수도 있으나, 이제 그 말을 언문으로 직접 써서 읽어 듣게 하면, 비록 지극히 어리석은 사람일지라도 모두 다 쉽게 알아들어서 억울함을 품을 자가 없을 것이다."

세종의 이런 견해에 대해 최만리는 다음과 같이 반박한다.

"가령 우리나라로 말하더라도 옥에 갇혀 있는 죄수로서 이두를 아는 자가 직접 공술문을 읽고서 그것이 거짓인 줄을 알면서도 매를 견디지 못하여 거짓말로 자복하는 자가 많사옵니다. 이런 경우는 공술문의 뜻을 알지 못해서 억울한 죄를 뒤집어쓰는 것이 아니라는 것을 명백하게 알 수 있습니다. 만약 그렇다면 비록 언문을 쓴다 할지라도 이와 다를 것이 무엇이겠습니까? 여기에서 범죄사건을 공평히 처결하고 못하는 것은 법을 맡은 관리가 어떤가에 달려있으며 말과 글이 같고 같지 않은데 달린 것이 아니라는 것을 알 수 있습니다. 그런데도 언문을 사용해야 처결 문건을 공평하게 할 수 있다는 데 대해서는 신 등은 그것이 옳다고 보지 않사옵니다."

이 논쟁에서도 알 수 있듯이 백성과 소통하는 일이 훈민정음 창제의 가장 중요한 동기였다. 세종이 한글을 창제하기 훨씬 전부터 하층민과 소통하는 문제에 매우 크게 관심을 두었다는 점을 그 증거로 들 수 있다. 다음은 세종실록에 나오는 기록이다.

"비록 사리를 아는 사람이라 할지라도, 율문에 의거하여 판단이 내린 뒤에야 죄의 경중을 알게 되거늘, 하물며 어리석은 백성이야 어찌 범죄한 바가 크고 작음을 알아서 스스로 고치겠는가. 비록 백성들로 하여금 다 율문을 알게 할 수는 없을지나, 따로이 큰 죄의 조항만이라도 뽑아 적고, 이를 이두문으로 번역하여서 민간에게 반포하여 보여, 어리석은 백성들로 하여금 범죄를 피할 줄 알게 함이 어떻겠는가."하니, 이조 판서 허조가 아뢰기를, "신은 폐단이 일어나지 않을까 두렵습니다. 간악한 백성이 진실로 율문을 알게 되오면, 죄의 크고 작은 것을 헤아려서 두려워하고 꺼리는 바가 없이 법을 제 마음대로 농간하는 무리가 이로부터 일어날 것입니다."하므로, 임금이 말하기를, "그렇다면, 백성으로 하여금 알지 못하고 죄를 범하게 하는 것이 옳겠느냐. 백성에게 법을 알지 못하게 하고, 그 범법한 자를 벌주게 되면, 조사모삼의 술책에 가깝지 않겠는가." - 세종실록, 세종 14년(1432년 11월 7일)

백성의 알 권리 보장하겠다는 정신

이는 훈민정음 창제 11년 전의 기록이다. 세종은 이미 그 이전부터 하급 행정관리와 백성들 사이에서 소통수단으로 쓰이던 이두가 불편하다는 점을 알고 이를 개선해야 한다는 생각을 품고 있었다. 사람이 펴고자 하는 뜻이야 여러 가지가 있겠지만, 그중에서도 냉가슴 앓듯이 답답하기로는 억울한 일에 맞닥뜨렸을 때가 최고다. 말로는 곧 사라져버리니 관청에 억울함을 풀어달라고 문서를 내고자 할 때, 벽보라도 붙이고 싶을 때 글자를 모른다면 그 답답함이야 오죽하겠는가! 요즘 말로는 '표현의 자유'를 비롯한 기본권을 누릴 연장이 있느냐 없느냐의 문제다. 하지만 표현의 자유 이전에 남이 적어놓은 것을 보고 이해할 수 있어야만 그것이 법령이든 무엇이든 그에 비추어 자기 뜻을 밝히고 하소연이라도 할 것이다. 이는 '알 권리'의 출발선이다. 그러니 누구나 쉽게 배울 수 있는 글자를 만든 게 어디 보통 일인가?

훈민정음 서문이나 최만리 상소문, 세종실록 등의 글을 통해 우리는 세종께서 온 백성을 소통의 대등한 상대로 바라보았다는 사실을 확인할 수 있다. 그래서 세종의 민본정신을 요즘 말로 풀어 보라면 나는 머뭇거리지 않고 '인권 의식'이라고 답하고 싶다. 한글은 인권이다.

최만리는 법 집행에서 억울함이 일어날지 어떨지는 '법을 맡은 관리'의 됨됨이에 달려 있다고 생각한다. 그럴만한 사람은 그렇게 하니 그 우연에 맡길 일이지 이를 보완할 다른 장치를 만드는 건 쓸데없다는 주장이다. 이는 결국 공정한 관리를 만나지 못하면 억울하게 죄를 뒤집어쓸 위험, 법을 몰라 죄인지도 모르고 죄를 범할 위험을 그대로 놓아두는 게 자연스럽다는 주장이다. 그리고 공정한 관리와 자질 있는 사람은 결국 그런 피를 타고나 제대로 배운 자들 속에서만 나오니 나머지 사람들은 그 소수의 '뛰어난 사람'이 어찌하느냐에 따라 운명이 좌우되는 게 당연하다고 생각한다. 타고난 신분이 중요한 까닭이 여기에 있다는 논리이다. 반면에 세종은 어떤 우연한 요소나 힘 있는 자가 제멋대로 내리는 판단에 백성이 운명을 맡겨서는 안 된다고 생각한다.

한글은 인권, 한자는 이권

이 모든 대립은 기존 질서를 유지하려는 양반 사대부와 더 좋은 세상을 만들려는 세종의 철학 차이에서 비롯한다. 요즘 말로 번역하자면 이권을 지키려는 세력과 인권을 돌우려는 세력의 싸움이었다. 지금도 한글은 인권이고, 한자는 이권이다.

한글전용은 세계 어느 나라에서도 찾아볼 수 없는 빠른 속도로 산업화와 민주화를 이루는 데에 디딤돌 노릇을 했다. 지식과 정보의 소통, 그리고 보통교육에서 문자의 장벽이 낮았기에 가능한 일이었다. 이것이 바로 한글전용이 우리 민족에게 가져다준 첫째 혜택이다. 그다음으로 누구든 자기가 하고 싶은 말을 글로 표현할 수 있는 표현의 자유가 그 표현의 수단 차원에서 보장되었다는 게 한글전용이 준 둘째 혜택이다. 특히 오늘날처럼 개인 매체가 발달한 시대에 한글전용은 축복이 아닐 수 없다. 그리고 글을 읽을 수 있느냐 없느냐에 따라 사람을 차별할 위험이 매우 줄었다는 게 한글전용이 가져다준 셋째 혜택이다. 확실히 한글은 인권이다.

문제는 이제 한글전용이 아니라 어려운 낱말들이다. 입말로 할 때 알아들을 수 없는 낱말이 섞여 있다면 한글로 써놓아도 그 낱말을 이해하기는 어렵기 때문이다. 한글날 무렵이면 여기저기 방송과 신

문에서 연락이 많이 온다. '한글 파괴 현상을 어떻게 생각하느냐?'
가 단골로 나오는 황당한 질문이다. 한글은 세종께서 만든 우리 문
자 체계인데, 그 문자가 파괴된다고 하니 황당할밖에. 대개는 한글
맞춤법 파괴 또는 문자가 아닌 한국어의 파괴를 염려하는 내용이다.
일본어 냄새가 나게 말하는 '도깨비 말', 모양이 비슷한 글자와 바
꿔쓰는 '야민정음', 소리 나는 대로 적는 전화문자, '하삼, 하욤' 따위
문장의 꼬리를 바꾸는 추세, 긴말을 대폭 줄인 새말 따위. 자세히 따
져보면 부정적인 변화도 있고 긍정적인 변화도 있지만, 내가 보기에
이런 흐름이 일으키는 문제는 그다지 심각하지 않다. 국민의 생활을
규정하는 말은 아니기 때문이다.

5장.
언어는 인권이다.

나는 우리가 이제 표준어나 맞춤법을 안 지켜도 그만이라고 말하려는 것은 아니다. 다만, 지금까지 언어에 관한 관심이 주로 언어 안의 문제, 즉 어문 규범과 문법을 잘 지키느냐에 쏠려 있던 탓에 언어에 얽힌 인간적, 사회적 맥락을 보지 못했다는 점을 강조하려는 것이다. '국어의 주인은 국민이다.'라는 관점에서 생각의 틀을 180도 바꾸자고 나는 제안한다.

이제 국어의 주인은 더 이상 국가가 아니라 그 말을 쓰는 국민이라는 원칙에서 국어 정책을 세우고 운동의 목표를 잡자. 국가는 국민이 국어를 사용하면서 불편함을 느끼지 않도록 국민의 국어 사용권 보장에 정책의 우선순위를 두어야 한다. 그리고 국민의 말 문화에 개입하기보다는 말 문화에 대한 다양한 견해가 토론 속에서 좀 더 바람직한 방향을 찾아 나갈 수 있도록 학교교육과 평생교육, 공영방송 등에서 기반을 마련하는 데에 힘써야 한다. 개인의 언어 사용에 국가가 개입하면 '표현의 자유'와 충돌을 일으킬 뿐이다. 사실,

표준어와 맞춤법은 인터넷과 전화기에서 온종일 걸레가 되고 있지만, 그렇다고 세상이 무너질 일도 아니다.

앞서도 보았듯이, 국민의 생명과 재산에 영향을 끼치고 권리와 의무를 규정하는 공공언어에서 국민이 알아듣기 어려운 말, 즉, 외국어나 낯선 한자어가 자주 튀어나온다면 국민은 국어 사용권을 제대로 보장받지 못한다. 공공언어의 많은 부분을 국가가 만들므로, 이런 경우에 국가는 제 책임을 저버리는 것일뿐더러 외국어 능력이나 한자 지식 유무에 따라 국민을 차별하는 결과까지 낳는 것이다.

국가는 국민의 국어 사용권 보장해야

이런 문제점을 아주 선명하게 보여주는 사례로, "GREEN FOOD ZONE"이라는 표지판을 들 수 있겠다. 직역하면 '초록 음식 지대'고 의역하면 '친환경 음식 지대' 또는 '불량식품 없는 거리'일 것이다. 여기서는 뒤엣것이 맞다. 길거리 음식을 파는 사람들, 영어를 많이 배우지 않은 아이와 학부모로서는 알아먹기 어려운 말이다. 푸드 코트, 푸드 뱅크 등 우리말에 어엿이 존재하는 '먹거리'와 '음식', '식품'을 밀어내고 시민권을 얻은 '푸드'가 '그린' 및 '존'과 어깨동무한 채 국민의 알 권리와 보건권을 침해하는데, 그 침해의 주체는 국가다. 침해행위의 실행은 헌법 제7조에서 '국민 전체에 대한 봉사자'이며 '국민에 대하여 책임을 진다'고 규정한 '공무원'이다. 사정은 이렇다.

2008년에 '어린이 식생활안전관리 특별법'이 제정·공포됨에 따라

식품의약품안전청(지금은 식품의약품안전처)의 요청으로 전국 6,400여 곳의 초·중·고 학교의 주변을 어린이 식품안전보호구역으로 지정하였다. 시행령에서는 어린이 식품안전보호구역을 지정한 경우, 총리령으로 정하는 바에 따라 표지판 등을 설치하고 관리하여야 한다고 규정했다. 여기까지는 다 좋았다. 그런데 그 시행규칙인 국무총리령 제3조에서 정한 '표지판의 설치 및 관리기준(별표 1)'에서 우리는 쓰러진다.

[별표 1] 〈개정 2011.1.31〉
어린이 식품안전보호구역 표지판의 설치 및 관리기준(제3조 관련)
1. 규격 및 재질
 가. 규격
1) 가로형: 가로 1200㎜ × 세로 500㎜

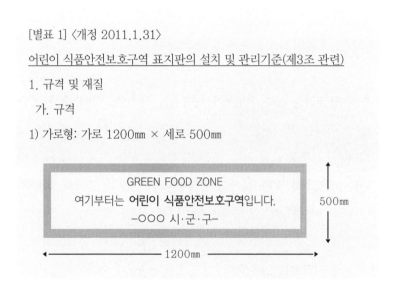

그래서 단지 이 규칙 때문에 대부분의 시군구에서는 영어 철자로 된 'GREEN FOOD ZONE'을 대문짝만하게 적은 알림막을 학교

주변 거리 곳곳에 건 것이다. 법과 시행령도 아니라 그 밑의 시행규칙에서 'GREEN FOOD ZONE'이라고 영문 이름을 지어 영어 실력을 자랑한 어떤 공무원 때문에 어린이의 먹거리 안전을 보호하자는 법의 취지가 거리의 음식 쓰레기 꼴이 되었다. 이 그린 푸드 존은 한때 '스쿨 존'이라고 불리던 '어린이 보호구역'과 비슷한 공간이다. 어린이들의 안전을 지키는 일에 우리 정부는 왜 굳이 영어를 사용해야만 할까? 어떤 효과를 기대했는지는 모르겠으나, 아동, 보건, 안전은 사라지고 영어만 남은 것이다.

우리 행정부와 입법부, 사법부가 제대로 거들떠보지 않고 있지만, 법치국가 대한민국은 그 뼈대인 헌법에서 국민의 국어 사용권을 보장한다. 왕조에서 현대 민주 국가로 넘어오면서 가장 크게 변한 것은 군주의 자의적 지배가 아니라 법이 지배하는 사회로 바뀌었다는 점이다. 물론 악법도 법이니 법의 통치에 따르라는 식의 왜곡된 법치주의 주장도 있기는 하지만, 법치주의는 원래 법으로써 개인의 자유를 보장하려는 정신에서 비롯한 것이다. 말할 자유에 관한 한 문명국가라면 어느 나라든 언론, 출판, 집회, 결사 등 표현의 자유를 법으로 보장한다. 물론 개별 법률로만이 아니라 법치의 기둥인 헌법에서 표현의 자유를 보장한다. 대한민국 헌법 제21조에서는 언론과 출판, 집회와 결사의 자유 등 좁은 의미의 표현의 자유를 보장하고 있고, 제19조에서 양심의 자유를, 제22조에서 학문과 예술의 자유를 보장하여 국민이 개인적이건 사회적이건 제 뜻을 펼 수 있게끔 하였다.

헌법에서 보장하는 국민의 국어 사용권

그리고 우리 헌법은 국민이 제 뜻을 펴는 표현의 자유와 함께 국민이 국어를 사용할 때 침해당해선 안 될 다섯 가지 권리를 담고 있다.

첫째, '알 권리'이다. 국민이 정치적 의사 결정에 민주적으로 참여하기 위해서는 공적인 정보에 쉽게 접근할 수 있어야 한다. 우리 헌법에서는 알 권리를 명시적으로 규정하지 않지만, 헌법 제21조의 표현의 자유, 또는 제10조의 인간의 존엄성과 행복추구권 등을 근거 조항으로 국민의 알 권리가 헌법상의 기본권에 포함된다는 데 이견이 없다. 따라서 각종 법령이나 행정정보, 공문서, 공공정보 등을 국민이 자유롭게 접하고 열람할 수 있어야 한다. 또한, 국가의 의사 결정 과정과 의사 결정 내용을 모두 쉽게 확인할 수 있어야 한다. 그래야만 실질적 민주주의가 구현되고 국민주권 원리가 살아난다.

둘째, '평등권'이다. 우리 헌법 제11조 제①항은 "모든 국민은 법 앞에 평등하다. 누구든지 성별, 종교 또는 사회적 신분에 의하여 정치적, 경제적, 사회적, 문화적 생활의 모든 영역에 있어서 차별을 받지 아니한다."라고 규정하고 있다. 공공기관의 공적인 의사 표명에 외국어가 포함되어 있다면, 외국어 구사 능력에 따라 국민을 차별하는 꼴이므로 평등권 침해가 될 것이다. 나아가 계층에 따라 외국어 구사 능력이 차이가 나는 현실을 고려하면, 사회적 약자의 보호라는 헌법 정신에도 어긋난다.

셋째, '근로의 권리'이다. 헌법 제33조에는 근로의 권리가 규정되어 있다. 근로계약을 맺을 때 노동자의 권리와 의무를 규정하는 내용을 노동자가 충분히 이해할 수 없다면, 노동자의 권리는 보장될 수 없다. 그러므로 외국인이 근로계약의 당사자가 아닌 한, 근로계약, 사규, 업무지시 등에 외국어나 어려운 한자어를 사용하면 노동자가 권리를 행사하는 데 걸림돌이 되며, 자칫하면 노동자에게 불이익을 준다.

넷째, '보건권'이다. 헌법 제36조 제③항은 "모든 국민은 보건에 관하여 국가의 보호를 받는다."라고 규정하여 보건권을 기본권으로 보장하였다. 따라서 식품이나 의약품의 표시 및 사용 설명서는 충분한 정보를 제공해야 할 뿐만 아니라 일반인이 이해할 수 있는 용어와 한글을 사용해야만 국민의 건강과 안전을 보장할 수 있다. 공중에게 공개된 장소에 사용하는 게시물이나 알림도 마찬가지이다. 지하철에서 '심장충격기'나 '안전문' 대신 'A.E.D.'나 '스크린도어' 같은 말을 써서 안전에 주의하라고 알리는 것은 영어를 모르는 사람을 위험에 노출시키는 짓이다.

다섯째, '소비자의 권리'이다. 헌법 제124조에서는 "국가는 건전한 소비행위를 계도하고 생산품의 품질향상을 촉구하기 위한 소비자보호운동을 법률이 정하는 바에 의하여 보장한다."라고 하여 소비자의 권리를 보장한다. 따라서 상품이나 용역의 상세한 내용과 정보를 알 권리, 그러한 정보의 제공을 요구할 권리, 상품이나 용역으로부터 안전을 보장받을 권리 등은 소비자가 당연히 요구할 수 있는 권리이다. 그러므로 상품에 대한 표시나 광고, 사용 설명서 등은 누구나 알아볼 수 있는 쉽고 정확한 한국어와 한글로 적어야 한다.

물론 대한민국 헌법이 국민의 국어 사용 권리를 보장하는 이런 정신을 담고 있다 하여 우리 사회가 언어를 권리로 받아들이고 그것에 맞게 이런저런 제도를 만들면서 발전한 것은 아니다. 그러니 이제 우리가 가장 먼저 고민해야 할 것은 국민이 바른말, 고운 말을 사용하느냐 이전에 국민이 가지는 국어 사용의 권리를 사회와 국가가 제대로 보장하느냐 못하느냐이다. 사람이 있고 난 다음에나 곱고 바른 가치가 설 수 있을진대 지금까지 우리는 언어를 사람의 권리와 연결지어 생각하는 데에 너무나도 인색하고 무지하였다. 이는 특히 국민의 생명과 재산, 권리와 의무, 정치 참여 등 삶의 질을 좌우하는 공공언어 영역에서 충족되어야 하는 문제다. 여기서 공공언어가 무엇인지 잠깐 살펴보고 넘어가자.

공공언어가 쉬워야 국민 삶의 질 높아져

공공언어란 공공 영역에서 사용하는 언어라고 간단히 정의할 수 있지만, 여기서 공공 영역이 단지 정부나 법원과 같은 공적 기관의 업무 영역만 뜻하는 것은 아니다. 개인의 공사 구분보다 훨씬 큰 틀에서, 즉 사회의 큰 틀에서 활동 주체를 공적 주체와 사적 주체로 나눌 때 이들이 두루 만나는 영역이 바로 공공 영역이다.

정부나 국회의원처럼 공익을 목적으로 주로 국민의 세금이나 기금, 후원금 등을 사용하여 일하는 조직 및 개인의 활동 영역을 공적 영역이라 부른다면 사적 영역은 가정이나 동무들 모임, 기업처럼 개인의 생존과 이익, 사교와 욕구 충족을 꾀하는 영역이라고 가를 수 있겠다. 그런데 이 두 영역이 아주 순수한 형태로만 존재하고 작동하는 경우란 그리 많지 않다. 예를 들어 가습기 살균제와 살충제 달걀 사건에서 알 수 있듯이 기업의 영업 행위가 절대 사적 영역에 머무르는 게 아니라 소비자인 국민의 보건과 생활에도 두루 영향을 미친다. 학교와 병원처럼 애초에 두 영역의 성격이 섞인 곳도 있지만, 공공기관에서 온라인과 오프라인으로 민원인을 만날 때, 방송과 신문에서 정부의 정책과 국민의 반응을 보도할 때, 기업의 영업 활동이 소비자의 구매와 소비로 이어질 때처럼 각 주체가 서로 관계를 맺는 유형, 무형의 영역이 있는 것이다. 여기가 바로 공공 영역이다.

가로등을 떠올려보자. 가로등은 지방정부에서 세금을 들여 설치하고 관리하지만, 정부 관계자가 아닌 그 지역 주민과 그 불빛 아래를 지나가는 다른 지역 사람까지 공중이 사용하는 시설이다. 어느 개인이 독점하여 소유하거나 사용하지는 않는다. 이처럼 공중이 공동으로 사용하는 물건이나 시설을 공공재라고 하는데, 여기서 '공공'이란 사전의 뜻으로는 '국가나 사회의 구성원에게 두루 관계되는 것'이다. 그러므로 공공 영역이란 한 사회의 구성원들이 두루 교류하면서 서로에게 영향을 미치는 유형, 무형의 공간을 뜻한다.

그런데 정부가 공공 영역의 주요한 구성원이긴 해도 오직 정부만이 공공 영역의 주체인 것은 아니다. 정부에서 설치하는 가로등뿐만 아니라 도심의 건물이나 대형 상가, 골목의 가게, 아파트 단지, 개인주택 처마에 달아놓은 전등도 함께 밤을 밝히며 행인들에게 두루 빛을 뿌린다. 비록 세금으로 유지하지는 않더라도 이 전등들도 밤거리의 각종 위험에서 행인을 지켜준다. 불빛의 조도나 수량 차이는 있을지라도 정부에서 세운 가로등과 민간에서 매단 전등이 내는 불빛 모두가 이루어내는 밝음이 바로 공공 영역인 셈이다.

공공언어란 바로 이 공공 영역에서 국가나 사회의 구성원에게 두루 사용되는 언어로서 주로 구성원들의 사회적 삶과 활동에 적용되는 규정과 정보, 지식을 다룬다. 이런 언어를 분야에 따라 여섯 가지 정도로 나눌 수 있다. 정치와 공론장에서 사용하는 정치 언어, 행정과 법률 등 정부 및 공공기관의 업무에 사용하는 공무 언어, 신문이나 방송에서 사용하는 언론 언어, 기업과 개인이 경제 활동에 사용하는 살림 언어, 학자와 전문가가 쓰는 전문 언어, 교육기관에서 사용하는 교육 언어 들이다. 이 가운데 교육 언어는 많은 사람이 거르고 변화도 빠르지 않은 편이라 우리 언어 환경에서 별달리 문제를 일으키지 않는다. 문제는 국민의 삶에 영향을 크게 미치는 정치 언어와 공무 언어, 살림 언어이고, 일반 국민의 생활에 자주 등장하는 어려운 전문 언어이다. 그리고 이것들은 주로 언론을 통해 퍼지므로 결과적으로 언론 언어도 문제가 된다.

시민 한 사람 한 사람은 공공언어가 쉽고 민주적일수록 더 넓고 자유로운 공공 영역을 얻게 된다. 공공 영역이 넓고 그곳에서 시민 개인이 자기 삶을 좌우하는 정보에 접근하기 쉽고 공론 형성에 참여하기 쉬울수록 시민들은 자신의 권리를 지키면서 국가의 비민주적 억압과 남의 사적인 지배에 예속당하지 않고 인간의 평등한 존엄을 누리며 살아갈 가능성이 커진다. 따라서 공공 영역은 모든 시민에게 열려 있어야 한다. 이곳으로 통하는 문과 길이 바로 공공언어다. 법과 제도와 정책을 쉽게 알려주는 언어, 나의 의견과 남의 의견에서 문턱이 없는 언어, 내가 공론 형성에 참여하려 할 때 이미 표방된 남의 의견에 주눅이 들지 않아도 되는 언어, 돈이 없거나 학력이 떨어진다는 따위의 비겁한 이유로 사람을 차별하지 않는 언어, 편견을 고집하지 않는 언어. 이런 공공 언어야말로 한 사람의 나약한 시민을 국가의 진정한 주인 자리에 앉혀주는 것이다.

단일 언어 사회에서도 언어 차별 생겨

공동체의 모든 성원이 만나는 공공영역의 언어는 시민들 모두를 같은 자격을 갖춘 인격체로 보는 관점에서 출발해야 한다. 국제인권규약 2조 1항에서는 "이 규약의 각 당사국은 자국의 영토 안에 있으며, 그 관할권 아래에 있는 모든 개인에 대하여 인종, 피부색, 성, 언어, 종교, 정치적 또는 그 밖의 의견, 민족적 또는 사회적 출신, 재산, 출생 또는 그 밖의 신분 등에 따른 어떠한 종류의 차별도 없이 이 규약에서 인정하는 권리들을 존중하고 확보할 것을 약속한다."라고 규정하였다. 여기서 '언어'에 따른 차별은 다중 언어 국가에서만 나타나는 게 아님을 알아야 한다. 단일 언어 국가에서도 학력이나 외국어 능력의 차이에서 비롯하는 언어 차별이 일어날 수 있고, 그 밖의 모든 차별이 언어로 표현된다. 공공언어는 알기 쉽고 분명해야 하며, 공동체의 다른 성원을 차별하거나 배제하거나 비방하는 말이어서는 곤란하다.

이렇듯 개인의 언어 품격이나 국어 지식을 높이는 일보다 국가의 역할이 더욱 중요한 영역이 있음에도 우리의 국가는 여기서 그다지 잘해오지 못했다. 언어에 관한 한 국가는 공공언어 영역을 책임져야 한다. 한글날을 다시 공휴일로 기리게 된 2013년 경축식에서 국무총리는 우리의 말 문화에 문제가 많으니 이를 개선하는 범국민적인 운동을 펼치겠노라고 발표했고, 곧 '언어문화개선 범국민연합'이라는 조직이 만들어졌는데, 이 운동에서도 공공언어보다는 청소년 욕설, 인터넷 악성 댓글, 예능 방송과 드라마의 막말 등이 주된 관심사였다. 4년 동안 예산이 주로 국민의 사적인 언어 문화 개선에 쓰였지만, 그 성과는 참으로 미미하다. 국가가 공공언어에서 책임을 다하지 않은 채 국민의 바른말, 고운 말 사용에 관심을 쏟다 보니 공공 언어에서 국민의 알 권리를 보장하는 일이 뒷전으로 밀리는 것이다.

바른말, 고운 말 이전에 쉬운 말부터

사람은 자신의 고통과 욕구를 해결하기 위해 누구나 자기 뜻을 표현할 수 있어야 한다. 표현의 자유와 권리는 민주주의와 인권의 보루다. 그런데 자기 뜻을 표현하기 위해서는 세상의 법과 제도, 행정, 사회관계가 자신을 어떻게 규제하는지, 또는 해결의 실마리를 주고 있는지 알아야 한다. 이러한 정보에 접근했을 때 그것이 모르는 말투성이라면 말짱 도루묵 아니겠는가? 오늘날처럼 국가를 비롯한 공공 영역이 개인의 삶에 매우 강하게 영향을 미치는 시대에는 공공언어 분야에서 시민의 알 권리를 지키려는 노력이 다른 무엇보다도 중요하다.

쉬운 말은 고운 말이나 바른말 이전에 우리가 추구해야 할 언어의 가치다. 건물에서도 화려하고 매끈한 계단보다는 휠체어가 다닐 수 있는 고른 비탈길을 먼저 설계해야 하듯이. 언어는 인권이다.

6장.
민주주의와 인권을 위해
국어를 지킨다.

　대한민국 민주주의는 어디까지 왔을까? 역사는 1987년 6월 민주항쟁이 꽃피운 민주주의의 한계가 무엇이며, 그 한계를 넘어설 힘은 어디서 나오는지 알려주는 데에 30년이라는 시간을 썼다. 연인원 1,700만 명이 넘는 시민이 다섯 달 동안 주말마다 촛불을 들고 민주주의를 밝혔다. 세계사에서 전례를 찾아볼 수 없는 평화적이고 웅대하며 즐겁고 예술적인 촛불 집회가 헌정 유린 세력을 몰아내는 놀라운 힘을 보여주었다. 그 힘은 과연 어디서 나왔을까?

　상상할 수도 없는 소문이 사실로 드러나기 시작하자 국민의 분노는 하늘을 찌를 기세였다. 박근혜 대통령 퇴진을 요구하는 2차 촛불 집회가 열린 날, 분노에 찬 집회 사회자와 일부 발언자가 박근혜 대통령을 두고 "암탉이 울면 집안이 망한다"느니, "칠푼이"라느니 하는 비난을 서슴지 않았다. 최순실더러는 "저잣거리 아녀자" "강남 아줌마"라고 불러댔다. "박근혜를 병원으로!", "병신년"이라는 구호도 등장했다. 이런 말에 속이 시원하다고 느낀 사람도 많았겠지만,

매우 거북하게 느낀 시민들도 있었다. 아무리 명분이 좋고 정당한 분노일지라도 그 분노가 소수자에 대한 혐오나 증오를 굳히는 부작용을 일으킨다면 우리는 어찌 반응해야 할까? 큰 명분이 옳으니 참아야 할까, 문제가 있다고 손을 번쩍 들어야 할까?

침묵과 순종을 강요하는 말 문화

나와 생각이 다른 사람을 비판하는 일은 그리 어렵지 않다. 그것은 근본적인 견해 대립의 자연스러운 소산이다. 오히려 큰 틀에서 나와 생각이 비슷하다고 여기는 무리 안에서 무언가 잘못이라고 볼 만한 일, 예를 들어 폭력을 비롯한 나쁜 수단의 정당화, 지도자나 윗사람의 독단, 동료의 성희롱 등에 문제를 제기하는 게 더 어려울 때가 많다. 분위기가 어색해지고 조직과 명분과 단결이 약해질까 봐, 또는 나의 비판이 무시될 때 내가 느낄 실망이 얼마나 클지 지레 걱정되어서 등등 이유는 많다. 이런 까닭으로 합리적인 비판이 설 자리를 잃고 토론 문화가 획일성을 벗어나지 못한다. 여기에는 역사적인 뿌리가 있다.

전통적으로, 우리 조상들은 말의 파급력을 염려하면서 내가 하는 말이 상대에게 어떤 효과를 주는지 고민하고, 이를 '처신', '처세'라는 관점에서 바람직하다고 여기던 태도로 정립했다. 특히, '낮말은 새가 듣고 밤말은 쥐가 듣는다', '발 없는 말이 천 리 간다'처럼 화를 입을 말을 떠벌리지 않는 겸양의 태도나 '말 한마디로 천 냥 빚을 갚는다'처럼 상황에 맞는 말로 실익을 얻는 지혜를 강조하였다. 양반-상놈 신분 사회에서 식민지 시대로, 다시 남북전쟁과 군사 독재 권위주의 체제를 겪으면서 약자가 살아남기 위한 실용적인 처세에 관심이 집중된 듯하다. 이런 처세술로서의 말 문화는 자칫 순종을 강요하거나 불의 앞에 침묵을 정당화하는 용도로도 이용된다. '물이 깊을수록 소리가 없다', '빈 수레가 요란하다'는 속담이 대표적이다.

비록 '가는 말이 고와야 오는 말이 곱다'는 배려의 지혜, 남의 처지에서 생각하라는 가르침이 사라진 것은 아니지만, 수십 년 이어진 정치적 억압과 새로이 기업 내에서 형성된 상하 질서는 말을 자제하는 것이 미덕이라는 순종적 태도를 중시하게끔 몰아갔다. '말 많으면 빨갱이'라는 극단적 편견을 담은 증오 표현이 이런 정서를 대변한다. 그 결과 공개적이고 건강한 비판을 동반하는 토론 문화, 논쟁 문화는 자리를 잡지 못하고, 울화를 푸는 이른바 '뒷담화' 문화가 강해졌다.

그렇지만 이날 촛불 집회에 모인 어떤 시민들은 명분에 갇히지 않고 비판을 선택하였다. 국정농단의 핵심 인사들에 대한 분노를 여성과 장애인을 비하하는 방식으로 욕하면 개인의 무능과 부패를 성별과 장애에 따른 것이라고 왜곡하고 차별하는 결과를 낳지 않겠는가. 그들은 집회 주최 측과 사회자에게 항의하고 사과를 요구하였다. 어떤 반응이 돌아왔을까?

민주 시민의 형성은 활발한 참여에서 비롯한다

　집회 참가자나 사회자, 주최자 모두 민주공화국 대한민국의 시민이다. 대한민국 헌법에서 추구하는 '민주공화국'은 시민이 누구에게서든 제멋대로 지배당하지 않을 자유와 인간 존엄의 평등을 실현하기 위해 민주적 절차와 제도를 이용하여 스스로 지배하는 정치체제이다. 시민은 늘 더 나은 민주공화국을 위하여 고민하고 실천해야만 특권자의 지배와 사적인 지배라는 굴레에 묶이지 않을 수 있다. 우리가 이 정치체제를 더욱 바람직한 것으로 발전시키는 데에는 민주주의를 잘 이해하고 실천하는 시민의 힘이 가장 중요하다. 그런데 민주 시민은 공부로 해결될 문제가 아니다. 시민의 활발한 참여가 가장 중요하다. 그들이 모두 평등한 권리를 가지고 서로 의지하는 공동체를 이루어 살아가야 한다는 책임감과 우애 정신은 참여를 통해서 더욱 확실하게 살아나기 때문이다. 미국의 철학자이자 교육학자인 존 듀이는 바람직한 시민의 상을 '공중'이라고 개념 지었는데, 정치철학자 장은주는 그 내용을 이렇게 풀이한다.

　　"민주적 공론장은 시민들이 사회의 여러 문제를 두고 토론하고 논쟁하며 성찰하는 가운데 가장 설득력 있는 해법을 찾아내어 사회의 정치적 결정 과정을 그 해법의 틀 안에 묶어 두는 역할을 하는 민주주의의 공간이다. 바로 이 민주적 공론장 안에서 그러한 토론과 논쟁과 성찰의 과정에 함께 참여하여 '공적인 일(res publica)'을 어떻게 다루어야 할지에 대해 다른 성원들의 광

범위한 동의를 얻을 수 있는 의견, 곧 공론을 형성해 내는 주체가 공중이라 할 수 있다. 이 공중은 사적 삶에 뿌리를 두는 개인들이 공론장의 활성화를 통해 사회의 기본 방향과 정치적 의사 결정 전반을 일정하게 통제할 수 있는 무정형의 집합적 주체로 변모함으로써 비로소 형성된다." - 장은주, 《시민교육이 희망이다》

대의제 민주주의 외에도 시민들은 신문이나 방송 등의 언론과 인터넷 등의 공간에서, 그리고 광장과 거리에서 남의 의견을 보고 들으며 자신의 견해를 밝히기도 한다. 이와 같이 공론을 만드는 과정이 바로 모든 시민이 정치에 참여하는 모습의 하나하나다. 그리고 그것은 결국 다양한 공론장에서 말과 글로 이루어지는 일이다. 참여의 폭과 깊이는 대개 말이 좌우한다. 이 공론장이 민주적으로 운영되지 않는다면 시민의 참여는 제한되고, 시민들은 소모적인 갈등이나 증오의 감정 때문에 공론 형성의 역할을 맡을 수 없다.

공론장에서 각성하는 시민

수십만 시민 앞에서 호기롭게 내뱉은 말에 여성과 장애인 혐오가 묻어 있다는 항의가 들어오자 주최 측과 사회자는 당황할 수밖에 없었다. 하지만 사회자는 이내 사과하였고, 주최 측도 이에 대해 진심으로 사과한다고 밝혔다. 알량한 자존심을 내세우지 않은 이 사과는 집회에 참여한 시민 모두를 기쁘게 했다. 바로 이런 태도가 필요하다. 자유롭게 발언하고 토론하되 남에게 욕지거리나 증오 표현, 차별적인 언사를 내뱉지 않는 태도, 비판을 받아들이고 사과할 것은 바로 잘못을 인정하는 자세가 시민의 참여를 북돋고 시민의 대화와 각성을 촉진하는 출발점이다.

2016년 10월부터 서울 광화문과 전국 주요 도시에서 일어난 촛불 집회는 참으로 민주적인 공론장이자 시민에게는 민주주의의 학교였다. 직업과 나이가 모두 다른 1,700만 시민이 함께 촛불을 들었고, 초등학생부터 할머니까지 마이크 앞에 서서 대통령의 불법 행위를 비판하고 나라를 어떻게 바꿔가야 할지 말했다. 발언은 끝이 없었다. 발언을 신청한 사람들은 차례로 줄을 섰고 주어진 시간을 지키려 애썼다. 누구도 쌍욕을 하지 않았고 폭력을 사용하지 않았다. 그들이 대통령을 탄핵했고, 새 대통령 선거를 끌어냈다. 촛불 시위에 참여했던 평범한 시민을 취재한 방송을 보면, 이들은 광장이라는 공론장에 모여 서로 이야기를 주고받으면서 자신의 운명을 결정하는 힘이 정치라는 사실을 깨달았고, 자기 생각과 남들의 생각을 비교하고 맞춰가며 나라의 운명을 결정하였다.

이렇듯 시민의 정치 참여는 주로 토론이나 논쟁의 방식으로 일어나므로, 시민들은 누구든 자신의 주장만 고집해서는 안 된다는 사실을 공론장에서 체험하고 깨닫는다. 곧 남의 처지에 서서 생각하고, 다른 사람들을 합리적으로 설득하기 위해 노력하게 된다. 이런 과정에서 처음의 생각보다 훨씬 더 넓고 깊어진 눈으로 세상을 보게 되고 구체적인 공론의 한 귀퉁이를 맡아간다. 즉, 시민들은 자신의 이익과 손해를 다른 사람의 것과 견주어 가면서 나만이 아닌 모두에게 두루 유익한 선택이 무엇인지 공공성의 가로등에 비추어 성찰할 줄 알게 되는 것이다. 이런 시민이 민주공화국을 더 나은 민주공화국으로 발전시키는 민주시민이다. 결국, 촛불혁명의 비밀은 공론장에서 각성한 시민의 힘에 있다.

　나는 지금 우리말과 한글이 우리 것이니 잘 지키자는 단순한 생각을 넘어, 민주주의와 인권을 지키기 위해 국어를 지키자고 매우 절박한 인간적 관점에서 제안하는 것이다. 민주공화국의 모든 시민이 차별 없이 소통하고 정치에 참여하여 자신의 운명을 스스로 결정할 수 있도록 말 문화를 가꾸자는 바람이다. 현재의 병리적인 말 문화는 그와 같은 참여를 방해한다. 외국어가 문맥을 끊어버리는 공공언어는 국민의 정보 접근을 가로막고, 무시와 모욕과 자기 과시욕만이 넘치는 공론장의 폭력적 말 문화에 시민들은 마음이 멍들어 참여의 동기를 잃는다. 무서워서 피하는 게 아니라 더러워서 참여를 꺼리는 것이다.

공론장의 폭력적 말 문화는 시민 참여 막아

　한때 〈개그 콘서트〉에서 '~하실게요. ~하고 가실게요.'라는 잘못된 높임말을 쓰길래 이를 고쳐달라고 요청한 적이 있다. 그 방송 말고도 광고에서 하도 이 말을 사용하는 바람에 아이 어른 할 것 없이 따라하고, 어법을 너무 혼란스럽게 뒤트는지라 이 말은 좀 말려야 한다는 생각에서였다. 얼마 뒤 그 방송 첫 화면에 이것이 잘못된 말투라는 제작진의 안내가 떴다. 뜻밖의 성과라 나도 깜짝 놀랐다. 문제는 그 다음 날 벌어졌다. 책임 감독이라는 분이 "해당 단체에 답변 공문만 보내고 끝낼 수 있지만, 우리가 이런 지적을 받고 있다는 걸 시청자들에게 알리고 싶었다"라며 굳이 자막을 넣은 속내를 언론에 털어놓은 것이다. 코미디 만들기 어려운 사정은 알겠지만, 그렇다고 최고 권력자인 시청자에게 한글 단체 좀 혼내달라는 식으로 고자질하다니…….

나는 당장 논평을 써서 이 고약함을 꼬집었다. 내가 대표로 있는 한글문화연대에서 코미디 제작진에게 뭔가 바로잡아달라는 공문을 보낸 일은 처음이었던지라 억울했다. 우리 단체가 뉴스나 다큐멘터리에 댈 잣대를 코미디에 들이댈 정도로 속 좁은 곳은 아니다. 개그맨들이 만들어내는 유행어는 좀 지나면 시들해지므로 일일이 따질 필요도 없거니와 창작의 자유 또한 매우 소중한 가치라고 보기 때문이다. 그런데 이 잘못된 높임말은 여느 유행어와는 달리 이미 병원이나 한의원, 미용실 등에서 굳어져 많은 사람을 불편하게 만들고 있었고, 그 코미디가 여기에 무임승차하여 잘못된 높임말을 정당화하며 널리 퍼뜨리는 노릇을 하고 있던 터였다. 창작의 어려움을 털어놓기엔 어설프고 궁색한 구석이 많았다.

이 논평이 나간 직후 인터넷 기사 밑에는 나를 비난하는 댓글과 그 코미디 감독을 비난하는 댓글이 수두룩하게 달렸다. 그 댓글들을 읽다 보니 쓴웃음이 절로 나왔다. 양쪽의 댓글 상당수가 심한 욕설과 막말투성이였다. 나는 '웃자고 하는 말에 죽자고 덤비는 또라이'가 되어 있었다. 뭐라 한 마디 쓰고 싶었지만, 차마 발을 담글 용기가 나지 않았다. 코미디 관련 기사에 붙는 반응이 이럴진대 날카롭게 대립하는 정치 의제라면 어떻겠는가? 물론 각목과 쇠파이프 들고 서로 피 튀기며 싸우는 짓보다야 낫겠지만, 이렇게 위로하기엔 사람이라는 존재가, 시민이라는 존재가 너무나도 초라하지 않은가.

공동체에는 서로 견해를 달리하는 다양한 사람이 구성원으로서 공존한다. 이해관계와 정치적 견해를 달리하는 구성원들이 서로 자신의 권리와 주장만 앞세운다면 공동체는 적대하는 세력 사이의 대립과 충돌 속에서 대다수 성원이 자유를 위협받는 상황으로 내몰린다. 군사 쿠데타는 대개 이런 혼란을 잠재우겠다는 명분을 걸고 일어난다. 이 단순한 원리를 성찰하지 않은 탓에 예의가 사라지고 다른 사람에게 공감할 줄 모르며, 증오와 상대를 타도하겠다는 심성이 강해진다.

민주공화국은 어느 특정 세력이 그에 반대하는 세력을 완벽하게 타도하고 일방적인 지배를 행사하는 체제가 아니다. 민주적 절차에 따라 대화와 견제와 균형의 원리를 적용하여 모든 국민이 스스로 지배하는 정치체제다. 미우나 고우나 시민들은 서로 함께 살아가야 하는 존재고, 서로에게 의존하며 살고, 서로 힘을 합쳐야만 사회의 여러 문제를 해결하면서 인간적인 삶을 보장받는다. 그러니 나만이 아니라 다른 이들의 요구나 권리도 존중되어야 한다. 여기서 어떤 말을 어떤 방식으로 사용할 것인가가 매우 중요한 문제로 떠오른다.

공론장 언어는 쉽고 예의 있어야

　공론의 형성 과정에서 모든 이의 평등한 참여와 표현의 권리를 보장하려면 먼저, 모든 공론장의 정보와 주장은 쉬운 말로 표현되어야 한다. 중학교 의무교육을 마친 시민이라면 평균적으로 이해할 수 있는 수준의 말이어야 하며, 학력이나 학벌이 이해를 좌우하는 말이어서는 안 된다. 영어 남용과 낯선 한자어, 전문용어 사용은 이런 관점에서 시민의 참여를 방해할 위험이 크다. 둘째로, 예의 있는 말투를 사용해야 한다. 모든 시민을 형제로, 나의 삶을 지탱해주는 동료로, 비록 서로 의견이 다르더라도 존중하는 동반자로 보는 예의가 필요하다. 남을 무시하고 배제하는 말투, 폭력적인 말은 참여를 꺼리게 할 뿐이다.

　예의는 일정한 격식을 통해 표현되기도 하지만 가장 직접적으로는 말로 나타난다. 상대방을 대화의 짝으로 인정하는 태도, 상대로부터 배우려는 자세, 상대의 생각을 배려하고 존중하려는 노력, 무례하지 않게 비판하고 이를 받아들이는 열린 마음 등이 대화와 토론을 통해 민주공화국이라는 공동체를 운영해가는 가장 기본적인 자세이다. 예의는 순응이나 순종과 다르다. 예의 없는 비판이 문제지 비판 그 자체가 문제로 인식되어서는 곤란하다. 예의 없는 말버릇이 민주공화국을 타락시키는 독소임은 두말할 나위가 없다. 민주공화국은 기본적으로 대화 공동체다.

　예의는 유교적인 전통 덕목으로서가 아니라 현대 민주공화국의 시민이 지녀야 할 덕성으로서 재해석할 수 있고, 또 그렇게 적극적으로 해석해야 한다. 이런 측면에서 예부터 내려온 위아래 예의 관념이나 흔히 서로 다르게 해석하는 개인적인 예의 관념과 구분하기 위해 우리는 현대 민주공화국에서 시민의 덕성으로 지녀야 할 예의를 '시민적 예의'라고 구분하여 규정할 수도 있겠다.

정치철학자 장은주의 개념을 빌자면, 시민적 예의는 '상호성의 원칙', 곧 너나 나나 똑같은 사람이고 서로 역지사지 하는 관점에서 상대를 이해하고 평가하며 수용해야 한다는 원칙과 '보편성의 원칙', 곧 모든 시민에게 보편적으로 타당한 윤리만을 서로에게 강제할 수 있다는 원칙을 기준으로 삼을 수 있겠다. 이는 다르게 표현하자면, 동료 시민들을 나와 똑같이 가치 있고 소중하며 사회의 정치적 의사 결정에 참여할 수 있는 평등한 권리를 지닌 한 사람의 시민으로 인정해야 한다는 뜻이다.

동료 시민의 존엄을 평등하게 인정하는 태도를 갖춰야

시민의 덕성으로서 예의의 출발은 모든 인간의 존엄함을 평등하게 대접하려는 태도다. 이런 기준에서 막말이나 욕설, 모욕, 증오 표현, 혐오 표현, 공론장에서의 반말, 차별과 배제를 부르는 말이 설 자리란 없다. 인간 존엄의 평등함은 배려와 존중을 기본자세로 요구한다. 다른 시민의 존엄함을 깔보고 얕잡아 보는 이가 어찌 민주공화국의 민주적 헌정 질서를 공유하고 받아들인다고 말할 수 있겠는가? 현대 사회에서 예의는 민주공화국과 시민의 덕성이라는 등대가 있을 때만 환한 빛으로 어두운 바다를 비출 수 있다.

시민적 예의를 새로운 말 문화의 기준으로 잡을 때 그것은 말의 외관과 원리의 양 측면에서 모두 적용되어야 한다. 즉, 말투로서의 예의와 소통 방식으로서의 예의이다.

먼저, 욕설이나 반말, 막말, 공격적인 말 등 예의 없는 말투는 상대 방을 자극함으로써 소통에 걸림돌로 작용한다. 또한, 예의는 아랫사람이 윗사람에게만 차려야 할 덕목이 아니다. 윗사람이 아랫사람에게 차려야 할 예의도 있다. 특히 한국어는 높임말과 반말 체계가 있고, 말투의 높낮이가 대화 무리 안에서 나이와 직위, 선후배 등의 수직적 신분을 표현하고 있어서 말투의 높낮이에 누구나 매우 민감한 편이다. 하지만 나이와 직위, 선후배, 갑을 관계 등 무엇이 높임말과 반말의 기준이 되어야 하느냐는 문제에는 사회적 합의가 없다. 나이 어린 상급자가 나이 많은 하급자에게 예사로 반말을 사용하는 최근의 직장 문화는 큰 병리로 발전하고 있다. 공적 영역에서는 모두가 존댓말을 사용하는 말 문화가 시민적 예의의 표현 방식으로 적절할 것이다. 예의를 지키는 말투는 의사소통의 합리성과 효율성을 보장하는 기본 조건이다.

다른 한편으로, 소통방식으로서 예의를 강조할 때, 우리는 결코 낱말의 품격 따위에 집착하여 예의를 해석해서는 안 된다. 예를 들어 대화를 나눌 때 말하는 자가 자신의 아버지를 '아버님'이라고 부르는 건 우리 높임말 원리에 어긋나고, 대화 상대방을 '당신'이라고 부르면 반말로 느끼기 쉽고, '쪽팔리다'처럼 생활에서는 자주 쓰지만 사전에서는 속된 말이라고 풀이하는 말은 사람을 언짢게 할 수 있다. 하지만 이런 까다로운 문제들로 예의를 판단해서는 안 된다. 예의 바른 소통 방식이란, 상대방이 알아들을 수 있는 말로 역지사지의 입장에서 전달하고, 상대방에게 나와 똑같은 대화 권리를 보장하며 상대방의 이야기를 경청하는 태도로 이루어진다. 또한, 내 의견의 근거가 부족하거나 잘못이라면 언제든지 자신의 주장을 무르는 용기가 필요하다.

시민적 예의 지키는 공론장 언어 문화가 해답

물론 우리 국민 가운데 많은 이가 말과 행동에서 시민적 예의를 갖추지 못한 문제의 책임을 시민 개개인에게만 돌려서는 곤란하다. 비록 그것이 불편하다고는 해도 시민들이 일상생활에서 느끼는 다양한 분노의 표출일 수도 있고, 정치와 언론이 제구실을 못 해서 생기는 울분의 표현일 수도 있고, 불의라고 느끼는 사태에 항거하는 자기 방식의 의사 표현일 수도 있다. 자기만 잘 나가려는 이기심에서 이런 말 문화를 부추겨온 정치인이나 언론의 책임도 작지 않다. 그러나 이를 극복하는 길 역시 시민적 예의를 지키는 공론장 문화를 더 넓고 튼튼하게 세우는 것 말고는 없다.

이 같은 시민적 예의는 공직자와 사회지도층에게 더 엄하게 요구된다. 사회지도층 및 공직자와 일반 시민 사이에는 그들이 동원할 수 있는 권력이 비슷하지 않기 때문에 지도층이나 공직자들은 쉽사리 일반 시민을 자신의 동료로 인정하지 않는 경향이 있다. 과거 로마의 귀족은 노예들 앞에서 거리낌 없이 성행위를 했는데, 이는 그들이 노예를 동등한 인간으로 여기지 않았기 때문에 수치심을 느낄까닭이 없어서였다. 이와 비슷하게 권력자들이 말도 안 되는 억지를 쓰거나 막말과 고압적인 태도로 갑질을 부린다면, 이는 다른 시민을 존중해야 할 대상으로 인정하지 않는다는 뜻이라고 볼 수밖에 없다. 과거 로마의 키케로가 주저하지 않고 일개 보병으로 참전하고, 미국의 보수 정치인 매케인이 이라크 전쟁에 아들을 내보낸 까닭은 공화국을 지키려는 지도자로서 일반 시민보다도 더 가혹한 책무를 져야한다고 생각해서였다. 따라서 사회지도층은 말 문화에서도 일반 시민에게 요구되는 예의보다 더욱 엄격한 책무를 요구받는다.

시민들의 관계를 험악하게 만드는 거친 말 문화는 의사소통을 방해하는 영어 남용과 함께 우리 사회 말 문화의 가장 큰 병폐다. 그래서 나는 민주주의와 인권을 위해 국어를 지키자고 말하는 것이다. 국어 운동이 이처럼 더 나은 민주공화국을 만들어가기 위해 시민들 사이의 예의 있고 바람직한 말 문화, 공공 영역의 쉬운 말 문화를 고민한다면 우리는 표현의 자유라든가 세계화 추세와 충돌하지 않으면서도 말의 저질화와 영어 남용에 대처할 길을 열 수 있을 것이다.

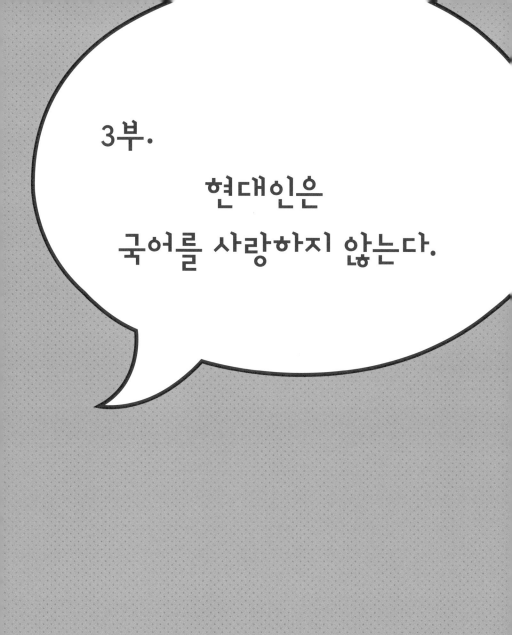

1장.
한국어,
생존이 문제는 아니다.

    수돗물을 믿지 못하게 할까 봐 금지하던 생수 판매가 1994년 헌법재판소의 위헌 결정으로 허용되었다. 1970년대에 내가 초등학교에 다닐 때 어느 선생님께서 몇십 년 뒤에는 한국에서도 물을 사 마시게 될 거라는 말씀을 하신 적이 있다. 우리는 아무도 그 말을 믿지 않았다. 전국 어디를 가도 물이 좋은 나라니 돈 주고 물을 사 마신다는 걸 상상할 수 없었고, 외국에서 물을 사 마신다는 이야기도 믿기 어려웠다. 대동강물을 팔았다는 봉이 김선달 이야기를 들으며 깔깔대던 어린 시절을 떠올리면 물을 사 마시게 된 오늘날이 참으로 씁쓸하다.

    '발전'이냐 '환경'이냐 두 가지 가운데 선택하라면 오늘날에도 의견이 갈리긴 하지만, 적어도 옛날처럼 무조건 환경을 뒤로하고 발전만 능사라고 주장하는 이는 드물다. 생태계 파괴, 이상 기후, 대기 오염, 수질 악화 따위 우리가 몸으로 겪어서 그 위험을 알고 있는 문제들이 '누구를 위한 개발과 발전이냐?'라는 비판을 강하게 던지기 때문이다. 그렇지만 결코 발전을 포기하지 않는 정책이 '지속 가능한 발전'이라는 매우 모호한 구호 아래 전 세계에서 펼쳐지고 있다. 무게를 달아보면, 지속 가능성은 발전 앞에 붙는 꾸밈말의 지위를 벗어나지 못한다. 사람들은 자연을 사랑하지만 돈을 훨씬 더 사랑하는 것 같다.

국어를 사랑한다지만 현실에선 뒷전으로

우리말의 처지도 '물'이나 '환경'과 비슷하다. 정부의 국민 의식 조사에 따르자면 우리 국민은 우리말과 한글을 무척 사랑한다. 그렇지만 그 사랑은 언제나 분명하게 표현되는 그런 사랑이 결코 아니다. 2008년 영어몰입교육 정책 발표 때나 2014년 교육부의 초등교과서 한자 병기 방침 발표에 국민의 반 이상은 찬성하는 분위기였다. 특히 학부모들은 찬성이 반대보다 훨씬 많았다. 한국어와 한글을 사랑한다면서도 우리말글의 설 자리를 좁힐 정책에 문제의식을 전혀 느끼지 않는 이 이중적인 태도는 과연 무엇이란 말인가? 실용주의가 강해서 그런 것일까, 아니면 한국어 사랑이 그저 당위이기에 그런 것일까?

내가 보기엔 능력과 성공만을 최고로 치는 경쟁사회에서 뒤처지지 않기 위해 우리말과 한글처럼 너무나도 평범한 가치는 조금 뒤로 미뤄도 별 탈 없으리라는 생각이 많은 이를 지배하는 것 같다. 잘 살려면 버는 게 있어야 하고, 그럼 공장 지어서 뭘 만들어야 하고, 거기에 투자할 돈이 모자란다면 환경은 좀 오염되더라도 정화 장치는 일단 빼고 가자는 발상처럼. 이런 유의 사랑은 나에게 필요할 때만 그 사랑을 선택하는 이기심이지 결코 사랑이 아니다.

요즘의 한국인 상당수는 한국어와 한글을 사랑하지 않는다. 저녁 먹으러 식당에 갔다가 이런 경향을 웅변하는 광경을 본 적이 있다. 젊은 외국인 남자와 한국인 여자가 음식을 먹는 중에 남자가 음식을 흘려 바지에 묻은 모양이었다. 급히 일어난 외국인 남자가 종업원을 불러 말했다. "물휴지 주세요." 억양은 약간 이상했지만 또박또박 또렷한 발음이었다. 그런데 종업원은 한순간 멍한 표정이었다. 물휴지를 달라고 한 외국인은 자기가 뭘 잘못 말했나 싶어 역시 당황한 눈치였다. 그가 다시 한 번 "물휴지요" 하니까 그제사 종업원은 "아, 네" 하면서 그걸 가지러 갔다. 처음엔 분명 못 알아들은 눈치였다. 종업원이 사라지자 한국인 여자 손님이 나직이 이렇게 귀띔하는 게 아닌가. "한국에서는 물티슈라고 해요." 헐! 음식 나오길 기다리며 이 광경과 대화를 다 보고 들은 나는 정말로 머리가 띵했다. 외국 기업인 구글의 지메일에서는 '편지쓰기, 받은 편지함, 보낸 편지함'이라고 쓰는 데 비해 한국 기업 네이버는 '메일 쓰기, 받은 메일함, 보낸 메일함'이라고 하는 것과 비슷하달까? 이런 모습은 심심치 않게 눈에 띈다.

확실히 요즘의 한국인 상당수는 한국어와 한글을 사랑하지 않는다. 미워하거나 천시하지는 않지만 그렇다고 귀하게 여기며 사랑하는 대상은 아니다. 1,700만 촛불 시민의 힘과 민주주의에 대한 염원으로 출범한 문재인 정부조차 기존 보수정부와 크게 다르지 않게

'블라인드 채용, 적폐청산 TF, 스탠딩 호프 미팅' 같은 외국어를 마구 쓰는 걸 보면 국어사랑은 시대착오인가 하는 의문마저 든다. 한글이 세계 최고의 문자라고 침 튀기며 말할 때조차 그걸 사용하는 나도 세계 최고라며 묻어가려는 것일 뿐. 그들에게 한국어와 한글은 아무리 나이 들어도 내 뒷바라지해주고 고추장 된장에 밑반찬 담아주시는 어머니, 영원히 돌아가시지 않을 것 같은 어머니, 그래서 한 달 넘게 전화 한 통 안 드려도 걱정되지 않는 어머니와 같은 존재다. 돌아가시고 나면 그제야 울며 후회할 불효자들처럼 딱 그만큼만 국어를 사랑한다.

사라지진 않겠지만 병드는 한국어

사실 한국어가 생존 자체를 고민할 단계는 아니다. 나날이 영어의 영향력이 강해지고는 있어도, 현재 한국어는 사용 인구 8천만 명에 이르는 세계 13위의 덩치 큰 언어다. 법적 지위도 확고하다. 한국어와 한글은 120년 전인 1894년 갑오개혁 때부터 나라말글로 공인되어 오늘에 이르렀다. 비록 프랑스처럼 헌법에 국어를 규정한 것은 아니지만, 2004년 헌법재판소에서는 "우리말을 국어로 하고 우리글을 한글로 하는 것은 국가의 정체성에 관한 기본적인 헌법 사항"이라고 판시하여 우리나라의 국어 정체성을 밝혔다. 2005년 제정된 국어기본법은 제3조에서 "① 국어란 대한민국의 공용어로서 한국어를 말한다. ② 한글이란 국어를 표기하는 우리의 고유문자를 말한다"라고 한국어와 한글의 법적 지위를 뚜렷하게 정하였다.

그렇지만 우리말의 알맹이가 무르고 있어 곧 썩을지도 모른다는 걱정을 떨쳐버릴 수는 없다. 돌이켜보면 한글날이 공휴일에서 빠진 1990년 무렵부터 얼마 전까지 30여 년은 우리말글의 격변기이자 위기시대였다. 그 결과, 자기가 말을 어찌 쓰느냐에 관계없이 누구든 요즘의 걱정스러운 말 문화로 다음 두 가지를 꼽는 데 주저하지 않는다.

하나는 정부나 기업, 언론, 학계, 광고 등 사회 모든 영역에서 영어를 지나치게 사용함으로써 의사소통에 어려움이 생기고 영어 실력 격차에 따라 권리의 격차가 생기며, 영어가 점차 우리말을 몰아내 언어 공동체가 쪼개지는 현상이다. 한국어는 장을 보고 떡볶이 먹을 때처럼 일상생활에나 사용하는 하류 언어로 떨어질 처지이며, 세종대왕을 비웃기라도 하듯이 공문서와 거리의 간판, 상품 포장지, 광고에는 로마자가 넘친다. 다른 하나는 정치인과 누리꾼, 방송, 청소년 등 남녀노소 지위를 가리지 않고 막말과 욕설, 증오 표현을 내뱉는 바람에 말이 몹시 거칠어지고 소통이 어려워지는 현상이다. 이 역시 우리말의 저질화를 부추긴다.

첫째 문제에는 우리말 또는 토박이말이 중요함을, 둘째 문제에는 고운 말, 바른말을 써야 함을 학교나 방송에서 꾸준히 알렸다. 하지만 '우리 것이니 우리말을 사랑하고 아름다운 우리말을 잘 가꾸자'는 전통적인 대응은 그다지 큰 효과를 거두지 못했다. 왜일까? 내가 보기에는 과녁을 잘못 겨냥해서 그런 것 같다. 국어 환경이 크게 바뀌었음에도 30~40년 전에나 통했을 법한 대응 논리를 펴 온 것이다. 문제를 느끼며 걱정하는 사람들조차 국어운동의 주장이 '너무 딱딱하게 규범에 얽매여 있고 우리 것만 고집하는 비현실적인 요소가 많아 받아들이기 어렵다'는 반응을 보인다. 말은 자연스럽게 변화하는 '생물'이고, 세계화와 개방에 따른 영어 사용을 무조건 뭐라할 수만은 없다는 것이다.

나는 이제 우리가 왜 국어를 지키고 다듬어야 하는지 본격적으로 파고 들어갈 참이다. 우리말과 한글에 다가오는 크고 작은 도전에 좀 더 설득력 있는 대응 논리를 세워 보려는 것이다. 우리 한국인은 왜 한국어를 사랑해야 하는가? 사랑에는 이유가 없다지만, 이유 없이 막연해서 사랑인지도 모르는 그런 사랑 말고, 한국어와 한글을 사랑하지 않으면 우리 삶이 슬프고 불행해지는 그 이유를 분명하게 밝혀보려 한다. 우선 우리 한국인이 옛날에도 우리말과 한글을 시답잖게 본 건 아니라는 사실에서 출발해보자. 그리고 그다음에는 어찌하여 국어 사랑에서 멀어지게 되었는지 그 상처의 역사를 되돌아보겠다.

2장.
똥통에 빠져 죽은
악질 조선인 형사

'국화 옆에서'로 유명한 시인 서정주는 그의 친일 행각을 반성하면서 이렇게 말했다. "일본이 그렇게 빨리 망할 줄은 몰랐다." 1945년 8월 15일에 일본이 태평양전쟁에서 패망하리라는 사실을 알았던 사람이라면 그 누가 친일의 길에 들어섰겠는가? 아마도 가장 억울한 사람은 광복 하루 전에 친일파로 전향한 자일 거다.

정말 뜬금없이 찾아온 해방이었다. 조선에 이주하여 살고 있던 일본인들, 조선에 주둔하던 일본군과 일본 경찰, 조선총독부 관리들이 하루아침에 서슬 퍼런 지배자에서 비루먹은 강아지 꼴이 된 것이다. 조선 사람들 참 착하다. 물론 여운형이 이끈 건국준비위원회에서 치안을 수습하였고, 조선에 주둔하고 있던 일본 군대가 일본인을 보호하면서 퇴각한 덕에 큰 사고가 나지 않았지만, 삼일운동 때도 그렇고 수많은 사건으로 그렇게 많이 잡혀가 맞고 죽고 감옥살이하고 그랬는데도 해방 뒤 9월 6일에 점령군인 미군이 이 땅에 들어오기 전까지 일본사람 해코지하거나 죽인 일이 거의 없다. 그리 착하니 일본 식민지가 되었겠지만.

그러나 그 밑에 붙어먹고 살던 조선인 경찰과 악덕 관리들은 사람들의 분노를 피할 길이 없었다. 조선 사람들을 직접 괴롭히던 작자들은 바로 조선인 하급 관리들이었기 때문이다. 물론 독립운동가 때려잡는 악질 경찰로 활동하다가 해방 뒤에 다시 경찰 간부로, 반민특위 해산에 공을 세운 노덕술처럼 친일파 대부분이 나중에는 밑바닥 요직을 두루 다 장악하게 되지만……

어쨌거나 해방 직후에는 이들 친일파를 향한 분노와 분풀이를 막을 길이 없었다. 그 가운데 함경도 홍원경찰서 형사 김건치라는 놈이 악질에 악질이라 주민들이 눈에 불을 켜고 찾았지만, 도무지 이 놈을 잡을 수 없었다. 다들 어디 다른 지방으로 도망가 숨었거나 산으로 올라갔거나, 일본놈들 따라갔을 거로 추측하면서 분을 삭이지 못했다. 그러던 어느 날, 경찰서 근처 뒷간(오늘날의 화장실)에 일을 보러 갔던 주민이 똥통에 뭐 이상한 게 떠오르는 것 같아 깜짝 놀라 신고하여 건져보니, 그게 바로 김 형사 놈의 시신이었다나. 조선 해방이 하도 창졸간에 벌어진 일이라 어디 갈 곳도 마땅치 않던 김건치가 사람들 눈을 피하려 뒷간에 숨었다가 발을 헛디뎌 똥통에 빠진 것으로 보였고, 거기서 헤어나오지 못해 뒈진 것이리라. 그는 조선어학회 사건을 수사한 형사였다.

고문으로 조작한 조선어 탄압 사건

　조선어학회 사건의 전말은 참으로 기가 막히다. 삼촌 때문에 경찰의 가택수색을 당한 함경남도 함흥 영생여학교 학생의 일기에 적힌 문장 한 줄이 발단이었다. 그는 학교에서 조선어를 쓰다 혼난 일을 일기에 "국어를 썼다고 꾸지람을 들었다"라고 적었는데, 일본 경찰은 '국어'인 일본말을 썼다고 꾸지람을 한 선생이 누구냐고 다그친 것이다.

　1910년 일제가 조선을 강제로 점령하기 전만 해도 우리의 국어는 조선어였고, 그래서 주시경은 1908년에 제자들을 모아 만든 연구 모임, 즉 조선어학회의 모태에 '국어연구학회'라는 이름을 붙였다. 국어란 '나랏말'이니 당시 국어란 조선어임이 분명했다. 그런데 일제 강점으로 식민지가 되고 조선인은 모두 일본인 국적을 지니게 된 마당에 '국어'란 조선어가 아니라 일본어였던 것이다. 주시경의 국어연구학회도 1911년에 '배달말글몯음'으로, 1913년에는 '한글모'로 이름을 바꾸었다.

　따라서 조선의 학교 수업에서도 국어 시간이 있고 조선어 시간이 있었다. 국어인 일본어 수업이 전체 수업의 35%라면 조선어 수업은 20% 남짓이었고, 이 또한 조선인을 위한 수업이라기보다는 조선에 이주한 일본인 자녀들을 위한 것이었다. 일제는 조선어교육을 점차 축소하다가 마침내 1937년부터 학교에서 조선어교육을 폐지하고 조선어와 한글 사용을 금지하였으며, 사회에서도 조선어를 사용하면

벌금을 매기던 터였다. 사건이 난 1942년은 일본의 진주만 기습으로 시작된 태평양전쟁 와중이라 '일본(내지)과 조선은 하나다'라고 '내선일체'를 외치며 전쟁과 징용에 조선의 젊은이들을 끌어가던 때였다. 그만치 일제로서는 치안 유지가 중요하였다.

경찰은 그 여학생의 글을 꼬투리 삼아, 영생여학교 교사로서 조선어를 가르치다 서울의 조선어학회에 가서 조선말 사전 만드는 일을 하고 있던 정태진을 1942년 9월에 잡아왔다. 모진 고문을 이기지 못한 정태진은 마침내 "조선어학회는 민족운동단체이다"라고 진술했고, 곧 조선어학회 인사들이 잡혀왔다. 정태진을 포함하여 잡혀 온 31명은 조선말 사전 작업에 직접 참여하고 있던 당시 조선어학회 간사장(오늘날엔 회장) 이극로, 해방 뒤 한글학회 이사장을 지낸 최현배, 그리고 이희승, 정인승, 이윤재, 한징, 이강로 등과, 돈을 모금하여 사전 편찬을 돕던 안재홍, 서민호 등이었다.

조선말 사전은 이미 조선총독부의 출판 허가를 받았던 것이기에 이 사건은 고문조작 사건이라고 하지 않을 수 없다. 이 사건으로 실형을 살다 나와 계속 사전 편찬에 애쓴 정인승이 사전 편찬을 마무리하던 1957년에 회고한 당시 사정을 보면 이렇다.

"1939년 원고가 3분의 1가량 완성되어, 이것을 총독부에 제출한바, 그중에 많은 부분을 깎고 고친다는 조건으로 그 다음해(1940년 3월)에 출판허가를 맡았다. 1942년 봄까지는 총 2십만 매에 가까운 카드의 초벌 주석이 거의 되어 가고, 한편 박문 출판사의 특별한 호의를 얻어 인쇄에 관한 각종 활자와 자재 준비를 갖추어 그 해 여름으로 200여 쪽의 조판 교정이 진행되고 있었다." - 정인승: 《큰 사전》 끝권을 내면서'

사건이 일어나기 직전인 1942년 가을에는 어휘 카드 대부분의 초벌 풀이가 대체로 끝나, 사전의 원고 편성이 거의 완성 단계에 이르렀다. 풀이를 마친 낱말이 16만여 개에 풀이가 마무리되지 않은 건 고작 5천여 개였다. 1942년 봄부터 원고 일부를 대동출판사에 넘겨 조판하게 하였던 터라, 그야말로 사전 출판을 코앞에 두고 잡혀간 것이다.

일제는 자신들이 허가한 사전 원고까지 다시 문제로 삼았다. 태극기, 대한제국, 이왕가, 대궐, 백두산, 단군, 경성, 이순신에 관한 주석에서 트집을 잡았다. 또한, 이희승의 회고에 따르자면 그들은 어휘 카드에서 태극기는 '대한제국의 국기', 창덕궁은 '대한제국의 황제 순종이 거처하던 궁궐'이라 주석한 것을 내놓고 "민족정신을 함양하기 위한 것이 아니냐?"라고 물었고, 심지어 서울에 대한 주석이 도쿄보다 길고 자세하다고 트집을 잡기도 했다.

이들 가운데 이윤재는 학생 때 평안도 영변에서 삼일운동 만세시위를 주도하기도 했던 이로, 역사가이자 국어학자이다. 1931년에 조선어사전편찬회 간사에 선임되어 사전 편찬 전임 위원으로 활동하였고, 1933년 한글맞춤법 통일안 제정과 1936년 표준말 사정에 주도적인 역할을 하였다. 그는 1934년부터 조선어학회의 기관지인 《한글》의 편집을 맡아 발행하였는데, 출판비가 없을 땐 자신의 개인 재산을 털고 자신의 책인 《문예독본》의 판권을 팔아 비용을 마련한 이였다. 그는 "조선 사람에게는 조선말 사전 한 권도 없다."라고 한 탄하며 단독으로 작은 규모의 조선어 사전을 편찬하였으나 발간하지 못한 채 구속되었다. 그의 사위가 해방 뒤에 이를 마무리하여 《표준 조선말 사전》이라는 이름으로 발간하였고, 이것이 한글학회의 《큰 사전》 완간 전까지는 우리나라 국어사전의 역할을 하였을 정도로 사전에 관한 한 그는 권위자였다.

이윤재와 한징, 목숨 바쳐 지켜낸 우리말

이윤재는 조선어학회에서 일하기 전에 평안도와 서울의 여러 학교에서 국어와 국사를 가르쳤는데, 배재학교 제자였던 김건치(본명 김성묵)가 홍원경찰서 형사가 되어 당시 피의자 신분으로 잡혀 온 스승 이윤재를 취조하게 되었다. 조선어학회 사건 때 고문을 가장 악질적으로 한 사람은 고등계 형사 부장 안정묵이었다. 안정묵을 비롯한 형사들이 자행한 고문에 관해 조선어학회 김윤경은 이렇게 증언한다.

"고문의 종류로 말하면 물 먹이기, 천장 들보에 달아매고 치기(소위 비행기 태우기 또는 학춤 추기라는 것), 몽둥이로 난타하기, 사지로 버티고 개처럼 엎드리게 하기, 난로불에 타던 장작개비로 벗은 몸을 지지기, 목도로 정강이를 산적 이기듯 난도질하기, 태질하듯 유도식으로 메어치기, 먹으로 얼굴에 그림이나 글을 써 붙이고 여러 사람 앞마다 돌아가면서 능욕적 문답을 시키기,

찬물이나 뜨거운 물을 끼얹기, 이 밖에 이로 매거하기 어렵다." - 박용규, 《조선 어학회 항일투쟁사》

김건치는 자기 스승이었던 이윤재 선생을 보고 "네까짓 놈이 선생이냐? 개×× 같은 놈 같으니, 맛 좀 봐야 바른대로 대겠느냐?" 하며 마구 두들겨 팼다고 한다. 이들은 일본인 경찰서장이 말리는 것도 듣지 않고 자기 출세를 위해 악행을 서슴지 않았다. 그리고 이윤재는 김건치의 악랄한 고문을 견디다 못해 결국 감옥에서 세상을 뜬다. 팔은 안으로 굽는다고, 고향이나 학교 따위 인연이 있으면 아무래도 좀 봐주는 게 사람 도리라고 여길 만도 한데……. 김건치는 그런 놈이었다.

그러니 이 두 놈이 평소에 저지른 악행은 또 얼마였겠고, 조선인 주민들의 분노는 얼마나 컸겠는가? 정인승의 회고에 따르자면, 광복 후 홍원 청년들이 안정묵을 잡아다가 코를 꿰서 등에는 '나는 애국지사들을 악질적으로 고문한 개놈'이라는 글을 쓴 판을 메게 하고 홍원 시내를 한 바퀴 돌리고는 때려죽였다는 말을 들었다고 한다. 조선어학회 이강로가 들은 바로, 이윤재를 고문으로 죽인 형사 김건치는 도망치다 똥통에 빠져 죽었다 하고. 아무리 돌고 돌더라도 정의의 심판을 피할 수는 없는가보다.

이윤재 말고도 한징 역시 고문에 목숨을 잃었고 기소유예나 집행유예로 나간 사람들도 있었지만, 이극로는 6년, 최현배는 4년, 이희승은 2년 6월, 정인승과 정태진은 2년의 징역형을 선고받았다. 제

나라의 말과 글을 지키고자 사전을 만들던 학자들이 경찰에 잡혀들어가 매 맞아 죽고 옥고를 치른, 인류 역사에 둘도 없는 사건이 벌어졌던 것이다. 우리말과 한글은 이렇게 지켜졌다.

조선어학회 간사장 이극로는 1946년 경향신문에 이렇게 썼다. "조선어학자 가운데 문자의 통일과 보급을 위한 실제 운동에 있어서는 이윤재 선생이 으뜸이요, 이 선생의 공로는 후세에 길이길이 빛날 것이다."

아, 그런데 역사는 참으로 기구하다. 조선어학회 사람들이 들었던 소문과는 달리 김건치라는 놈은 해방 뒤 서울 본정(충무로)경찰서 경무계 차석 주임으로 일했고, 안정묵은 경기도 광주경찰서에서 경찰직을 이어갔다. 이에 분노한 이윤재의 장남이 안정묵이를 심판하고자 광주경찰서를 습격했다가 감옥살이를 한다. 과연 조선 사람들 착한 걸까, 뭘까……

3장.
최초의 한글 말뭉치,
《독립신문》

　우리 국어의 정립은 19세기 말에 시작된다. 외세의 침탈 속에서 약해질 대로 약해진 국가가 국어 정립에 손도 못 대던 상황에서 민간인이 시작하여 나라를 잃은 일제 강점기 내내 민간 학술 단체인 '조선어학회' 위주로 이루어진다. 그 공식적인 출발점은 1896년에 창간된 《독립신문》이었다. 갑신정변을 주도했다가 미국으로 망명했던 서재필이 갑오경장 뒤 조선으로 돌아와 국민 계몽을 위해 1896년부터 1899년까지 발행한 일간신문이다. 읽기 쉬운 한글로 신문을 창간하려던 차에 우리말과 한글을 연구해오던 국문전용론자 주시경과 만나 일군 작품이다. 서재필은 사장 겸 주필로 있으면서 국문판 논설과 영문판 사설을 맡았고, 주시경은 조필로 국문판의 편집과 제작을 담당하였다. 곧 주시경은 독립협회의 일도 맡았고 독립협회 해체 뒤에는 만민공동회 운동을 벌이다 피신하여 숨어 지내는 신세가 되기도 한다.

120년 전에 나온 순 한글 신문

우리나라 최초의 신문은 개화파 박영효가 주도하여 1883년부터 보름마다 발행한 《한성순보》로서, 이는 발행 1년 만에 갑신정변의 실패로 개화파가 몰락하면서 끝난다. 그 뒤 1886년에 다시 나온 신문은 일주일마다 발행한 《한성주보》였다. 두 신문은 모두 나라에서 내는 관보였는데, 《한성순보》는 한문으로 기사를 작성하였고 한성주보는 주로 국한문혼용으로 기사를 작성하였다. 이 둘의 차이는 한자만 쓰느냐 한글도 쓰느냐도 있지만, 그보다는 우리말을 옛 중국어로 번역하여 쓰느냐 아니면 우리말 어순에 맞게 쓰느냐였다. 한문이란 우리말을 중국말처럼 번역하여 문장을 만드는 것이고, 국한문혼용이란 한자어는 한자로 쓰되 우리말 어순에 따라 조사와 어미 등은 한자 뒤에 한글로 붙여 쓰는 방식이다. 1990년대까지 우리나라 주요 일간신문들이 이 국한문혼용 문체를 사용했었다.

사실 국한문혼용 문체는 한성주보 발간에 크게 영향을 미친 일본 언론인 이노우에의 작품이었다. 당시 한성주보 복간을 위해 활자와 일체의 인쇄 시설을 일본에서 도입하면서 시설뿐만 아니라 신문 발행을 지휘할 사람까지 데려온 것이다. 이노우에는 1885년 고종에게 국한문혼용으로 신문을 내야 한다고 다음과 같이 건의서를 올렸다.

"한문은 해득이 어렵고 배우기 힘듭니다. 다행히도 諺文이 있어 일본의 假名과 泰西의 "A·B·C"와 같이 매우 편리한 것입니다. 섞어 씀으로써 오늘의

國家 영원의 기초를 닦고 世宗大王의 正音制定의 聖意에 보답하기를 바라옵니다."

　세종께 보답하길 바라는 이 작자는 도대체 누구 편이었을까? 일본인 이노우에가 국한문 혼용체 보급에 큰 영향을 끼쳤다는 것은 본인의 회고에서도 명확하게 드러난다. 일본은 조선에서 국한문혼용 문체를 부추겼는데, 중국과 조선을 분리하기 위해 중국글(한문)만 사용하는 관행을 버리게 하려는 것이 하나의 의도였고, 일본의 문자 체계인 한자와 가나의 혼용체에 걸맞은 문체를 조선에 미리 심으려는 것이 또 다른 의도였다고 한다.

　앞서 소개하였듯이, 1894년 갑오경장 뒤 고종은 칙령 1호에서 공문서는 국문(한글)으로 적되 한문으로 번역하거나 국한문을 혼용할 수 있다고 발표하였다. 이 칙령에서는 우리의 공용 문자를 최초로 규정하고 있지만, 실은 문자뿐만 아니라 민중이 사용하던 우리말을 공용어로 공인한 것이기도 하다. 한문으로는 우리말을 그대로 적지 못하니, 한글을 기본으로 삼는다 함은 말과 글을 일치시키는 언문일치를 추구했다는 뜻이다. 이에 따라 그다음 해 초에 발표된 홍범 14조는 세 가지 문체로 작성된다. 하지만 비록 한글이 나라글자로 공인되긴 하였으나 천 년 넘게 한자를 쓰던 관성이 하루아침에 변할 리야 없지 않겠는가. 그러니 문장의 순서는 우리말 어순에 따르고 한자어는 한자로 적는 국한문혼용 문체가 점차 우세해진다.《독립신문》은 바로 이런 시기에 오로지 한글로 우리말을 적는 기사를 내보냈던 것이다.

국어 정비의 시험 무대가 된 《독립신문》

1876년에 태어난 주시경은 찢어지게 가난한 집에 살다 열세 살에 서울 친척의 양자로 들어와 비로소 제대로 한학 공부를 하게 되었다. 4년간 서당에서 한학을 배우다 한문과 한자에 회의를 느낀 그는 독학으로 우리말 문법을 정리하고 국문(한글) 전용을 위한 표기법을 정리해갔다. 그가 배재학당을 졸업하고 얼마 뒤 다시 배재학당 '만국지지역사특별과'에 재입학하였을 때 미국에서 돌아온 서재필이 강사로 오면서 이 둘의 운명적 만남이 이루어진다. 주시경의 연구 결과를 실전에 폭넓게 적용할 기회가 온 것이다.

독립신문은 근대적 지식을 전달하면서 인권, 민권, 남녀평등, 반외세 자강 등의 정신을 고취하였는데, 특히 남녀평등에 대한 근대적 생각이 돋보인다. 1896년 4월 21일 논설에는 이런 말이 나온다. 맞춤법이나 표준말이 요즘과 같지 않다는 사정을 감안하여 요즘 말로 바꾼 당시의 글을 보자.

> "세상에 불쌍한 인생은 조선 여편네니 우리가 오늘날 이 불쌍한 여편네들을 위하여 조선 인민에게 말하노라 여편네가 사나이보다 조금도 나진 인생이 아닌데 사나이들이 천대하는 것은 다름이 아니라 사나이들이 문명개화가 못 되어 이치와 인정은 생각하지 않고 다만 자기의 팔심만 믿고 압제하려는 것이니 어찌 야만에서 다름이 있으리요"

민권을 무시하고 행세하려는 관료들을 비판하는 글을 보면 오늘날 우리 사회에서 그토록 질타하는 갑질의 뿌리가 어디까지 닿아있는지를 알 수 있다. 같은 해 4월 16일 잡보에서는 우리 군대에서 문제가 되었던 '공관병 갑질 논란'과 비슷한 세태를 질타한다.

"길에서 사관들이 다니는 것을 보니 사관마다 군사를 하나나 둘을 데리고 다니니 그 군사들은 사관을 보호하는 것인지 이왕 양반의 법으로 군사를 하인 같이 데리고 다니는지 만일 보호하려고 데리고 다니는 것 같으면 사관이 되어 자기 몸을 군사 없이는 보호 못 할 지경이면 사관 값에 못 가니 분명히 보호 까닭에 데리고 다니는 것 아니요 하인으로 데리고 다니는 것은 더욱 불가한 게 정부에서 군사 길을 때에는 그 군사를 싸움하는 데 쓰자는 것이요 사관에 하인 노릇 하라고 길은 것은 아닌즉 사관들이 군사를 하인으로 알고 데리고 다니지는 아니할 듯하다 그러면 사관들이 군사들을 어찌 하나씩 둘씩 데리고 다니는지 알고 싶어하노라"

국민 계몽에 미친 영향도 영향이지만, 독립신문은 국어의 정비라는 측면에서도 매우 의미가 큰 매체였다. 한글전용, 한글 띄어쓰기, 쉬운 우리말 사용 등을 실행해 우리말과 한글의 발전에 크게 이바지한 것이다. 창간호 논설에서는 독립신문이 한글전용을 펼친 까닭을 다음과 같이 밝힌다.

"우리 신문이 한문은 아니 쓰고 다만 국문으로만 쓰는 것은 상하 귀천이다 보게 함이라 또 국문을 이렇게 귀절을 떼어 쓴즉 아무라도 이 신문 보기가 쉽고 신문 속에 있는 말을 자세히 알아 보게 함이라 각국에서는 사람들이 남녀 무론하고 본국 국문을 먼저 배워 능통한 후에야 외국 글을 배오는 법인데 조선서는 조선 국문은 아니 배우더라도 한문만 공부 하는 까닭에 국문을 자라는 사람이 드묾이라 조선 국문하고 한문하고 비교하여 보면 조선 국문이 한문 보다 얼마가 낳은 것이 무엇인고 하니 첫째는 배우기가 쉬우니 좋은 글이요 둘째는 이 글이 조선글이니 조선 인민 들이 알아서 백사을 한문 대신 국문으로 써야 상하 귀천이 모두 보고 알어보기가 쉬울 터이라 (줄임) 한문 못 한다고 그 사람이 무식한 사람이 아니라 국문만 잘하고 다른 물정과 학문이 있으면 그 사람은 한문만 하고 다른 물정과 학문이 없는 사람 보다 유식하고 높은 사람이 되는 법이라 조선 부인네도 국문을 잘하고 각색 물정과 학문을 배워 소견이 높고 행실이 정직하면 물론 빈부 귀천 간에 그 부인이 한문은 잘하고도 다른 것 모르는 귀족 남자 보다 높은 사람이 되는 법이라 ”

읽기 쉬운 한글로 신문을 발행한지라 독립신문의 독자는 계속 늘어났다. 처음에는 3백 부씩 인쇄하다가 나중에는 최대 3천 부를 발행하였는데, 돌려가며 읽거나 시장에서 낭독되어 1부가 최소한 2백 명에게 읽혔다고 한다.

특히, 독립신문은 4년 동안 격일간에서 일간으로 확대되면서 한글로 적은 우리말의 실용성을 다방면으로 실험, 실천하고 우리 국어사 최초의 방대한 한글전용 말뭉치를 제공하였다. '~라, ~이옴, ~함'으로 문장을 끝맺는 말투라든지, 논설과 기사뿐만 아니라 광고를 보면 그 당시의 당당하고 담백한 말투를 읽을 수 있다. 창간호 광고와 그 뒤에 나왔던 광고 몇 가지를 추려보면 이렇다.

◇ 물론 누구든지 물어 볼 말이 있든지 세상 사람에게 하고 싶은 말 있으면 이 신문사로 간단하게 귀절떼어서 편지하면 대답할 만한 말이든지 신문에 낼만한 말이면 대답할 터이요 내기도 할 터이옴 한문으로 한 편지는 당초에 상관 아니함

◇ 경향간에 물론 누구든지 길거리에서 장사하는 이 이 신문을 가져다가 놓고 팔고자 하거든 여기 와서 신문을 가져다가 팔면 열 장에 여덟 장만 셈하고 백장에 여든 장만 셈함

◇ 사민필지

세계 지리서를 한문으로 번역한 것인데 사람마다 볼 만한 책이니 학문상에 유의하는 이는 이 책을 종로 책전에서 사시옵 값은 여덟 냥

◇ 가메야 회사

서울 정동 외국 상등 물건을 파는데 물건이 다 좋고 값도 에누리 없더라

말이 오르면 나라도 오르고

주시경은 독립신문사 안에 '국문동식회'라는 모임을 만들어 기사의 한글맞춤법을 일관되게 통일하려 노력하는데, 이 경험이 다시 분석되고 연구가 더해져 조선어 문법과 음성학과 맞춤법의 기틀을 잡

게 된다. 그는 자신이 운영하던 조선어강습소에서 배출한 제자들과 함께 1908년에 '국어연구학회'를 만들어 우리말과 한글의 연구 및 보급에 힘쓴다. 이것이 나중에 조선어학회로, 한글학회로 이어진 모임의 첫걸음이었다.

주시경은 말과 글이 나라의 바탕이라고 보는 말글 민족주의자로서, 나라의 정체성 확립을 넘어 일제에 빼앗긴 나라를 되찾으려면 말과 글을 잃지 말아야 한다는 생각을 굳게 가지고 있었다. 그가 1910년에 쓴 '한나라 말'에 나오는 "말이 오르면 나라도 오르고 말이 내리면 나라도 내리나니라"라는 유명한 구절이 그의 말글 민족주의를 뚜렷하게 보여준다.

주시경은 국어강습소를 차려 청소년들을 가르치고, 수많은 학교에 책 보따리를 싸들고 다니며 국어와 역사, 지리를 가르쳤다. 앉은 자리가 따뜻해질 틈도 없이 바쁘게 이 학교 저 학교 보따리 싸들고 돌아다닌 덕에 그는 '주보따리'라는 별명을 얻었다. 나라를 잃은 뒤 주시경은 더욱 부지런하게 교육과 연구에 매진하였다. 말과 글을 잃으면 영영 나라를 찾을 수 없다는 생각으로 조선말 사전(말모이) 편찬에도 착수하였다. 하지만 몸을 돌보지 않은 탓이었을까 1914년 7월에 38세의 젊은 나이로 세상을 뜬다. 조선말 사전 편찬은 이후 그의 제자들 손으로 넘어가 해방 뒤에야 실현된다.

나라를 구하려 바쁘게 살다 이른 나이에 삶을 마친 한 청년 민족주의자가 우리에게 가지런히 정돈된 국어를 선물한 것이다.

데일권 　 데일호

독닙신문

조션 셔울 건양 원년 스월 초칠일 금요일

광고

독닙신문이 본국과 외국 사졍을 자셰이 긔록홀터이요 졍부속과 민간 소문을 다보고 홀터이라

경향간에 무론 누구든지 편지는 당초에 만호 말이면 디답호터이오 만호 말이 아니면 디답 아니홀터이요 신문사로 간단히 편지호면 디답홀 만호 말이면 신문에 내고 무론 누구든지 무러볼 말이 잇든지 세샹사름의게 보기도 호고 또 흥미 잇는 말이든지 누구 든지 알면 세샹에 그 사름의 행젹을 내기도 홀터이요 우리 신문은 빈부 귀쳔을 다름업시 이 신문을 보고 외국 물졍도 알고 우리 졍셰도 알터이니 쳔 호 사름들이 이 신문보기가 쉽고 한문 못 보는 사름도 이 신문 보기가 쉽고 신문속에 잇는 말을 자셰이 알아 보게 홈이라

각국에셔는 사름들이 남녀 무론호고 본국 국문을 몬져 배화 능통흔 후에야 외국 글을 배오는 법인디 조션셔는 조션 국문은 아니 배오드 라도 한문만 공부 호는 까닭에 국문을 잘 아는 사름이 드물미라 조션 국문호고 한문호고 비교호여 보면 조션 국문이 한문 보다 얼마가 나흔거시 무어신고 호니 첫지는 배호기가 쉬흔이 됴흔 글이요 둘지는 이 글이 조션 글이니 조션 인민 들이 알아셔 백사을 한문 대신 국문으로 써야 샹하 귀쳔이 모도 보고 알아 보기가 쉬흘 터이라 한문만 늘써 버릇 호고 국문은 폐흔 까닭에 국문만 쓴 글을 조션 인민이 도로혀 잘 아러 보지 못 호고 한문을 잘 알아보니 그게 엇지 한심치 아니 호리요

논셜

우리가 독닙신문을 오늘 처음으로 출판 호는디 조션속에 잇는 내외국 인민의게 우리 쥬의를 미리 말솜 호여 아시게 호노라

우리는 첫지 편벽 되지 아니 혼고로 무솜 당 에도 상관이 업고 샹하 귀쳔을 달니 대졉 아니 호고 모도 조션 사름으로만 알고 조션만 위호며 공평이 인민의게 말 홀터인디 우리가 셔울 백셩만 위홀게 아니라 조션 젼국 인민을 위호여 무솜 일이든지 대언 호여 주랴홈 졍부에셔 호시는 일을 백셩의게 젼홀터이요 백셩의 졍셰를 졍부에 젼홀터이니 만일 백셩이 졍부 일을 자셰이 알고 졍부에셔 백셩에 일을 자셰이 아시면 피츠에 유익흔 일 만히 잇슬터이요 불평흔 마음과 의심 호는 성각이 업서질 터이옴

우리가 이 신문 출판 호기는 취리 호랴는게 아닌고로 갑슬 헐허도록 호엿고 모도 언문으로 쓰기는 남녀 샹하 귀쳔이 모도 보게 홈이요 또 귀졀을 떼여 쓰기는 알어 보기 쉽도록 홈이라

우리는 바른 대로만 신문을 할터인고로 졍부 관원이라도 잘못 호는이 잇스면 우리가 말 할터이요 탐관오리 들을 알면 세샹에 그 사름의 행젹을 폐일터이요 스사 백셩이라도 무법흔 일 호는 사름은 우리가 차저 신문에 셜명 할터이옴

우리는 조션 대군쥬 폐하와 됴션졍부와 조션 인민을 위호는 사름드린고로 편당 잇는 의논이든지 한쪽만 자세이 말호고 다른 쪽은 말 아니호는거슨 우리가 취치 아니 홈이라

졍부에셔 호시는 일을 백셩의게 젼홀 터이요 백셩의 졍셰를 졍부에 젼홀터이라

우리가 또 외국 사정도 조션 인민을 위호여 간간이 긔록 홀터이니 그걸 인연호여 외국은 가지 못 호드라도 조션 인민이 외국 사졍도 알 터이옴

오날은 처음인고로 대강 우리 쥬의만 셰샹에 고호고 우리 신문을 보면 죠션 인민이 소견과 지혜가 진보 홈을 밋노라 논셜 긋치기 젼에 우리가 대군쥬 폐하의 송덕 호고 만셰를 부르 는이다

우리 신문이 한문은 아니 쓰고 다만 국문으로만 쓰는거슨 샹하 귀쳔이 다 보게 홈이라 또 국문을 이러케 귀졀을 떼여 쓴즉 아모라도 이 신문 보기가 쉽고 신문속에 잇는 말을 자셰이 알어 보게 홈이라

4장.
서울역 화물창고에서
되찾은 한국어

'조선어학회'라고 하면 웬만한 사람들은 주로 '한글 맞춤법 통일안'을 기억한다. 오늘날 우리가 그토록 어렵다고 투덜대는 한글 맞춤법의 기본 틀을 1933년에 만든 것이다. 1936년에는 표준어를 골라 발표하였는바, 이때 표준어 선정의 원칙이 처음 잡혔고 우리말 가운데 뼈대를 이루는 낱말들이 이 당시에 조선어학회의 손을 거쳐 표준어 지위를 얻게 되었다. 1940년에는 외래어 등의 표기법을 추가로 확정한다. 그런데 한글맞춤법이나 표준어 선정 등은 각각이 별도의 사업이 아니었다. 바로 국어사전을 만들기 위한 준비 과정이었다. 국어사전을 만들려면 먼저 우리말을 문자로 어떻게 표기할 것인지 정해야 일관된 표기 원칙에 따라 낱말을 올리고 풀이할 수 있다. 또 어떤 말을 사전에 실을 것인지, 뿌리와 가지가 엮인 말들의 관계는 어찌해야 할지 정해야 한다. 이는 문법의 정비와도 직결된다.

비록 1942년에 일어난 조선어학회 사건 탓에 사전 편찬이 중단되기는 했지만, 표준어로 뽑은 낱말을 우리말 문법과 일관된 한글맞춤법에 맞게 풀이하는 규범 사전을 만들려던 조선어학회의 작업은 우리 국어의 기틀을 잡는 설계와 시공이었다. 다양한 변화가 있기는 했어도 오늘날의 어문 규범들도 큰 틀에서는 조선어학회에서 이 시기에 정한 것과 크게 다르지 않다. 조선어학회의 체계적인 연구 성과가 없었다면 해방 뒤 우리의 혼란과 미몽은 상당히 오래갔을 것이다. 일제 강점 35년 동안 조선어 말살이 진행되어 왜말로만 대화하거나 왜말을 섞어 쓰는 언어생활이 자리 잡았고, 해방 뒤 미 군정 당국의 조사에 따르자면 12살 이상 국민의 문맹률은 78%에 이를 정도였다.

민간 단체 조선어학회가 국어의 기틀 정립해

  프랑스나 독일 등 유럽 선진국에서는 국어 정비가 중세의 종교 권력에서 벗어나 민족 국가를 세우고 강화하려는 과정에서 정부와 문인, 언어학자 등의 노력이 버무려진 성과였다. 이에 비해 우리의 국어 정비는 나라를 잃고 식민지로 떨어진 상황에서 독립된 민족 국가를 세우려는 매우 절박한 염원으로 오로지 민간의 뜻있는 학자들이 처절하게 수행한 작업이었다. 심지어 이들은 조선어사전을 간행하려다 목숨을 잃거나 옥고를 치르기까지 한다. "고유 언어는 민족의식을 양성하는 것이므로 조선어학회의 사전 편찬은 조선 민족정신을 유지하는 민족운동의 형태다"라는 혐의로 이들에겐 치안유지법의 내란죄가 적용되었다. 이런 사정으로 말미암아 조선어학회는 그간의 연구 성과 위에 민족운동단체의 정통성까지 얹게 되어 그 학문적 권위가 더욱 확고해졌다.

해방의 기쁨은 이루 말로 다할 수 없었으나 조선어학회에서 맛본 허탈감도 만만치 않았다. 조선말 사전의 원고가 거의 다 완성된 상태에서 감옥에 잡혀갔는데, 해방되어 돌아와 보니 그 원고가 모두 사라진 것이었다. 일본 경찰에서 조선어학회 사건의 증거물로 압수해 갔다는 이야기를 듣기는 했지만 종적이 묘연했다. 함경도 홍원경찰서와 함흥법원 등으로 사람을 대어 알아보았으나 허사였다. 해방과 함께 일본 경찰과 사법 체계가 허물어진 탓에 사실관계를 확인하는 일만도 만만치 않았다. 십육만여 개의 표제어를 다시 모으고 뜻을 풀이하고 용례를 보여주는 작업을 새로 시작해야 할 판이었다. 1929년 조선어사전편찬회가 설립된 때부터라면 조선어학회 사건이 일어난 때까지 무려 13년 동안 했던 작업이었는데 말이다.

그러나 실의에 빠져 주저앉아 있을 수만은 없었던 조선어학회. 해방을 맞아 우리말을 도로 찾고 한글을 배워야겠다는 민족적 열정이 무섭도록 크게 일어났는지라 이를 감당해야 할 책임이 발등에 떨어진 것이다. 학회를 복구하고 조선어강습회를 여는 등 부산하게 새 출발을 시작한 10월 2일, 경성역 조선운송주식회사에서 연락이 왔다. 겉에 '증거 ○호'라는 도장이 찍힌 무슨 원고 뭉치 상자들이 있어 이를 없애려다 내용을 보니 낱말을 풀이해놓은 것들인지라 혹시 조선어학회 사건에 연관된 증거물은 아닌지 확인해보라는 것이었다. 조선말사전 원고였다. 2심 판결에 불복하여 상고한 이극로, 최현배 등 네 명의

3심 재판을 위해 경성 고등 법원으로 증거물을 보냈는데, 그것이 어떤 연유에서인지 갈 곳을 잃고 화물창고에 버려졌던 것이다.

30년 만에 마무리한 국어사전 편찬

이렇게 사전 편찬을 다시 시작하여 1947년 한글날에 《조선말 큰 사전 1》이 나왔다. 소설가 홍명희 등 문인들이 크게 기뻐하며 출판기념회를 열어주었다. 마침 미 군정 당국을 거쳐 록펠러재단과 이야기가 되어서 1948년 12월에 약 45,000달러어치의 물자를 원조받게 되었다. 장차 조선말 큰사전의 마지막 책인 제6권까지, 각 2만 책씩을 인쇄할 종이와 잉크 등의 일체를 정밀히 계산한 수량이었다. 제2권은 1949년 봄에 인쇄를 시작하여 5월에 발행하였다. 하지만 분단의 먹구름이 국어 연구에도 드리웠다. 북쪽에 '조선민주주의인민공화국'이 수립되고, 민족통일 협상차 김구를 따라 북쪽에 갔던 조선어학회 회장 이극로가 북에 눌러앉는 바람에 학회는 이름을 '한글학회'로 바꾸고 사전에서도 '조선말'이라는 낱말을 떼어야 했다. 그런 변화 속에도 제3권의 조판과 인쇄를 서둘러 1950년 6월 1일에는 2만 책이 제본 중이었으며, 1950년 6월 25일에는 제4권의 조판까지 끝을 내었다.

그러나 사전 완성의 길은 순탄치 않았다. 전쟁이 터진 것이다. 록펠러 재단에서 받아 을유문화사에 보관하고 있던 원조 물자는 모두 잿더미가 되고 말았다. 학회의 인사들도 남과 북으로 흩어졌다. 가장 불안한 건 역시 아직 출판하지 못한 원고였다. 이에 전란 때문에 인쇄하지 못한 채로 이사장 최현배 집에 숨겨 둔 제4~6권 원고를 직접 손으로 베껴 사본을 만들어 보관하였다. 이리하여 전쟁의 와중에도 1953년 5월까지 4, 5, 6권의 원고 손질을 거의 마무리하였으나, 또다시 예기치 못한 걸림돌이 길을 막았다. 한글 맞춤법이 복잡하니 간소화하자는 정책을 이승만 대통령이 내놓고 강행하려 한 것이다. 그렇게 되면 《큰 사전》의 모든 내용을 다 고쳐야 할 판이었다.

이승만은 한글 맞춤법 간소화를 강행하기 위해 전쟁통에 불타버린 종이와 잉크를 다시 원조해주기로 한 록펠러재단의 물자를 들여오지 못하도록 막았고, 유네스코의 한글학회 원조계획도 무산시켰다. 한글학회를 비롯한 국어학계의 반대로 논란을 겪다가 이승만은 1955년에 가서야 한글 맞춤법 간소화 정책을 포기한다. 결국, 1956년에 록펠러재단의 인쇄용 원조 물자가 들어와 1957년에는 절판되었던 1, 2, 3권을 다시 박아내고 나머지도 차례로 출판하여 그해 10월 9일에 마지막 6권을 내놓았다.

조선어사전편찬회가 꾸려진 지 거의 30년, 첫 권을 낸 뒤로 10년이 걸린 일이었다. 이 사전의 완간은 국어 건설과 정비의 마무리라고 할 수 있겠다. 《큰 사전》 이전에 우리말 사전이 없지는 않았으나 올림말과 풀이에 어문규범을 일관되게 적용한 사전은 없었다. 따라서 《큰 사전》은 우리 국어를 민족어로서 정립하고 정비한 교본이자 기념비로서, 그 뒤 봇물 터지듯 쏟아진 다른 국어사전의 본보기가 되었다.

5장.
고문 용어까지 우리말로 바꿔낸
말글 해방

'민족'은 역사, 언어, 종족적 기원, 종교, 경제생활, 지리적 위치, 정치적 토대 등을 공유하는 사회적 집합체를 가리킨다. 하지만 이 기준들 가운데 어느 것도 민족의 정의에 필수적이지는 않다. 특히 민족 이동과 전쟁이 잦아 여러 민족과 인종이 한 지역에 뒤섞여 살곤 했던 유럽에서는 보편적인 기준을 적용하여 민족을 틀 지우기 어렵다. 민족은 하나의 종교 권력이 지배하던 유럽이 종교개혁으로 해체된 뒤에, 특히 1789년 프랑스 대혁명부터 본격적으로 등장한 개념이다. '민족'의 등장이 근대적 창조물인지 아니면 근대 이전부터 존재하던 종족적 정체성을 계승한 개념인지를 놓고 서구 사회에서는 논쟁이 일어나기도 했다. 정치학에서는 민족을 기반으로 국가를 세우는 것을 최고 목표로 삼고 민족에 대한 충성을 강조하는 생각을 민족주의라고 한다. 그런데 민족을 근대의 현상이라고 보는 사람들은 민족주의가 민족을 발명했다고 주장하고, 인종적 정체성이 민족의 기초라고 주장하는 학자들도 민족주의가 프랑스혁명에서 비롯된 근대적 현상임을 부정하지는 않는다. 그만큼 민족이 우리의 상식적 믿음처럼 명확한 실체는 아니라는 뜻이다.

언어는 주권의 핵심

민족 개념의 허술함 탓일까. 민족국가로 국민을 통합하는 과정에서 언어는 매우 중요한 요소였다. 언어와 주권의 밀접한 관계를 가장 잘 보여주기로는 알퐁스 도데의 단편소설 《마지막 수업》을 들 수 있다. 1871년에 발표된 이 작품은 알자스와 로렌의 귀속문제로 독일과 프랑스 사이에 프로이센-프랑스 전쟁(1870~1871)이 벌어졌던 때를 역사적 배경으로 삼았다.

프랑스의 알자스 주에 사는 소년 프란츠는 어느 날 학교에 갔다가 평소와는 매우 다른 교실 분위기에 놀란다. 그는 그다지 열심히 공부하던 학생이 아니었다. 선생님은 엄숙하게 정장 차림을 한 채 "오늘 수업이 프랑스어로 하는 마지막 수업이다"라고 말한다. 프로이센과 벌인 전쟁에서 프랑스가 진 탓에 이제는 독일어로 수업해야 하는 상황이 된 것이다. 선생님은 말을 굳건히 지키면 감옥의 열쇠를 쥐고 있는 거나 마찬가지라고 아이들에게 가르친다. 학교의 괘종시계가 정오를 알리고, 프로이센 병사의 나팔 소리가 울려 퍼지자 선생님은 더 이상 말을 잇지 못하고 칠판에 "프랑스 만세!"라고 쓰고는 수업이 끝났음을 알린다.

알자스 지방은 프랑스와 독일의 접경 지역인데 포도주를 비롯한

농업 생산물이 풍부하고 철과 석탄의 품질이 높아 두 나라가 늘 서로 차지하려고 다투던 땅이었다. 두 나라 사이에 계속 분쟁이 이어지다 1697년에 프랑스 영토가 되었지만, 프랑스 문화는 상류층에게만 자리를 잡고 일반 주민들은 독일어를 사용하였다. 1789년 프랑스혁명 이후 독일 풍속과 전통이 무너지고 프랑스로 깊이 통합되었으나 1871년 프로이센-프랑스 전쟁에서 프랑스가 패배함에 따라 다시독일 땅이 되었다. 프란츠 선생님 말씀대로였는지는 몰라도 알자스지방은 제1차 세계대전 뒤 베르사유 조약에 따라 다시 프랑스 땅이되었다.

이 소설은 나라를 빼앗기고 급기야 학교 수업과 일상생활에서 우리말과 한글을 사용할 수 없었던 우리에게도 충분히 공감이 가는언어 주권의 문제, 민족 정체성 문제를 다루고 있다. 여기서는 언어가 민족의 본령으로 그려진 것이다.

백년전쟁, 삼십년전쟁, 나폴레옹 전쟁, 크림 전쟁 등 근대로 넘어오면서도 유럽에서는 수많은 전쟁과 주민 이동 때문에 국경이 자주바뀌었고, 서로 다른 언어를 사용하는 여러 민족이 한 지역에서 갈등하며 살기도 했다. 그러니만치 새로 얻은 영토에서 언어의 통합을유지하는 일은 영토를 지키는 일만큼 중요하였다. 언어 규범을 정비하고 보통교육을 통해 이를 국민 대중에게 퍼뜨리는 일은 근대 국민국가의 통합과 발전을 좌우했다.

그런데 유럽 나라들과는 비교할 수 없을 만치 우리는 민족의 정체성이 매우 뚜렷한 편이다. 국경, 언어, 혈통, 외모, 종교, 문화 등 여러 가지 측면을 모두 적용해도 우리는 하나의 민족이며, 중국과 다르고 일본과 다르고 러시아와도 다르다. 우린 그렇게 오천 년을 살았다. 근대 개화기에 서구의 민족주의 사상을 받아들이기 이전에도 우리에게는 민족이 독립적인 국가의 기초가 되어야 한다는 생각이 단단했다. 멀리는 고려 때 항몽 투쟁을 벌이던 삼별초, 임진왜란과 병자호란 때 의병도 그렇고, 청나라와 일본에 맞섰던 동학 농민군, 한말의 항일 의병, 일제강점기 독립운동, 분단 뒤에도 이어지는 민족통일운동 등이 뜨거웠던 데에는 다 우리 민족의 경계가 뚜렷하다는 사정이 크게 작용했다. 그 경계를 가장 뚜렷하게 만들어주는 게 바로 언어였다. 일제강점기 동안 우리가 바로 그 말과 글을 빼앗긴 것이다.

국어 회복 운동은 한글전용으로 시작해

해방 직후 조선어학회는 사전 편찬을 다시 추진하는 한편으로 한글 보급과 우리말 도로 찾기 등 국어 회복에 앞장선다. 해방의 감격 속에서 우리말과 한글을 둘러싼 애정과 열망이 끓어 넘쳤지만, 우리말 문법과 한글맞춤법을 제대로 익힌 사람은 거의 없던 때였다. 이에 조선어학회에서는 국어과 지도자 양성 강습회를 열어 조선어 문법과 한글맞춤법 등을 가르치고 강습생을 상대로 '국어과 교사 검정 자격시험'을 보아 여기서 뽑은 강사를 전국에 파견하였다. 1회 강습회 수료자는 무려 1,174명이었을 정도로 그 열기가 뜨거웠다. 당시에 우리말 문법과 한글 맞춤법을 가르칠 수 있는 강사는 바로 학교 교사로 발령받거나 심지어 대학에 자리를 잡을 수 있을 정도로 귀했다고 한다.

미 군정과 이승만 정부는 조선어학회의 권위를 인정하여 학회의 업적과 주장을 국어 정책과 교육에 그대로 반영하였다. 그 뼈대는 한글전용이었다. 1945년 미 군정청 학무국의 조선교육심의회는 교과서에 한자를 제외하고 한글만 사용하기로 하였다. 조선어학회의 한글맞춤법 통일안과 문법은 미 군정 교육부 편수국장이 된 최현배를 통해 국어교육의 틀이 되었고, 조선어학회는 한글전용을 뿌리내리고자 《한글 첫걸음》 등 한글전용 교과서를 만들어 보급하였다. 1948년 8월에 문교부에서는 '한자 안 쓰기의 이론'을 마련하여 전국의 각급 학교에 배포하였다.

대한민국 정부 출범 뒤에는 조선어학회의 노력으로 '한글전용에 관한 법률'이 제정되었다. 법률 제6호인 이 법은 "대한민국의 공용문서는 한글로 쓴다. 다만, 얼마 동안 필요한 때에는 한자를 병용할 수 있다"는 매우 짧은 내용이었다. 이 법률은 공문서 작성에 한자 병용도 허용함으로써 효력이 크지는 않았지만, 개화기에 시작된 국한문혼용을 거쳐 한글전용으로 넘어가는 과도기에 문자 생활의 방향을 법제화했다는 큰 의미를 지닌다. 미 군정기에 이어서 이승만 정부에서도 한글학회 이사장 최현배가 1951년부터 3년 동안 다시 문교부 편수국장으로 일하게 되었다. 이런 흐름 속에 6·25전쟁 뒤에는 정부에서 문맹퇴치사업을 적극적으로 펼쳐 문맹률은 1958년에 4.1%까지 떨어졌다.

일상어와 학술어를 우리말로 되찾고 만들다

다른 한편으로, 해방 뒤 일본어 위주의 온갖 일상어와 전문어를 우리말로 되돌리거나 새로 만드는 '우리말 도로 찾기 운동'이 매우 활발하게 일어났다. 조선어학회에서는 왜말로 된 일상어와 전문어를 우리말로 바꾸는 일에 앞장섰고 분야별 전문가들에게 도움을 주었다. 생활과 말에서 하루아침에 왜색을 모두 버리기는 쉽지 않았는지라 거리와 다방에 일본 가요가 흘러나오기도 하고 대화에서도 성 뒤에 '~상'을 붙이거나 '예' 대신 '하이'라고 답하는 버릇은 남아 있었지만, 그 반대로 우리말을 다시 찾으려는 열기도 몹시 뜨거웠다. 좀 어처구니없는 일이지만, 일본 형사들에게서 배운 고문 기술을 해방 뒤에도 사용하기 위하여 조선인 경찰들이 우리말 이름을 붙여가며 고문 용어를 바꾸었다고 한다. 한글학회 출신 이강로의 구술에 따르면, '히코키나리'라고 해서 뒤로 젖혀 매달아 놓고서 비행기처럼 빙빙 돌리는 고문을 '비행기 돌리기'라고 이름 붙였다는 것이다.

미 군정청 문교부에서는 교육계와 언론계, 출판계를 비롯한 각계 인사들을 모아 '국어정화위원회'를 만들고 문교부 편수국에서 준비한 '우리말 도로 찾기 안'을 십여 차례 심의하였다. 위원회에서는 최종적으로 확정한 말 943개를 담아 《우리말 도로 찾기》 책자 60만 부를 발행해 전국에 배포하였다. 조선어학회 인사들은 전국을 돌면서 이 책자를 교재로 삼아 강습회를 열었다. 이 운동은 언론과 국민의 열띤 응원 속에 추진되었다.

우리말 도로 찾기 운동은 우리말이 있는 경우엔 일본말을 버리고 우리말을 쓰기로 했는데, 그 예로는 아나타(貴下) → 당신, 오토메(乙女) → 아가씨, 구미타테루(組立てる) → 맞추다, 소우단(相談) → 의논 등을 들 수 있다. 우리말이 없는 경우에는 옛말에서라도 찾아 비슷한 것이 있으면 그 뜻을 새로 정해 쓰기로 했는데, 그 성공 사례는 벤또(辨當) → 도시락이다. 옛말에도 없는 말은 다른 말에서 비슷한 것을 얻어 새 말을 만들어 쓰기로 했는데, 그 성공사례로는 젠자이(善哉) → 단팥죽, 소바(蕎麦) → 모밀(메밀)국수, 간즈메(缶詰) → 통조림, 덴뿌라(天婦羅) → 튀김 등이 있다. 마지막으로 일어식 한자어를 버리고 우리가 전부터 써오던 한자어를 쓰기로 한바, 그 성공사례로는 킷떼(切手) → 우표를 들 수 있다.

한편, 국어정화위원회에서 일상용어를 다루었다면, '학술용어제정위원회'를 두어 전문용어를 심의하게 하였다. 또한, 각급 학교의 교과서를 만들 때 일본식 용어를 우리말로 고쳐 적용하는 노력을 기울임으로써 다음 세대가 올바른 우리말글을 배울 수 있도록 하였다. 그런 말에는 대표적으로 넓이(면적), 고른 수(평균), 빛근원(광원), 그림먹(채색), 세모꼴(삼각형), 지름(직경), 반지름(반경), 반올림(사사오입), 마름모꼴(능형), 사다리꼴(제형), 꽃잎(화판), 암술(자예), 수술(웅예), 짝수, 홀수, 제곱, 덧셈, 뺄셈, 피돌기 등이 있다.

목숨 걸고 나라를 지키려 한 수많은 조상의 피눈물에도 나라는 망하였으나 말과 글을 잃지 않으려는 몸부림으로 우리는 다시 우리말과 한글을 되찾았다. 비록 나라는 우리 힘으로 되찾지 못했지만, 말과 글은 우리 힘으로 지켜냈다. 감옥의 열쇠를 쥐고 있었던 것이다.

일제 압제에서 해방된 지 70년이 넘어 21세기를 살아가는 현대인들로서는 우리말과 한글을 지키고자 목숨을 걸었던 조상들의 노력이 그저 먼 옛날의 일로 보일 수밖에 없다. 하지만 그 덕에 오늘날 우리가 내 몸처럼 편하게 우리말을 부리면서 살고 있다는 사실만은 기억해야 한다. 만일 과거로 돌아가는 시간 여행을 하다 일제 강점기에 떨어졌다고 가정해보자. 우리는 어떻게 살아갈 것인가? 해방 뒤 문인들의 친일 행각과 우리말 말살 정책에 대한 묵시적 동조를 스스로 비판하는 문학자들의 좌담에서 시인 임화가 던진 다음 말은 참으로 섬찟하게 다가온다.

"물론 그럴 리도 없고 사실 그렇지도 않았지만 가령 이번 태평양전쟁에 만일 일본이 지지 않고 승리를 한다, 이렇게 생각해보는 순간에 우리는 무엇을 생각했고 살아가려 했느냐고. 나는 이것이 자기비판의 근원이 되어야 한다고 생각합니다. 이때 만일 '내'가 일개의 초부로 평생을 두메에 묻혀 끝맺자는 것이, 한줄기 양심이 있었다면 이 순간에 '내' 마음속 어느 한 구통이에 강잉히 숨어 있는 생명욕이 승리한 일본과 타협하고 싶지는 않았던가? 이것은 '내' 스스로도 느끼기 두려웠던 것이기 때문에 물론 입 밖에 내어 말로나 글로나 행동으로 표시되었을 리 만무할 것이고 남이 알 리도 없는 것이나, 그러나 '나'만은 이것을 덮어두고 넘어갈 수 없는 이것이 자기비판의 양심이 아닌가 하고 생각합니다."

- 임화 외, '문학자의 자기비판'

그 시대에 살았다면 나는 일제의 탄압에 아랑곳하지 않고 우리말과 한글을 배우고 아이들에게 가르치고 사용하게 했을까, 아니면 국어인 일본어를 잘 쓰고 있다고 일본 제국주의자들에게 인정받으려고 애썼을까?

4부.

우리는 왜 국어를 사랑하지

않게 되었을까?

1장.
민족에게 배신당한
말글 민족주의

　'신토불이'라는 말이 있다. '몸과 태어난 땅은 다르지 않다'는 뜻으로 불경에 쓰인 말인데, 주로 '우리 땅에서 난 농산물이 우리 몸에 좋다'는 의미로 사용한다. 우리 농산물 살리자고 농협에서 퍼뜨린 말이지만 농산물뿐만 아니라 우리말 사랑에도 이 정신이 자주 등장한다. "우리 것은 좋은 것이여~" 하던 텔레비전 광고 대사처럼 어떤 이는 우리말과 한글이 우리 민족 것이기에 소중하고 좋다고 여긴다. 사실 이런 우리 민족, 우리 것 사랑은 너무나도 자연스러운 감정이라 그 이유를 대라고 하는 게 더 이상하다. 가족 사랑에 이유가 없듯이 말이다.

　그런데 우리말과 한글이 우리 것이니 잘 가꾸고 지켜내야 한다고 말하면 요즘에는 '국수주의자'라는 비난이 돌아온다. 국수주의란 민족주의의 여러 가지 변형 가운데 하나로 자기 민족이 다른 민족보다 우월하다는 굳센 의식 아래 다른 민족을 깔보고 심지어 학대하는 행동과 편견이다. 흔히들 국수주의와 민족주의는 구별해야 한다고 하면서 국수주의는 매우 나쁜 것, 민족주의는 괜찮은 것으로 받아들인다. 오늘날 우리 주변에서 민족주의자를 찾아보기란 쉽지 않은 일이니, 국수주의자라는 딱지는 그저 나쁜 욕일 뿐이다. 영어나 중국어나 일본어를 배우지 말자는 주장이 아님에도 우리말과 한글을 사랑하자, 외국어를 남용하지 말자고 말하면 국수주의자라는 욕이 돌아오는데, 과연 그 이유는 무얼까? 좀 납득하기 어렵겠지만, 내가 보기엔 우리 민족이 민족주의를 배신했기 때문인 것 같다. 그 증거를 대보겠다.

한자어에 밀린 토박이말 학술용어

1963년 7월, 문교부 국어사정위원회에서는 오랜 논란이 되었던 국어 문법의 통일 용어를 정하는 투표가 치러졌다. 지금은 '말의 구성 및 운용상의 규칙'을 누구나 '문법'이라고 부르지만, 해방 직후에는 '말본'이라는 용어가 더 널리 사용되었다. 주시경은 《조선어문법》이라는 책을 냈고 그 제자인 최현배는 문법을 '말본'이라 부르며 1937년에 《우리말본》을 냈다. 주시경이 '국어연구학회' 이름을 '한글모'(한글모임의 줄임말), 학교를 '배곳'(배우는 곳), 사전을 '말모이' 등으로 이름 지었던 일들에 비추어 아직 우리 토박이말로 바꾸지 않았던 '문법'을 그 제자인 최현배는 스승의 정신에 따라 '말본'으로 이름 붙인 것이다.

최현배의 《우리말본》은 그가 미 군정청 교육부 편수국장으로 일하면서 국어교육의 틀을 잡을 때 기본이 되었으므로, 말본이라는 말이 널리 사용될 수 있었다. 반면에 조선어학회 회원으로 함께 활동했던 서울대 국어국문학과 교수 이희승은 국한문혼용을 지지하면서 '문법'이라는 용어를 사용하고 있었고, 서울대 국어국문학과의 배출 인력이 학계에 자리를 많이 잡았기 때문에 이 말 역시 여러 문법 교과서에 사용되었다. 문법파와 말본파는 품사의 이름에서 명사-이름씨, 대명사-대이름씨, 동사-움직씨, 조사-토씨 등으로 확연하게 갈렸다. 서로 다른 용어를 사용하는 교과서가 나오다 보니 학교에서 이의 통일을 요구하는 민원이 많았으나, 타협의 여지가 없었다.

주요 문법 교과서 저자들이 모여 갑론을박을 벌이던 사정위원회에서는 마침내 용어 통일안을 투표로 결정하기에 이른다. 국어의 줄기를 이루는 문법 용어를 투표로 결정한다는 사실 자체가 지금으로써는 매우 어이없지만, 그 결과는 더더욱 그랬다. 원래 관계자들 예상으로는 위원 15명 가운데 말본 지지자가 8명, 문법 지지자가 7명이었다고 한다. 그런데 실제 결과는 문법파 8, 말본파 7로 문법파가 승리한 것이다. 누가 이른바 '배신'을 했는지는 아직 아무도 모른다. 말본파에서는 이 결정을 받아들일 수 없다며 크게 반발하였지만 어쩌랴, 이미 엎질러진 물이니.

역사는 이렇듯 우연한 사건을 고리로 하여 펼쳐진다. 하지만 그것은 어느 날 불쑥 벌어진 일이 아니다. 해방 후 우리말과 한글은 공용어의 지위를 얻은 뒤로도 실질적인 지위를 얻기 위해 끝없이 한자 및 일본에서 수입한 한자어와 싸워야 했다. 이 과정은 우리말이 갖고 있던 고유의 자산을 가운데에 놓고 국어를 세우려는 흐름과 민족 정체성보다는 빠른 근대화를 목표로 하는 실용적인 흐름의 충돌이었다. 실용파는 일본을 통해 번역된 근대 서구의 개념어를 사용하는 것이 바람직하다는 생각을 했으므로 당연하게도 개념어를 한자로 적고 한자를 가르쳐야 한다고 주장했다. 반면 우리 민족의 자산을 중시하는 흐름은 경향적으로 민초의 생활어, 토박이말, 옛말에 큰 가치를 부여했고 한글 전용이 문화 민족으로 발전하는 지름길이라고 믿었다. 두 진영의 대립은 예를 들어 '白血球(백혈구)'와 '흰피톨'의 대립 같은 것이었다.

우리 민족의 지식과 문화를 우리 고유어 중심으로 만들고 한글로 표기할 것인가, 아니면 이미 일본에서 번역한 일본식 한자어 개념을 중심으로 삼고 한자로 표기할 것인가? 이 문제가 국민국가 형성기에 '민족'의 틀 속에서 벌어진 갈등이었다. 일제 잔재를 제대로 청산하지 못한 역사에 비춰볼 때 국한문 혼용과 실용파의 득세는 당연했다. 이 파동은 국어에서 한자어 및 한자의 힘이 부활함을 공개적으로 알린 사건이었다. 말본파의 패배는 주시경부터 내려온 민족주의의 패배이자 권위의 무너짐이었다. 주시경에 뿌리를 두고 우리말글 지키기에 감옥살이까지 마다치 않았던 말글 민족주의가 왜 이런 모욕적인 상황을 맞아야 했을까?

순탄치 않았던 말글 민족주의의 길

사실, 해방 뒤 한글전용과 우리말 도로 찾기로 집약되는 국어 회복 및 정비의 길은 결코 순탄치 못했다. '한글전용에 관한 법률'이 제정되었다는 사실은 한글전용이 그만큼 중요한 사안이었다는 뜻이기도 하지만 거꾸로 문자 환경이 쉽게 바뀌지 않기 때문에 법률까지 제정해야 했다고 해석할 수 있다. 이를 증명하기라도 하듯 이 법률에는 구체적인 시행령이 붙지 않았고, 그 뒤에도 시행령을 만들려던 정치적 시도가 한결같이 열매를 맺지 못했다. 그리고 국어 정비에 국가가 나서면서 말글 민족주의를 대표하던 한글학회의 영향력이 조금씩 약해지고 국한문혼용론자와 정부 관료의 영향력은 강해졌다. 그 첫 단추는 한글 맞춤법 간소화 파동과 국어심의회 설치였다.

1949년에 이승만 대통령이 과거 독립신문 시절의 한글맞춤법으로 받침을 간소화하자는 방안을 내놓고 1953년부터 이를 전격 시행하려 함으로써 정부와 국어학계 사이에 논란이 심하게 일었다. 이를 '한글 파동'이라고 부른다. 한글 맞춤법 간소화 정책에 적극적으로 반대하던 한글학회의 입김을 줄이기 위해 이승만은 1953년 문교부에 국어심의회를 만들어 맞춤법 간소화를 추진하려 했으나, 심의회에서도 반대가 거세어 1955년에 이 정책을 포기한다. 이승만이 일으킨 이 파동은 한글학회로 이어져 온 권위를 심하게 뒤흔드는 사건이었다. 또한, 이렇게 만들어진 국어심의회에 한글학회와 견해를 달리하는 국어학자들도 참여하고, 이후 국어정책 수립과 시행에 국어심의회가 공식적이고 주요하게 거쳐야 할 절차 역할을 맡음으로써 점차 한자혼용론자와 정부 관료의 입김이 강해진다.

친일 세력을 청산하지 못하고 오히려 친일파들이 정부와 군대, 경찰 등의 요직을 장악했던 것처럼 한글전용과 우리말 도로 찾기로 대표되는 국어 회복 노력도 반동의 물결을 맞게 된다. 한글전용을 비웃기라도 하듯, 1949년 국회에서 '한자 사용에 관한 건의안'이 가결되어 국민학교(지금은 초등학교)에서 한자를 가르치게 하였다. 이에 문교부에서는 1951년에 상용한자 1천 자를 뽑아 발표하고 나중에 300자를 더하였다. 이승만 정부에서 '한글전용에 관한 법률'을 실질화하고자 1958년에 공문서, 공기관 간행물과 인쇄물, 공기관의 현판과 표지, 관인 등에 한글을 전용한다는 '한글전용 실천요강'을 만들어 시행하였으나 큰 효과를 보지 못하였고, 1961년에는 국가재건최고회의에서 '한글전용에 관한 법률'을 개정하여 모든 간행물에서 한글을 전용하게 하려 했으나 반발에 부딪혀 좌절되었다. 세월이 흐르면서 친일파에 대한 분노가 조금씩 누그러지고 특히 6·25전쟁 때문에 새로운 적이 생겨나자 그간 눌려있던 국한문혼용론자들이 입을 열기 시작한 것이다.

조선어학회 출신으로 옥고를 치렀음에도 한글전용과 토박이말 용어 사용에 부정적이었던 경성제국대 조선어문학과 출신 이희승 교수가 서울대 국어국문학과에서 국한문혼용과 한자 용어 사용을 옹호한 영향도 매우 컸다. 국어를 전공하지는 않았더라도 사회에 다양하게 영향을 미치는 다른 분야의 학자들, 법조인, 정치인, 언론인 가운데는 일본에서 배우고 일본식 문물에 익숙하여 한자와 한자어를 선호하는 이가 대다수였다. 그나마 이승만은 독립신문 출신인 한글전용론자였지만, 그가 대통령에서 물러난 뒤 군사 쿠데타로 집권한 박정희는 일제강점기에 대구사범학교, 만주군관학교, 일본육군사관

학교를 나온지라 일본과 가까운 편이었다. 이런 정치 지형에서 1960년대의 반동은 불가피했다. 문법 용어 파동 뒤로 교육과 연구에서 사용하는 용어도 한자어 쪽으로 쏠리게 되었으며, 한자 교육도 계속 강화되었다. 급기야 1965년부터는 초등 4학년부터 모든 교과서에 국한문혼용이 일어났다. 물뭍동물은 兩棲類(양서류)로, 젖먹이동물은 哺乳類(포유류)로, 붙박이별은 恒星(항성)으로, 가지치기는 剪枝(전지)로, 거름주기는 施肥(시비)로 바뀌었다. 엄청난 반동이었다. 정치적으로는 마땅한 명분도 없이 박정희 정부가 한일국교정상화를 강행한 해였다.

반동으로 마무리된 국어 정비

국한문혼용 교과서가 나오기 70년 전인 1896년에 한글 신문인 '독립신문'이 발간되어 4년 동안 국민의 사랑을 받은 사실에 비추어 본다면, 독립된 나라에서 일본어 문체의 식민지판인 국한문혼용으로 교과서를 펼 이유는 없었다. 식민지에서 해방된 탓이었을까, 글깨나 읽었다는 자들의 우리말과 한글 사랑은 그리 뜨겁지 않았던 것이다. 이렇게 말글 민족주의는 국어 생활의 주류에서 밀려났다. 나라의 주류가 민족주의에 등을 돌린 것이다.

이제 우리 근현대사에서 정치사회적 변화와 맞물려 일어난 국어의 변화를 쉽게 이해하기 위해 시기를 좀 나눠보자. 이 땅에 근대가 열린 지난 120년 동안 한국어의 현실과 국어 정책의 변화는 크게 네 시기로 구분할 수 있다. 첫 시기는 민족어를 국어로 정립하던 국어 건설기로서, 갑오개혁기부터 해방 전까지이다. 둘째 시기는 국어 정비기로서, 해방 뒤부터 박정희 정권이 한글전용을 추진하기 전인 1960년대 후반까지다. 셋째 시기는 박정희의 한글전용 정책에서 시작하여 1980년대 말까지 진행된 국어 순화기이고, 마지막 시기는 1980년대 말부터 현재에 이르는 국어 격변기이다.

국어 건설기에는 우리말의 문법과 한글 맞춤법, 표준어 등 현대 한국어의 체계를 전적으로 민간의 자발적 연구 모임인 조선어학회에서 정립하였다. 해방 뒤 시작된 2기, 국어 정비기는 실체를 전면적으로 드러내지 못했던 조선어학회의 연구 성과가 언중에게 다양한 방식으로 퍼지고, 우리말 용어와 문자 표기를 둘러싼 논란을 겪는 와중에 국어 정비의 주체가 민간에서 국가로 옮아가는 시기였다. 우리말글을 향한 민족적 애정이 정점에 올랐던 이 시기는 안타깝게도 과거의 무거운 관성이 반동을 일으키는 모양으로 마무리된다.

2장.
다시 민족주의의 손을 들어준
박정희

해방된 나라에서 과거 식민지 본국 일본처럼 국한문혼용을 하고 토박이말 대신 일본에서 들여온 용어를 사용하려 하니, 그것은 주시경에 뿌리를 둔 말글 민족주의에 닥쳐온 새로운 수난이라 하지 않을 수 없었다. 이런 상황에서 1960년대 말부터 박정희 정부가 실시한 한글 전용 정책은 눌려 지내던 민족파의 손을 들어준 획기적인 사건이었다. 박정희는 67년 11월에 한글전용 연차 계획을 세우라고 지시하였고 이듬해 5월에 국무회의에서 5개년 계획을 세우는데, 이를 앞당겨 68년 10월에 '한글전용 촉진 7개 사항'을 발표한다. 그 내용은 다음과 같다.

<한글 전용 촉진 7개항>

세종대왕이 한글을 반포한 지 520년이 넘도록 한글을 전용하지 않고 주저하는 것은 비주체적 전 근대적 사고방식이며 한문을 모르는 많은 국민을 문화로부터 멀리하려는 행위이다.

① 70년 1월 1일부터 행정·입법·사법의 모든 문서뿐만 아니라, 민원서류도 한글을 전용하며 국내에서 한자가 든 서류를 접수하지 말 것.

② 문교부 안에서 '한글전용연구위원회'를 두어, 69년 전반기 내에 알기 쉬운 표기 방법과 보급 방법을 연구 발전시킬 것.

③ 한글 타자기의 개량을 서두르고 말단 기관까지 보급 사용할 수 있도록 할 것.

④ 언론·출판계의 한글 전용을 적극 권장할 것.

⑤ 1948년에 제정된 한글 전용에 관한 법률을 개정하여 70년 1월 1일부터는 전용토록 할 것(법조문의 단서를 뺀다.)

⑥ 각급 학교 교과서에 한자를 없앨 것.

⑦ 고전의 한글 번역을 서두를 것.

이어서 총리 훈령으로 1970년 1월 1일부터 정부의 모든 기관에서는 한글만 쓰고, 민원서류도 한글로만 쓰도록 지시하였다. 그리고 한글전용연구위원회가 구성되고, 교육 한자 1,300자가 폐지되었으며 교과서의 국한문혼용은 70년부터 사라졌다.

한글은 민족 자주성의 상징

물론 박정희의 한글전용 정책이 원안대로 철저히 추진되지는 않았다. 교과서 한글전용이 전격적으로 시행되었지만, 한자혼용론자들의 거센 반발 때문에 1972년에는 한문교육용 기초한자 1,800자를 정하고 한문 교과를 중등에 신설하였으며, 1975년부터는 중등 교과서에 한자병기를 허용하였다. 정부의 관보에서는 한글전용이 지켜졌지만, 타자기로 작성하는 문서 외에 인쇄하는 민원 서식에는 여전히 한자가 많았고, 내부 서류에도 한글전용이 미흡하였다. 한글전용에 관한 법률에서 한자병용 규정을 없애려던 방침도 실현되지 않았다.

그렇지만 해방 직후에 만든 초등 교과서에도 일부 한자가 병기되었던 사실과 그 뒤 1951년부터 한자병기가 늘어나다 국한문혼용으로까지 뒷걸음친 사실에 비추어보면 초등 교과서의 완전한 한글전용은 매우 획기적인 문자 혁신이었다. 30년이 흐른 뒤에 일간신문이 모두 한글전용으로 바뀌는 토대를 닦았다고도 평가할만하다.

이 발표에서 한글전용은 세종대왕에 뿌리를 둔 우리 민족의 주체적이고 현대적인 의식이자 문화국가로 나아가는 기초로 선언되었다. 문법 용어 파동과 한자 교육 강화, 교과서 국한문혼용 등으로 막다른 골목에 몰렸던 말글 민족주의의 역사적 위상을 다시 세워준 것이다. 1968년 한글날 담화문에서 박정희는 한글전용의 이상이 "배우기 쉽고 쓰기 쉽고 과학적인 한글을 전용함으로써 민족의 자주성을 확립하고 민족의 긍지와 국가의 권위를 바로 세우자는 것"이라고 민족 자주성에 방점을 찍었다. 한글은 민족 주체의식의 상징이자 현실이라고 정의되었다.

그러나 민족주의와 국어사랑은 이때부터 새로운 시험대 위에 선다. 어느 나라에서든 민족 개념은 자연스럽고 순수한 감정 수준을 벗어나면 새로운 문제들을 만나게 된다. 같은 민족 안의 불합리한 관계를 은폐한다든가, 침략을 정당화하는 용도로 악용되는 것이다. 프랑스혁명으로 불붙은 민족주의는 왕권과 특권을 폐지하고 국민의 인권을 보장하려는 민주주의 사상과 결합된 것이었지만, 그 뒤 프랑스 혁명의 불길을 막아내려던 유럽 다른 나라들에서는 군주와 귀족들이 자신의 통치를 유지하는 데에 민족주의를 이용하였다. 그리고 유럽의 민족주의는 약소국을 침탈하는 제국주의로 변하여 식민지 민족주의를 억압하는 양상으로 치닫는다. 심지어 히틀러 시절 독일의 민족주의는 게르만 민족 외의 모든 민족을 배격하는 국수주의로 흘러 유태인 대량 학살을 자행하고 전 세계를 전쟁으로 몰아넣었다.

민주주의가 민족의 적이 된 시대

민족은 이렇듯 순백의 지고지순한 가치가 아니다. 특히 박정희 독재 시절에 민족을 앞세워 통치에 악용하는 일이 전면적으로 일어났다. 박정희는 등장 초기부터 민족을 강조했었다. 5·16 군사쿠데타 이후 민정으로 권력을 넘기면서 '민족적 민주주의'라는 구호를 내걸고 경쟁자인 윤보선을 '수구 사대 세력'이라며 비난하였다. 5·16 군사쿠데타를 '민족'의 이름으로 정당화하기 위해 1966년부터 '5·16 민족상'을 제정하여 학술, 교육, 사회, 산업, 안전보장 등 5개 부문에서 상을 주었다. 이 상은 "조국 근대화의 밑거름이 되어 묵묵히 일하고 있는 숨은 일꾼·집단을 찾아내고, 그들을 앞장 세워 함께 손잡고 나아감으로써 민족역량을 발굴·선양·확충하며, 사회에 격려·용기·

희망을 북돋아줄 것을 목적으로 한다."라고 공표되었다. 수상자들의 사회적 공로조차 박정희의 권위적인 민족주의를 드높이는 깃발이 되어 버린 셈이다.

이후 종신독재와 철권통치를 유지하기 위해 박정희는 그 어떤 통치자보다도 민족주의를 강조하였다. 대통령 간선제를 못 박아 종신독재의 문을 연 유신헌법 직전엔 '7·4남북공동성명'을 발표하여 민족통일의 기대를 한껏 부풀리더니, 그 뒤에는 같은 민족인 북쪽과 경쟁하여 이기자는 사회 분위기를 만들고 이를 통치에 이용하였다. 도덕적으로 정당한 남쪽이 이 경쟁에서 이겨 민족중흥과 통일을 이뤄내야 한다는 기조였다. 이에 우리 민족의 충효 사상, 우리 민족의 노래와 춤, 우리 민족의 무술, 우리 민족의 신화와 이야기, 우리 민족의 영웅, 우리 민족의 말 등 전통의 현대적 계승이라는 명분으로 포장하기에는 너무나도 노골적인 민족주의 기류가 사회를 뒤덮었다. 그리고 박정희의 통치가 내내 이어져야 한다는 정치선전이 국민에게 파고들었다.

민족의 정점에 서 있는 박정희는 '선'이고, 유신헌법으로 정립된 박정희의 '한국적 민주주의'가 아닌 비현실적인 민주주의를 요구하는 자들은 '악'으로 몰려 수난을 겪었다. 광복군 출신 민족주의자 장준하는 의문의 죽음을 맞았고, 간첩으로 조작되어 사형을 당한 사람들, 정권을 비판하였다고 '긴급조치'에 걸려 감옥으로 끌려간 대학생들이 숱하였다. 이들은 '민족'의 위중한 현실을 모르는 한심하고 불순한 세력이었다. 대학에는 휴교령이 자주 내려졌고, 재야인사들은 가택연금을 당하였다. 만주군관학교, 일본 육군사관학교 출신 친일파라는 박정희의 전력을 세탁하고 독재를 정당화하는 데에는 '민족'을 앞세우는 게 필요했고, 박정희의 민족주의에 시야가 가리어진 국민에게 민주주의는 그만큼 사치스럽거나 시기상조의 이상이었다. 민주주의가 민족의 적이 되어버린 꼴이었다.

박정희 한글전용 정책의 정치적 배경

민족어인 우리말이 겪은 역사도 크게 다르지 않다. 나라를 잃고 마침내 말과 글까지 못 쓰게 된 일제 강점기에 조선어와 한글은 그 존재만으로도 조선인의 심장을 뛰게 하였을 것이다. 그 설움은 해방 뒤 한글 보급 열풍과 사회 전반의 우리말 도로 찾기 노력으로 이어진다. 일본말을 버리는 것은 우리 민족의 독립 국가를 세운다는 징표였고, 한글을 배우고 전용하여 문맹에서 벗어난다면 그것은 개인에게는 더 풍요롭고 품격있는 삶에 대한 약속이며 나라에는 번영의 잠재력이었다. 그런데 근대 국가 건설기에 국민의 가슴을 뛰게 만들고 힘을 모아내던 민족주의가 어느 순간부터 반동적인 독재의 도구로 이용되기 시작하였듯이, 민족어인 국어 역시 그런 정치의 도구로 악용된다.

박정희의 한글전용 정책은 과연 어떤 이유로 추진되었을까? 박정희에게 정치적으로 가장 중요했던 '10월 유신' 선언은, 국한문혼용 문장을 뒤집어 한글에 한자를 병기하는 문장으로 바꾸었다는 인상을 줄 만큼 모든 한자어에 한자를 병기하였다. 그가 원래 한글전용론자라는 기록은 어디에도 없다. 한 증언에 따르자면 국한문혼용 문자 생활에 반대하는 대학생들이 1967년에 '국어운동대학생회'를 만들어 운동을 펼쳐 나갔는데, 이들의 강력한 한글전용 요구가 한글학회 이은상을 통해 박정희를 움직였다고 한다. 하지만 구체적인 계기야 그럴 수 있겠으나 당시의 정치사회적 맥락 속에서 이 사안을 바라보는 게 사태를 객관적으로 이해하는 데에 도움을 줄 것이다.

먼저, 정치적 맥락에서 이른바 3선 개헌과 연결해서 볼 필요가 있다. 당시 헌법에서는 1회에 한하여 대통령직을 연임할 수 있도록 제한했는데, 1967년에 대통령 재임에 성공한 박정희로서는 이 족쇄를 풀기 위해 개헌을 추진해야 할 처지였다. 그런데 박정희는 1965년에 일본에 대한 저자세 외교를 비판하는 여론을 무시하고 한일국교정상화 조치를 단행하였다. 민심이 좋지 않았다. 박정희는 한글전용을 전격 시행함으로써 '민족적 민주주의'라는 자신의 정치 구호에 생명력을 불어넣으려 한 것이다. 굴욕적인 한일 국교 정상화 때문에 추락한 위신을 세우려는 정치적 의도에서 비롯한 정책이라고 볼 수 있다. 그리고 한글전용 7개 항 발표 다음 해인 1969년 10월에 장기집권의 문을 연 삼선개헌이 통과되어 3년 뒤의 유신으로 이어진다.

다음으로, 북쪽에 밀리지 않고 경제발전을 이루려면 한글전용이 불가피하다고 보았을 것이다. 당시 남쪽에서는 제1차 경제개발 5개년 계획의 성과가 미미했던 반면에 북쪽의 경제성장은 남쪽보다 약간 높은 편이었다고 한다. 경제 발전의 동력이야 여러 가지가 있겠지만, 잘 교육된 노동력만큼 중요한 요소는 없다. 북쪽에서는 6·25 전쟁 전에 일찌감치 한글전용을 굳혀 교육뿐만 아니라 언론과 출판 등에서도 완벽하게 한글전용이 이루어져 그 효과가 나타나는 시점이었다. 1968년 한글날 담화에서 박정희는 한글전용의 이상으로서 민족 자주성 다음으로 "시간과 노력을 절약하여 능률적인 국민 생활을 함으로써 시급한 조국 근대화의 결실을 앞당기자는 것이며, 효과적인 대중 교육의 촉진으로 문맹을 없애고 국민의 지식수준을 높여 문화의 전달과 교육의 능률 향상을 기하자는 데 있는 것"이라고 밝혔다. 물론 한글전용이 경제 발전에 미치는 효과는 당장 보이는 성과보다 장기적인 관점에서 고려했음 직하다.

바야흐로 이때부터 1980년대 말까지 20여 년 동안 국어 변화의 3기에 해당하는 '국어 순화기'가 펼쳐진다. 이 시기는 교과서 한글전용, 국어순화운동, 문교부의 어문규범 정비 등 국가 주도의 국어 정책이 정점에 이른 때다. 민족에게 배신당한 민족주의가 이제는 독재자에게 이용당하며 국민에게서 멀어지는 시기이기도 하다. 아마도 이 시기를 겪으면서 우리 국민은 우리말과 한글 사랑에 의문을 갖기 시작했을 것이다.

3장.
독재의 언어로
악용 당한 민족어

"다음은 연예가 소식입니다. 우리나라 '놀라운 소녀들'이 빌보드 순위 100위 안에 진입하는 쾌거를 이뤘습니다. 76위네요. 1980년 이후 아시아 가수로는 30년 만의 일입니다."

도대체 어떤 소녀들일까? 무슨 말인지 어리둥절하겠지만, 이는 2009년에 우리나라의 여성 아이돌 그룹인 '원더 걸즈'가 미국에 진출하여 '노바디'라는 노래로 거둔 성과를 1970년대식으로 바꾼 것이다. 요즘 50대인 중년이라면 어느 날부터인가 텔레비전에서 이상한 이름의 가수들이 나오는 어린 시절의 어색한 추억이 되살아날 것이다. 분명 어제까지는 바니걸즈였던 가수가 오늘은 '토끼소녀'로, 어니언즈는 '양파들'로, 라나에로스포는 '두꺼비와 개구리'로, 뚜아에무아는 '너와 나'로 이름이 바뀌었다. 아주 촌스럽고 서먹한 분위기였다. 어느 눈치 빠른 방송사 사장님께서 박정희의 입맛을 맞추고자 자기네 방송에서 연예인 출연 내규를 바꾸면서 벌어진 일이라고 한다.

방송마다 가수들 이름이 달리 나오다 보니 74년 6월에 방송윤리위원회에서는 용어자문위원회를 열어 가수 예명을 통일해 부르는 쪽으로 조정하는 방안을 논의했다.

외국어 이름 쓰는 가수, 방송 출연 못해

이 추세는 1976년 박정희의 강력한 국어순화 지시 이후에 더욱 강화된다. 지금의 40대들도 잘 알고 있는 초창기 대학가요제의 스타 그룹들이 모두 같은 수난을 겪었다. '나 어떡해'로 대학가요제 돌풍을 일으킨 샌드페블즈는 '모래와 자갈'로, '그대로 그렇게'의 피버스는 '열기들'로, 배철수가 이끌던 항공대의 런웨이는 '활주로'로, 구창모의 열창으로 유명했던 블랙 테트라는 '검은 열대어'로 이름을 바꿔 텔레비전에 출연해야 했다. 박정희 통치 말년에 '마음 약해서'라는 노래로 큰 인기를 얻었던 와일드캣츠는 '들고양이들'로, 박정희가 죽은 뒤 전두환 치하에서 인기를 얻었던 옥슨80은 '황소80'이라고 이름을 바꾸었다. 요즘의 '노크 노크'로 인기를 얻은 트와이스를 '똑똑'을 부른 '두 번'이라고 소개하는 것마냥 서걱거리지 않았을까?

국어순화운동의 뿌리는 '우리말 도로 찾기' 운동이라고 할 수 있다. 해방 직후 일어난 우리말 도로 찾기 운동은 국어순화운동으로 발전하여 1956년에는 《국어정화교본》이 간행되고, 1960년대에도 여러 단체와 학교에서 우리말과 고운 말을 사용하자는 운동이 펼쳐진다. 그리고 1970년 교과서 한글전용으로 시작된 박정희의 민족주의적

활주로 앨범

와일드캣츠 (돌고양이들) 앨범

국어 정책은 학교와 사회에서 우리말글 사랑 운동과 강력한 국어순화운동으로 이어진다. 점차 정부의 개입도 늘어났다. 1971년 9월 문교부는 '언어생활연구위원회'를 조직하여 '학생 언어생활 순화지침'을 마련하고 장학 지도에 나섰다. 이에 전국의 많은 학교가 '언어 순화반' 지도 교사를 두고 '국어 상담실'을 운영하는 등 국어순화운동에 참여하였다. 복도와 교실에 '국어사랑 나라사랑' 표어와 포스터가 붙고, 학생들에게 공산주의에 반대한다는 반공, 간첩을 막자는 방첩과 함께 국어사랑 리본을 달도록 강제하는 학교도 많았다.

사실, 우리 문자인 한글을 전용하고, 외국어 대신 우리 민족의 말, 사투리 대신 표준말을 사용하자는 게 민족 문화의 계승과 발전이라는 측면에서 문제가 될 일은 전혀 아니다. 다만 그것이 국민의 언어생활에 어떤 기준을 강요하면서 '민족'이라는 가치를 내세워 정치권력의 권위에 순응하고 권력의 정당성을 받아들이라고 강제하는 정치적 효과를 노렸기에 사정이 달랐다. 안타깝게도 한글전용과 국어순화는 박정희의 영구집권을 꾀한 '10월 유신'과 얽혀 돌아가고 말았다.

유신독재와 얽혀버린 한글과 국어순화

박정희는 1970년대로 넘어오면서 '민족 주체성'을 특히 강조하고 이 민족주의를 유신 정신으로 연결한다. 그리고 그 민족 주체성의 표상으로 한글을 내세운다. 1971년에 이어 1972년 한글날 담화에서도 박정희는 주체의식과 자주성을 강조하였다. "한글 창제의 정신적 바탕은 남의 문자와 이민족의 문화로부터 탈피하여 우리 말을 우리 문자로 표현함으로써 민족 문화의 전통을 세우고, 이를 후손들에게 길이 물려 주어야겠다는 강렬한 민족의 주체 의식과 거룩한 민족 자주의 정신에 있었던 것"이라고 하면서, "지금처럼 우리 5천만 민족에게 자주적 결단과 주체적인 노력이 절실히 요청되는 시기도 일찍이 없었다."라고 강조하였다. 무슨 결단이었을까? 이 시기란 비상조치 선포로 국회를 해산하고 법치를 유린한 '10월 유신' 선포 직전이었다.

박정희는 10월 유신 특별선언에서 조국 통일 과업을 이루기 위해 체제 정비가 필요한데 우리 법령은 냉전 체제의 유물이라 새 국면에 적응할 체제로 일대 유신적 개혁을 해야 하는바, 정상적인 방법으로는 어려우므로 비상조치를 선포, 국회를 해산하고 새 헌법을 만들겠다고 했다. "일대(一大) 민족주체세력(民族主體勢力)의 형성(形成)을 촉성(促成)하는 대전기(大轉機)를 마련"하기 위함이었다. 박정희의 노선을 따르는 민족주체세력이 필요하였고, 한글은 자주적인 민족 주체성의 표상으로서 10월 유신과 맺어졌다. 1973년 한글날 담화에서는 "지금 우리는 10월 유신의 횃불도 드높이 우리 겨레의 위대한 자아를 재확인하고 이를 한층 더 빛내기 위해 정치, 경제, 문화 등 모든 면에서 진정한 자주적 가치관을 확립해 나가고 있습니다. 따라서 이러한 시대적 배경에서 맞이하게 된 이번 한글날의 의의는 더욱 각별한 바 있는 것입니다."라고 밝혔다.

1974년에는 세종의 한글 창제 정신과 박정희의 유신이 민족의 이름으로 확고하게 맺어진다. 한글날 담화에서 박정희는 한글 창제의 뜻이 "남의 나라 문자에 의존하는 문화적 사대주의를 감연히 물리치고 내 나라의 문자를 갖자는 「자주 정신」과 만백성이 널리 익혀서 민족 문화 창달에 다 같이 참여하자는 「민주 이념」에 있었다는 점입니다. 그렇기 때문에, 이 「자주」와 「민주」 이념은 곧 민주 문화 발전의 밑거름이며, 민족 중흥을 위한 유신의 이념이기도 한 것입니다."라고 하였다. 세종의 한글 창제 정신이 유신독재의 이념과 맞닿아 있다는 억지였다.

교과서 국한문혼용 등으로 궁지에 몰렸던 국어운동은 박정희의 한글전용, 국어순화 정책으로 새로이 힘을 얻었다. 한글학회 인사들은 한글전용과 국어순화를 주제로 전국에서 강연을 열었으며, 고등학생과 대학생 들의 국어운동도 활발해졌다. 이들의 의도는 순수한 민족주의 열망에서 비롯하였지만, 정치적으로는 박정희의 유신독재에 정당성을 부여하는 꼴이 되었다.

전국국어운동대학생연합회가 1973년 한글날을 맞아 발표한 선언문을 보면, "아직도 몇몇 몰지각한 사람들이 필요 이상의 한자와 일반화되지 못한 외래어의 남용으로 …… 낡고 퇴폐적인 습성을 버리지 못함은 국민총화로 조국 근대화를 꾀하는 정부의 시책에 장애가 되게" 한다고 하여 박정희를 지지하는 말빛을 강하게 내보였다. 중등교과서 한자병기가 시행된 해인 1975년 5월 22일 한글학회가 박정희에게 낸 '글자 정책에 관한 진언서'에서는 "대통령 각하. 각하의 문자

정책은 유신과업의 정신을 반영한 것으로 우리는 알고 있습니다. 이 유신과업의 수행이 글자정책이란 중대한 일환에서 무너지는 일이 없도록 우리는 각하께 간절히 진언하는 바입니다."라고 밝혔다.

이처럼 국어운동은 한글전용 시행과 국어순화 등에 정치권력을 활용하려 하였고, 또 그만큼 박정희에게 활용당한 측면이 있었다. 국어운동에서 추진하려던 한글전용과 국어순화는 박정희가 추진하던 일이었고, 박정희는 독재의 성문법인 유신헌법 위에 서 있으니 국어운동도 유신의 그림자와 포개어지는 셈이었다.

코너킥은 반드시 '구석차기'로 불러야 하던 시절

1976년 국무회의에서 박정희는 간판과 방송, 심지어 축구 중계나 과자봉지에도 외국어를 너무 많이 쓴다고 지적하면서 이를 고치라고 지시하였다. 이에 대통령령으로 민관 합동의 국어순화운동협의회가 발족하였다. 문교부 국어심의회에도 국어순화분과가 신설되었다. 외국어로 이름을 지었던 연예인들은 우리말 예명을 새로 지어야 했고, 운동 경기에서 사용하던 외국어 전문용어도 우리말로 바꾸어 중계해야 했다. 골키퍼는 문지기, 헤딩은 머리받기, 헤딩슛은 머리쏘기, 프리킥은 자유차기, 마이너스킥은 거꿀차기, 바나나킥은 휘어차기, 코너킥은 구석차기 등으로 바뀌었다. 이 가운데 살아남은 말도 있고 웃음거리가 되어 사라진 말도 있다.

문제는 이런 언어 정화가 어색하냐 아니냐에 있는 게 아니다. 당시

축구 관계자들, 방송 관계자들, 그리고 국민은 이렇게 말하지 않으면 안 된다는 어떤 강요된 부담을 느꼈다는 점이다. 외국어 예명을 지었던 연예인들이 이름을 바꾸지 않으면 방송에 출연할 수 없었던 것처럼 순화어를 사용하지 않는 아나운서나 해설자는 축구 중계를 맡을 수 없었고, 순화한 말을 사용하지 않는 부모나 교사는 존경받을 수 없었다. 순화어 사용이 선악 판단의 기준이 된 것이다.

광주 시민의 민주화 열망을 총칼로 짓밟고 대통령이 되었다가 나중에 내란 수괴로 사형 선고를 받았던 전두환도 국어순화를 멈추지 않았다. 1980년 말에 정부는 1976년부터 실시해오던 국어순화운동이 형식적이었다고 분석하고 문교부의 국어순화운동협의회 기능을 강화하여 본격적으로 노력하겠다고 밝혔다. 외래어나 저속한 낱말로 된 상표 이름과 상점 이름 등을 우리말로 바꾸도록 하겠다는 내용으로, 과자류, 빙과류, 화장품류, 기성복 등 상품 이름과 간판 이름이 그 대상이었다. 정부는 국어순화운동을 대대적으로 전개한다는 방침에 따라 각급 학교에서의 현장교육, 군부대에서의 정신훈화교육, 예비군·민방위대의 교양교육, 각 직장의 연수교육, 각 동네 반상회에서의 주민교육 등을 통해 바르고 고운 표준어를 사용하도록 계몽하기로 하였다. 이때는 '사회정화'라는 미명 아래 1980년 8월부터 6만여 명을 잡아간 공포의 삼청교육대 사업이 진행되고 있었다.

말의 주인은 그 말을 쓰는 사람들, 즉 언중이건만, 이 시기에는 정치권력이 국어의 주인이 되어 국민의 언어생활을 억압하고 이래라저래라 언어를 통제하였다. 남자의 긴 머리와 여자의 짧은 치마를 단속하듯이 말글살이에서 외국어와 사투리를 철저히 통제하고 표준적인 민족어 중심의 국어 생활을 강요한 것이다. '바른말'을 이끌어가는 국가라면 정치에서도 바른말을 하리라는 기대를 강요하면서. 언어에 대한 국가의 통제는 결국 표현의 자유를 억압하고 독재를 미화하는 결과를 낳았다.

국가가 국어의 주인으로 행세

이 시기에는 어문 규범에 관한 정부의 주도권도 매우 강화되었다. 이전의 어문규범은 조선어학회의 권위를 인정하여 학회의 연구 결과를 국가 표준으로 받아들였었다. 그런데 이제는 정부가 직접 나서게 된 것이다. 문교부 장관은 1984년에 '국어의 로마자 표기법'을 고시하였고, 1986년에는 '외래어 표기법'을 고시하였다. 외래어 표기법은 문교부에서 안을 마련하여 1984년 설립된 국어연구소에서 다듬은 것을 고시한 것으로, 이때 '자장면'이 올바른 표기라고 공표되었다. 표준어와 맞춤법 규정도 정부 주도로 바뀌었다. 1968년 한글전용 정책과 함께 박정희가 내린 '알기 쉬운 표기 방법 연구' 지시에 따라 국어심의회에 표준어와 맞춤법 수정을 위한 '국어조사연구위원회'가 설치되었다. 10여 년 동안 조사와 연구를 거쳐 1980년대에 국어연구소에서 다시 다듬은 뒤 1988년 문교부에서 이를 고시하였다. 이 개정에서 가장 큰 변화는 '~읍니다'를 '~습니다'로, 띄어 쓰던 성과 이름을 붙여쓰기로, 6개 낱말 외에 한자어에는 사이시옷을 붙이지 않기로 한 것 등이다. 이것이 국가 주도 국어 규범 정비의 마무리였다.

이 모든 어문규범 검토는 이제 한글학회가 아니라 1984년에 정부에서 어문 정책 자료 개발과 연구를 맡기려 설립한 국어연구소에서 추진하였다. 국어연구소는 1991년에 국립국어연구원으로 확대 개편되었고, 곧 《표준국어대사전》편찬에 착수하여 1999년에 이를 마무리한다. 2004년에는 국립국어원으로 이름을 바꾼다.

역사는 반복된다고 했던가. 한 번은 비극으로, 한 번은 희극으로. 이승만의 한글 맞춤법 간소화 파동으로 권위를 손상당하고 《큰 사전》편찬에 심각한 위협을 받았던 한글학회는 필사적으로 이승만을 넘어서서 《큰 사전》을 완간하여 국어 정비를 마무리하였다. 상처가 많았다. 30년이 지나 《큰 사전》을 대대적으로 개정 증보하여 1992년에 간행한 《우리말 큰 사전》은 사전 편찬 작업 도중에 바뀌어버린 맞춤법 규정 때문에 논란에 휩싸였고, 결국 큰 타격을 입고 말았다. 이렇게 상처만 남고 영광은 사라지는가…….

독재 권력의 보수적 민족주의 국어 정책에 반발 커져

전적으로 국가 주도로 추진된 이 시기의 국어 정책은 교과서의 한글 전용과 일본어 잔재 청산, 외국어 남용 자제, 토박이말 살리기, 우리말 이름 짓기 등 우리말 사랑의 분위기를 만드는 긍정적 결과를 낳기도 했지만, 국어의 발전이나 국민의 언어생활 개선이라는 관점에서 보자면 부정적인 측면도 컸다. 정부와 국민, 국민과 국민의 소통이라는 측면에서 난해한 용어와 문장으로 가득 찬 행정문서 및 법률문서를 어떻게 개선해갈지, 언론과 출판의 국한문혼용은 어떻게 개선할지 따위에 특별한 대책이 없었다. 더구나 국가가 국어를 좌지우지함으로써 국어 생활에서 국가의 역할을 지나치게 기대하고 순응하는 부작용과 국가의 지나친 간섭에 반발하여 모든 규범을 무시하는 부작용을 함께 낳았다.

박정희, 전두환 정권의 강압 통치가 혹독해지면서 국어순화는 정치적 반발의 대상이 되었다. 사람의 말을 얽매려는 정책, 국민이 맘대로 말도 못하게 만드는 정책이라는 생각이 정치적 억압과 함께 짝을 지어 다가왔기 때문이다. 국어순화가 결코 나쁘다고는 할 수 없지만, 그것이 정치적으로 악용됨으로써 국어순화 그 자체가 억압적인 정치 행위로 받아들여진 것이다. 이에 대한 반발로 야당 성향 사람들이나 진보적 지식인 가운데에서 영어를 섞어 쓰는 말투가 늘어난다. 폐쇄적인 권위에서 벗어나 외부 자유세계를 맛본 사람들이 자유의 위력과 매력을 표현하는 데에 외국어만큼 손쉬운 것은 없었다.

대한민국이라는 나라의 기반이 한민족이고, 외환위기에서 보았듯이 결국 우리의 고난은 우리 민족이 헤쳐가야 하는 과제이므로 우리에게 민족 정체성이란 의심받을 대상이 아니다. 하지만 현대사에서 권위주의적 독재체제가 민족을 악용함으로써 민족에 대한 우리의 충성심, 민족어에 대한 사랑은 그만큼 옅어졌다. 1980년대에 들어서 국어순화운동의 기세가 약해진 데에는 정부 주도의 운동이 국민에게 환영받지 못하던 사정이 작용했을 것이다. 반면 그 반대 편향으로 내 맘대로 말하는 것을 간섭하지 말라는 식의 이른바 자유주의가 조금씩 사람들의 지지를 얻어갔다.

　물론 이 시기에도 민족주의 전통을 이어온 국어 운동이 없었던 것은 아니다. 정부와 달리 이오덕, 백기완 등 민중의 삶에 뿌리를 둔 토박이말 운동, 한글(토박이말) 이름 짓기 운동이 민간에서 매우 활발하게 일어났다. 이는 권위주의에 대항하는 또 다른 민중적 국어운동의 흐름을 이루었다. 1980년대 중반부터 활발해진 대학생들의 국어 운동도 이 민족적, 민중적 흐름에서 영향받은 바가 작지 않다. 한글학회 역시 정치권력의 요동에 얽매이지 않고 꾸준히 말 다듬기 사업을 펼쳐 1984년에는 1967년에 처음 간행한 《쉬운말 사전》을 고치고 기워 《고치고 더한 쉬운말 사전》을 낸다.

4장.
자유를 얻고
영혼을 내준
우리말

 1989년에 아주 특이한 텔레비전 방송이 시작되어 늦은 밤 국민의 귀를 사로잡았다. 우리말을 너무도 어눌하게 영어식으로 발음하고 간간이 영어도 섞어 쓰던 자니윤이라는 미국교포가 한국방송(KBS)에서 '자니윤 쇼'를 맡아 선풍적인 인기를 끌었다. 1996년에는 지역 대표 욕쟁이들이 경연을 벌이는 전국 욕 대회가 열렸다. "날강도 찜쪄서 안주 삼고, 화냥년 경수 받아 술 빚어 먹고, 피똥 싸고 죽을 남원 사또 변학도와 사돈 해서 천하잡놈 변강쇠 같은 손주 볼 놈"이라는 욕설이 으뜸상을 받았다. 1998년에는 소설가 복거일과 조선일보에서 '영어를 공용어로 삼자'는 주장을 강하게 펼쳐 사회적 논란이 일었다. 사투리에 대한 경계심도 풀려 마산 사투리로 온통 귀를 멍하게 만들던 천하장사 강호동은 언제부터인가 텔레비전 방송 진행을 맡았다. 소규모 재밌거리로 열리던 사투리 경연대회가 2013년에는 안전행정부 주관으로 열렸다. 1987년 민주화 이전이라면 상상도 할 수 없는 일이었다.

언어의 자유화와 천박화가 일어난 국어 격변기

1980년대 말부터 현재까지는 국어의 격변기이다. 국가 주도의 국어 정책이 힘을 잃고 어문 규범과 현실 언어 사이의 거리가 크게 벌어지기도 했지만, 그보다도 규칙으로 정하기 어려운 '언어 윤리'의 측면에서 많은 변화가 나타났다. 폭발적인 영어 남용, 욕설과 공격적인 언사의 증대, 심한 말장난과 줄임말 유행, 외계어 등 그전의 언어 윤리로는 받아들이기 어려운 새로운 흐름이 등장한 것이다. 그것은 한 마디로 언어의 자유화라고 부를 수도 있고, 거꾸로 언어의 천박화라고 볼 수도 있는, 양면을 지닌 변화였다.

1980년대 중반까지 국어 정책과 운동의 내용은 바른말로 대표되는 규범과 우리 것으로 대표되는 민족 정체성이 주를 이루었다. 이런 기조는 1987년부터 시작된 민주화 과정을 거쳐 우리 사회에서 권위주의적 정치체제가 사라지고 곧이어 세계화와 정보화의 물결이 휩쓸면서 급격하게 변하기 시작하였다. 개인의 권리, 자유주의 등이 사회 전면에 떠오르면서 언어에 관한 관심은 언어 규범의 문제에서 언어 향유, 즉 언어를 갖고 놀거나 언어를 이용하여 힘을 얻거나 하는 문제로 이동한다. 국어 환경이 그야말로 질적인 변화를 겪은 것이다. 오늘날 우리 말 문화에서 나타나는 '차별과 모욕'의 증대 양상은 이러한 변화의 부정적인 결과물이다. 이런 변화를 부른 사회적 요인으로 자유화, 정보통신혁명, 세계화와 영어 숭배, 경제 위기와 경쟁 지상주의 등 네 가지를 꼽을 수 있겠다.

자유 확대가 개인의 자유를 억압하는 역설

먼저, 자유화의 역설부터 살펴보자. 1987년 민주화의 성과는 한국 사회가 권위주의적 정치체제에서 민주적 정치체제로 이동하는 결과만을 낳은 것이 아니라, 언론, 출판, 집회, 시위 등 표현의 자유와 더불어 국민 개인의 정치적 기본권을 보장하는 자유권의 확대를 낳았다. 이런 변화는 획일적 사회 통합이나 흑백 이분법에서 벗어나 다양성 속의 응집이라는 다원주의를 새로운 문화 가치로 부각시켰으며, 이에 따라 개인의 문화적 자유에 대한 욕구도 증폭되었다. 자유의 증대는 순방향의 역사 발전이었지만, 개인의 자유 확대와 공동체의 통합이 어떻게 함께 갈 수 있는지는 쉽게 정립되지 않았다. 그 결과 무질서와 반권위 등 부정적이라고 볼만한 현상이 불가피하게 확대되기도 했다. 남의 자유가 나의 자유를 침해하는 일이 잦아지고 힘 있는 자의 자유를 제어할 명분도 마땅치 않게 되었다. 자유화가 자유를 억압하는 역설이 벌어졌던 것이다. 민주주의를 이해하는 수준이 '개인의 권리' 차원으로 좁게 잡힌 탓이다.

이런 사회 분위기에서 우리 말 문화에도 자유화의 역설이 일어난다. 1970년대에 시작하여 1980년대 중반까지 이어진 국어순화, 지방 방언을 죽인 표준어 정책 등 국가 중심의 언어 정책은 1987년 민주화와 함께 권위주의 문화로 지목되었다. 자유화와 다원화가 진행되면서, 매우 자연스럽게도, 국가가 국민에게 강압적으로 요구하던 바른말과 고운 말에 대한 반발이 공공연하게 나타났다. 영어, 사투리, 속어, 신조어가 언어생활에 새로운 활력소로 등장하였고, 개인의 언어생활에 간섭해서는 안 된다는 사회 분위기가 가득 퍼졌다. 그렇지만 표현의 자유와 타인의 인권이 어떻게 조화롭게 보장될지는 해명되지 않았다. 자유화의 결과가 개인의 표현의 자유를 서서히 옥죄기 시작한 것이다.

정보화와 세계화가 국어 환경 바꾸어

둘째, 전 사회의 의사소통 체계를 근본적으로 바꾼 정보통신혁명이 일어났다. 1990년대 들어 퍼지기 시작한 컴퓨터 통신 문화는 시간과 공간을 초월하여 다방향 사이버 대화를 가능하게 만들었다. 이어진 1990년대 후반의 인터넷 인구 급증과 메신저 등 각종 대화 기술의 발전은 대화 공간의 중심을 오프라인에서 온라인으로 옮겼다. 2000년대 초반부터 손전화 문자 송수신 기능이 향상되면서 통신 언어는 붙박이 컴퓨터에서 전화기로 급격하게 옮아간다.

정보통신의 발전은 의사소통의 양과 경로를 늘리고 속도를 높여 민주주의의 확장을 가져다주었다. 언론과 소수 잘난이(엘리트)가 도맡던 여론 형성 기능이 개인 매체를 쥔 언중의 손으로 빠르게 넘어간 것이다. 하지만 부정적인 결과로, 익명성을 방패로 삼은 폭력 언어와 허위 사실 유포, 모욕 등 말 문화의 저질화를 불렀을 뿐만 아니라 외계어 및 언어 파괴, 은어, 말장난 등 새로운 언어문화를 매우 신속하게 퍼뜨리는 역할도 맡았다. 즉 과거에 어느 곳에서나 주변 문화, 하위문화로 존재하던 비속어와 은어를 생활의 중심 언어로 끌어올리는 강력한 유통 속도 및 전파력을 만들어낸 것이다.

셋째, 세계화에 따른 영어 능력 숭배 풍조가 우리말의 언어 윤리를 뒤흔들었다. 1994년부터 한국이 세계화의 물결을 타기 시작하면서 경제뿐만 아니라 문화 영역에서도 개방의 물결이 높아갔다. 1989년부터 시행된 국외여행 자유화 조치 이후 외국 여행, 장단기 유학이 늘어나면서 영어는 그 이전 시기보다 한국 사회에서 더욱 커다란 영향력을 행사하기 시작하였는데, 특히 세계화 정책이 추진됨으로써 '영어가 곧 개인의 경쟁력'이라는 등식이 등장했다. 1996년부터는 초등학교에 영어가 정규 과목으로 신설되었고, 영어를 공용어로 삼아야 한다는 주장까지 나와 논란을 일으킬 정도로 영어에 대한 사회적 관심은 높아갔다. 영어 능력은 입시와 취직, 승진 등에서 가장 중요한 선발 기준으로 작동하게 되었고, 이에 따라 조기 영어 교육, 조기 유학, 영어 점수에 목매달기 등이 기승을 부렸다.

영어 능력을 지나치게 우대하는 사회 풍조가 형성되면서 영어 낱말이 공적, 사적 대화에서 주요 어휘를 구성하고 한국어는 토씨로만 전락하는 현상이 학계와 산업계를 중심으로 퍼졌다. 특히 1997년 외환위기는 세계 경제 무대에서 살아남으려면 영어 능력이 우수해야 한다는 맹신을 더욱 강하게 굳혔다. 영어 교육이 불필요한 것은 아니지만, 지나치게 영어 능력만을 강조한 결과 여타 학문이나 교양 습득의 필요성이 낮게 평가되었으며 대학의 강제 영어 강의 도입 등 이후 나타나는 부작용으로도 이어진다. 상대적으로 국어 교육은 뒷전으로 밀려났고, 국민의 국어 정체성과 국어 감수성 또한 약해졌다. 다른 무엇보다도 우리의 대화에서 영어 낱말이 주요한 어휘의 자리를 차지하게 되고, 결국 행정과 산업 등 국민의 생활과 밀접하게 연결된 공공 언어 영역에서도 영어 낱말과 영어 줄임말 등을 남용하여 국민의 정보 격차를 넓히고 있다.

경쟁 격화가 강자의 언어 따라하기 불러

마지막으로, 사회 전반에 경쟁 지상주의가 흘러넘치면서 혹시라도 뒤처지면 어쩌나 하는 배제의 공포가 사람들을 지배하게 되었다. 1997년의 외환위기로부터 촉발된 경제 침체, 기업 구조 조정, 실업의 증대, 조기 퇴직, 양극화 확대 등은 배려와 존중의 문화보다는 처절한 약육강식의 정글 문화를 조장하였다. 역설적이지만, 2000년대 중반부터 '배려'라는 말이 유행한 사실이 이를 잘 보여준다. 이런 사회 분위기는 강자와 권력, 부에 대한 맹목적 추종을 정당한 사회 질서로 정착시켰으며, 강자의 편에 선 언어문화를 퍼뜨렸다. 사이버 공간에서 인기를 끄는 강자의 언어, 방송에서 튀는 강자의 언어, 영어를 마구 섞어 쓰는 강자의 언어에 편승하지 않는다면 약자로 전락할

지도 모른다는 두려움이 개성과 품격이 살아 있는 언어 대신 획일적인 유행어 쏠림을 키웠다.

영어, 신조어, 유행어 등에서 뒤처진 사람이 배제당하는 사회 분위기는 청소년 또래 집단으로도 그대로 번졌다. 왕따질이나 폭력을 주도하는 청소년들이 주로 욕설, 거친 말, 줄임말 등을 많이 구사함으로써 강자의 흉내를 내고, 왕따라는 배제의 공포를 느끼는 청소년들이 너도나도 이를 따라 하면서 청소년 언어문화 역시 급속도로 나빠졌다. 특히 부모의 언어폭력과 과중한 학업 부담은 청소년의 언어문화를 극단적인 폭력 언어로 내몰고 있다.

이렇듯 1980년대 후반부터 30년 동안 일어난 자유화, 정보통신혁명, 세계화, 경쟁 격화라는 네 가지 사회 변화 속에서 영어와 거친 말은 '민족 정체성'과 '어문 규범'의 권위를 몰아내고 우리말의 주인 자리를 차지하였다. 영어 남용과 거친 말 증대 현상이 대화 상대방을 무시함으로써 존중과 배려의 문화를 가로막고 의사소통에 벽이 되며 공동체의 결속에도 심각한 악영향을 끼친다는 점은 누구라도 부인하기 어렵다. 사태가 이 지경에 이른 까닭으로 나는 '자유'에 관한 우리 사회의 편협한 해석을 꼽고 싶다.

자유에 대한 편협한 해석이 갑질공화국 불러

1980년대 후반부터 우리 사회가 추구한 자유는 모든 시민의 존엄함을 평등하게 보장하는 수단으로 작동하지 못했다. 언론, 출판, 집회, 결사 등 표현의 자유와 양심의 자유, 학문과 예술의 자유는 여전히 제약이 많았다. 오늘날이라면 상상하기 어렵지만, 소설《즐거운 사라》를 쓴 마광수 교수는 음란한 문서를 제조하고 판매한 죄로 법의 심판을 받아야 했다. 합법적인 노조활동조차 탄압받기 일쑤였는지라 많은 노동자가 스스로 목숨을 끊어 항의하기도 했다. 이 자유는 주로 시장의 자유로, 무한경쟁과 약육강식의 자유로 해석되었고, 1997년 외환위기 때문에 이런 해석은 더욱 큰 힘을 얻었다. 개인의 자유를 보장하려면 어떤 개인이나 특권층이 사회를 제멋대로 지배할 수 없도록 법적인 규제 장치와 사회적 견제를 활성화해야 한다. 하지만 시장의 자유, 경쟁의 자유를 중시하던 사람들은 무슨 규제든 죄악시하면서 경쟁의 자유를 무한대로 인정하는데, 그러다 보면 모든 구성원의 자유보다는 경쟁력이 센 강자의 자유만 보장하는 결과를 낳는다. 일등만 기억하는 더러운 세상, 갑질 공화국으로 떨어지는 것이다. 우리 사회에 표현의 자유는 아직도 몹시 부족한 반면 이런 강자의 자유는 흘러넘치게 되었다.

게다가 정부 기관의 공공 언어나 정치인들의 막말을 제외한다면 문제점이 나타나는 영역이 대개 민간의 사적 영역이기 때문에 누구든 함부로 간섭하기 어렵다고 느끼는 점이 문제를 더 키웠다. 옛날 권위주의 시절처럼 무언가를 규제하는 행위는 '표현의 자유'나 '창작의 자유'와도 대립할 소지가 커졌다. 이는 그 전에 국가가 주도한 강제적 국어순화가 치러야 할 대가였다. 1990년대에 영어가 득세한 까닭도 세계화라는 커다란 배경이 있기는 했지만, 기본적으로는 그 이전의 권위주의와 포개어진 민족주의에 대한 반발에서 찾을 수 있다. 영어로 말을 하든 은어나 외계어로 말을 하든 왜 간섭이냐는 생각이 1970년대 국어순화 정책이 내걸었던 보수적 민족주의에 대한 반대 편향으로 등장한 것이다.

병든 자유주의 극복에 민족주의는 역부족

1990년대를 거치면서 자유를 중시하는 경향은 국어생활에서도 표현의 자유와 맞물려 사회적 힘을 얻었지만, 시간이 지남에 따라 그것은 '센 놈'에게만 말할 자유를 주는 한계를 드러내었다. 민주화로 얻은 자유가 누구에게나 인간의 존엄성을 보장해준 이상으로 힘센 자들, 돈 있는 자들에게 제멋대로 할 수 있는 특권을 훨씬 많이 부여해준 것처럼 말이다.

1990년대부터 우리 국어 운동은 이같이 병든 자유주의와 맞서야 하는 상황이었다. 영어든 거친 말이든 자기 마음 내키는 대로 내뱉겠다는 이 병든 자유주의는 군사독재의 일그러진 민족주의에 반발하여 생겨난 병리였다. 그런데 그 발병 원인인 민족주의로 다시 그 병을 고치고자 했으니 어디 약발이 먹혔겠는가? '겨레를 살리고 나라를 빛내기 위해 우리말과 한글을 지키고 사랑해야 한다'는 논리는 이미 독재자가 개인의 말할 자유를 억압할 때 수없이 틀어대던 유행가였는데 말이다.

민족주의자들은 신라 때부터 힘센 나라의 말글을 배우고 알면 남보다 빨리 출세하고 더 잘 살 수 있다는 이기주의, 사대주의가 이어져 오늘날 영어 숭배로 나타난다고 비판을 멈추지 않았다. 하지만 "살아남기 위해, 성공하기 위해 언젠가는 사용할지도 모를 영어를 많이 배워두고 이를 실생활에서 자주 쓰는 게 왜 문제냐? 심각한 양극화가 삶을 짓누르는 마당에 '민족'이 나에게 밥을 먹여줄 거냐, 내 미래를 보장해줄 것이냐?"라는 질문에 민족주의의 논리로는 대꾸하기 어려웠다. 자기 멋대로 말하고 싶은 언중에게 미주알고주알 훈계하는 민족주의는 또 다른 권위주의로만 해석될 뿐이었다. 이런 사회 분위기 속에서 국어 환경의 자유화이자 천박화가 빠르게 진행된 것이다.

자유주의 국어 철학이 보수적 민족주의 국어 철학의 문제점에 반발하여 자연스레 나타났던 하나의 조류였다면 이제는 이 둘의 한계를 넘어서는 철학이 필요하다. 그것은 대한민국이라는 민주공화국을 더욱 바람직한 공동체로 발전시키기 위해 언어의 공공성을 높이고 시민들 사이의 관계를 더욱 바람직하게 만들어갈 말 문화의 철학이어야 한다. 인권과 민주주의를 지키고 발전시키기 위해 국어 환경의 이모저모를 살피고 바꿔 가려는 생각이어야 한다. 나는 국민의 알 권리를 보장하는 '쉬운 공공 언어', 시민의 정치 참여를 보장하는 '시민적 예의'가 새로운 철학을 실현할 두 축이라고 믿는다.

우리말과 한글은 우리 민족의 것이라서 중요한 것만은 아니다. 대한민국이라는 국민국가를 세우고 다져오는 데에는 다른 나라와 우리를 구별하기 위해 우리 민족의 자산을 제대로 찾고 보존하고 계승하는 일이 매우 중요했다. 그렇지만 어느 정도 그런 틀이 잡힌 지금, 언어는 민족 정체성을 넘어서서 생활의 질을 규정하는 문제로 다가온다. 좀 있어 보이는 말 앞에서 우리는 착시를 일으켜 사태를 제대로 보지 못할 때가 많다. 과거에는 일본에서 건너온 어려운 한자어가 이런 착시를 일으켰고, 지금은 영어가 그런 구실을 한다. 이제 영어 남용과 한자 맹신의 문제점을 '민족주의'가 아닌 '민주주의'의 관점에서 짚어보자.

5부.

영어, 그 지나침이
고통을 주기에 비판한다.

1장.
'사대주의'라는 말로는
비판할 수 없는
영어 남용

출근길, '스크린 도어'가 열리면 지하철을 탄다. 회사에 도착하면 '클라이언트'와의 '미팅'이 기다리고 있다. '클라이언트'의 '니즈'를 파악하고 '네고'를 하는데 서로 '솔루션'이 없어 일단 '홀드'하기로. 과장은 '팔로우 업' 잘 하라고 지시한다. 주말 아침 늦게 일어나 '브런치'를 먹고 가족들과 함께 '쇼핑'을 하러 '마트'에 간다. '하이브리드 카'다. '내비게이션'을 켠 후 집 근처의 '스쿨 존'을 지나 홍제 '램프'로 들어간다. '파킹'을 한 뒤 '카트'를 끌고 '무빙 워크'를 타고 '쇼핑'을 하다가 '푸드 코트'에 들러 '테이크 아웃 커피'를 산다.

주위에서 흔히 들을 수 있는 영어 낱말들이다. 우리 사회가 막말이나 신조어에 대해서는 윤리의 잣대를 들이대지만, 영어 남용에는 꽤나 너그럽다. 아니, 받들어 대접한다. 영어와 한국어에 대한 우리 한국인들의 의식을 한 번 정리해보자.

	영어	한국어
사회적 지위	상류	중, 하류
재산 상태	부자	서민
가치1(인간 관계)	새로움, 혁신, 진보, 자유	낡음, 정체, 보수, 규제
가치2(민족 문제)	개방, 세계시민	폐쇄, 국수주의

영어 능력에 따른 격차의 정당화

아래 스무 개의 영어 낱말은 내가 매우 존경하는 어느 박사님이 1시간 30분짜리 대중 강연을 하면서 사용하신 말이다. 이 가운데 어떤 낱말은 한두 번, 어떤 낱말은 대여섯 번을 쓰셨다.

포지션, 프레임, 팩트, 콘센서스, 미션, 커버리지, 트랙, 워딩, 안티, 포퓰리즘, 팁, 슬로우, 노하우, 니즈, 가이드라인, 키워드, 브랜드, 인프라, 시스템, 힐링.

그 박사님은 꽤 진보적인 성향이신지라 못 배운 사람들을 염두에 두고 말씀하실 줄 알았는데, 비록 양의 차이는 있지만 보수적인 학자들과 이 점에서는 크게 다르지 않았다. 사실 정치적 성향을 떠나 공적 생활에서나 사적인 자리에서 우리말에 영어 낱말을 섞어 대화하는 장면이 이제는 그리 낯설지 않다. 의상, 광고, 정보통신, 마케팅

쪽에서 일하는 사람들을 만나보면 전문용어가 아닌 일상어를 영어로 쓰는 걸 참으로 자주 볼 수 있다. 앞에서 예를 든 스무 개의 낱말 가운데에도 전문용어는 하나도 없다. 모두 일상어이고, 우리말로 바꾸어 쓸 수 있는 말들이다. 아니, 우리말로 쓰던 걸 영어 낱말로 바꾸어 말했다고 표현하는 게 옳을 터이다.

누가 이렇게 영어를 섞어 쓸까? 첫째, 잘난 체하고 싶어 하는 사람들이 공부한 티를 내려고 영어를 섞어 쓰고, 이런 걸 따라 하려는 사람들이 있다. 둘째, 옆 사람들이 다 그렇게 사용하니까 물이 든 사람들이다. 위의 박사님은 여기에 속한다. 셋째, 언어 능력이 떨어져서 외국 생활에서 몸에 밴 영어를 한국어로 바로바로 전환하지 못하는 사람들이다. 문제는 주로 첫째 부류의 사람들이 일으키고 있지만, 보이는 현상에는 나머지들도 책임이 있다.

그렇다면 어떤 문제를 일으키는가? 영어 능력에 따른 격차를 정당한 것으로 치장하고 이를 더욱 부추긴다. 그래서 지식이나 알 권리의 격차뿐만 아니라 먹고 사는 지위의 격차를 정당화한다. 그러면 영어 실력이 출세를 결정한다고 믿고 영어에 목을 매는 풍조가 굳어간다. 곧 영어 공부에 유리한 성장 배경을 지닌 사람이 무조건 유리한 환경이 자리를 잡는다. 조기유학, 사교육 등에 의존할 수 있는 재력을 지닌 사람들이 절대적으로 유리한 세상이 되는 것이다.

사대주의가 이제는 실용주의라고 해석되어

지금까지 내가 국어운동을 하면서 만난 선배들 가운데 많은 분은 과거의 한자 사대주의가 영어 사대주의로 바뀌었음을 지적하면서 이 사대주의를 고쳐야 한다고 주장하셨다. 선배님들의 오랜 실천에서 나온 결론이므로 나 또한 공감하는 편이다. 그러나 '사대주의'가 문제의 본질과 크게 다르지 않음에도 사대주의라는 표현은 세계화 시대를 살아가는 오늘날 우리 국민에게 호소력이 매우 약하다. 아니, 비판과 설득의 틀로서는 부적절하다.

사대주의란 '주체성이 없이 세력이 강한 나라나 사람을 받들어 섬기는 태도'를 뜻한다. 그런데 다들 주권국가를 수립하여 세계 여러 나라와 교류하며 살아가는 현대 사회에서 예전 같은 노골적인 사대 행위는 드물기도 하려니와 예전 같으면 사대주의로 비칠 행동이나 생각들도 요즘에는 경제력, 군사력이 강한 나라를 잘 활용하는 문제 정도로 해석되기 때문이다. 즉, 본질에서는 과거의 사대주의와 다르지 않음에도 사람들은 이런 태도를 이제는 '실용주의', '실리주의'로 받아들이고 있다. 나는 이 실용주의가 '경쟁력'이라는 명분으로 우리 국민을 너무 괴롭힌다고 본다.

어느 곳이든 사회 운영의 두 축은 '경쟁'과 '협력'이다. 우리나라에서 영어의 집권은 국민 정서와 가치관이 '경쟁' 쪽으로 심하게 쏠린 사정과 맞물려 있다. 한편으로는 능력과 업적만을 인정하는 능력주의가 강해졌고, 다른 한편으로는 공동체 의식이 약해졌다. 물론 능력주의와 공동체 의식은 어느 하나가 다른 하나를 완벽하게 잡아먹을 수 있는 것은 아니다. 이 둘은 과거에도 공존했고 지금도 공존한다. 다만 그 힘의 관계가 능력주의 중심으로 뚜렷하게 기운 것이다. '함께 사는 데 투자하기보다는 나를 위해 투자하라!' 이것이 요즘의 구호다.

능력주의가 능력만능주의로 치달을 정도로 경쟁과 성과를 강조하는 정서가 강해진 사연은 1980년대 후반의 정치적 자유화, 1990년대 중반의 세계화, 1997년의 외환위기 등과 복잡하게 끈을 맺고 있다. 자유화의 부정적 결과로 공동체 의식이 약해지고, 경쟁이 심해지면서 능력대로 줄 세우는 풍조가 나날이 강해진 것이다. 수출이 주도하여 경제 성장을 이룬 우리의 최근 역사에서 영어 능력은 세계화 신화와 맞물리면서 다른 무엇보다도 가장 중요한 능력, 성과를 보장하는 선발 기준으로 굳어 버렸다.

오늘날 개인과 나라가 발전하기 위하여 영어 능력을 비롯한 외국어 능력이 필요하다는 주장 자체를 비판할 사람은 거의 없다. 물론 영어가 최고의 경쟁력이라고 생각하지는 않지만, 나도 그런 식으로 무식하게 비판하지는 않는다. 나의 비판은 그 경향이 지나치다는 점, 그 지나침 때문에 사회에서 불공정과 차별, 배제가 더 심해지고 공동체가 무너지고 있다는 점에 맞춰진다. 그런데 이 지나친 쏠림을 '사대주의'라고 공격하는 순간 그 화살은 "그럼 외국어 배우지 말고 외국과 교류하지 말고 쇄국정책 쓰면서 살자는 말이냐?"는 황당한 반론으로 돌아오기 쉽다.

　강자의 문물, 강자의 언어, 강자의 생각만을 최고로 여기는 이 능력만능주의 세태가 분명 사대주의와 비슷한 구석을 가지고 있는 것만은 사실이다. 하지만 영어 쏠림이 모든 국민을 강자의 자리를 향한 무한경쟁으로 몰아넣기 때문에, 나는 지나친 경쟁이 부르는 '차별, 배제, 고통'이라는 틀로 언어 문제를 보는 게 지금은 더 적절하다고 생각한다. 영어 사용을 두고 주체성이 있네 없네, 사대주의네 아니네 시비하다가는 자칫 따돌림당할 위험이 크다.

　사대주의라고 비판하는 태도가 지나치면 우리말글에 대한 자부심조차 자칫 '우리말글은 세계 최고'라는 식의 국수주의로 비뚤어질 위험이 있다. 세계의 모든 말은 높고 낮음이 없다. 다양할 뿐이다. 한글이 우수한 표음문자라는 점은 분명 자랑거리이지만, 이를 너무 내세우는 경향도 패권적 민족주의로 흐를 위험이 있음을 경계해야 한다.

　나는 영어 남용 세태가 영어 능력의 격차에 따라 국민을 줄 세울 위험이 매우 크고 국민의 알 권리를 침해하기에 이를 바로잡고자 한다. 다시 말해 영어가 외국 언어이기 때문에 비판하는 것이 아니라 우리 국민에게 많은 고통을 주기 때문에 비판하는 것이다. 또한, 장기적으로 이런 세태가 우리말 대신 영어를 선호하는 경향을 더욱 부추겨 결국 영어는 상류 고급 언어, 한국어는 하류 저급 언어의 지위를 굳힘으로써 외국 유학을 다녀올 수 있는 재력을 지닌 사람과 그렇지 못한 사람 사이에 매우 근본적인 차별을 만들어낼 것이기에

이 영어 쏠림을 비판한다. 대한민국이라는 공동체를 무너뜨리기 때문에 영어 남용을 바로잡으려는 것이다. 우리는 대한민국이라는 민주공화국에서 모든 국민이 서로 막힘없이 의사소통하는 것을 가장 중요한 덕목으로 삼아야 한다.

쉬운 외국어 낱말일지라도 이를 남용하면 곧 낯선 외국어도 거리끼지 않고 사용하게 되며, 이는 외국어를 잘 모르는 국민을 차별하는 결과를 낳는다. 디지털은 이제 디지털 디바이드, 디지털 리터러시와 같은 말을 끌어들이고 있다. 외국어는 혼자 들어오지 않는다. 함께 살아가는 공동체의 구성원이라면 주고받는 말 속에서 상대방의 학력과 외국어 능력 때문에 상대방이 어떤 수치심이나 모멸감을 느끼게 만들어서는 안 된다. 전문 지식의 소통 때문에 불가피하게 그런 말을 사용하는 게 아니라면, 매우 사적인 대화나 전문 영역을 벗어난 곳에서는 우리말로 풍요롭게 대화하는 능력과 태도를 길러야 한다. 이것이 민주공화국의 시민으로서 지녀야 할 타인에 대한 배려다. 시민의식의 출발점이다.

2장.
국어사전에 있는 영어는
모두 외래어인가?

컴퓨터, 디지털, 모바일, 팩트, 체크 따위의 말은 외래어일까, 외국어일까? 영어를 남용하지 말자고 하면 으레 "외래어는 우리 낱말 가운데 하나니까 써도 되는 거 아니냐?"는 반문이 돌아온다. 우리는 과연 외래어와 외국어를 구분하고 말하는 걸까? 어디서 우리 낱말 가운데 외래어로 판정이 난 낱말의 목록을 본 적이 있었는지 한 번 되짚어보자. 이상하게도 난 없다.

외래어 개념 정의 의심해봐야

2008년 1월, 이명박 대통령직 인수위원회에서 이경숙 위원장이 오렌지를 '어륀지'로 발음해야 한다며 영어몰입교육 도입을 제안했다. 수학이나 사회, 과학 수업을 영어로 하자는 것이었다. 바야흐로 영어가 교육에서 우리말을 몰아내는 상황이 펼쳐질 참이었다. 이 일이 있기 5개월 전부터 한글문화연대는 전국의 2천여 동사무소 이름을

'동주민센터'로 바꾸는 정부 방침에 맞서 싸우고 있었다. 'Hi Seoul, Dynamic Busan, Colorful Daegu' 등 거의 모든 지방자치단체의 구호가 영어인 마당에 2천 개가 넘는 풀뿌리 행정기관의 이름에까지 영어가 들어간 것이다. 대한민국의 행정기관으로서는 수가 가장 많고 주민과 가까운 거리에 있는 곳에 굳이 '센터'라는 외국어를 붙여야 하느냐는 게 우리의 반대 이유였다. '동주민누림터', '동주민터', '주민 세움' 등 새로 이름을 짓는 일이 불가능하지 않건만 당시 행정자치부는 꼼짝도 하지 않았다. 우리는 주말마다 대학로에서 거리 서명 운동을 펼쳤고, 국민 의견을 묻는 설문 조사를 하여 텔레비전 뉴스에 내보내기도 했다.

나는 이 싸움을 이끌면서 매우 놀라운 사실 한 가지를 알게 되었다. 우리 사회에 외래어와 외국어의 구분 기준이 없다는 것이었다. 대한민국 행정기관 이름에 왜 굳이 '센터'라는 외국어를 붙이려 하느냐는 나의 비판에 '센터'는 표준국어대사전에도 올라 있는 외래어이며, 외래어는 한자어, 고유어와 함께 우리 국어 낱말의 한 가지이니 문제 될 게 없다고 행정자치부는 답했다. 과연 그럴까 싶어 찾아보니 정말로 '센터'라는 말이 《표준국어대사전》에 버젓이 올라가 있는 게 아닌가.

행정자치부 직원이 내게 디민 외래어의 정의는 우리 세대가 초중등교육에서 배웠던 외래어 정의와 정확하게 일치한다. 외국에서 들어온 말로 국어처럼 쓰이는 단어가 외래어고, 그 예로 버스나 라디오, 피아노 따위가 있다. 특히 우리말로 대체할 단어가 마땅치 않아서 어쩔 수 없이 외국에서 들어온 말을 사용해야 하는 불가피성이 국어 낱말의 한 줄기로서 외래어와 외국어를 가르는 기준이라고 배웠다. 그런데 '센터'라는 말이 언제 그런 지위를 얻어서 국어사전에 올라갔단 말인가? 다른 모든 변명을 제쳐놓고 국어 낱말을 모아놓은 국어사전에 올라가 있다면 이를 국어의 하나로 보아야 하는 것 아니겠는가?

나는 국립국어원에 전화를 걸어 '외래어'와 '외국어'를 가르는 기준이 무엇이냐고 물었다. 결론적으로 말하자면 국어심의위원회에서 외래어 여부를 심의하여 결정해야 하는데, 1990년대 이래 단 한 번도 외래어를 심의한 적이 없다는 답이 돌아왔다. 즉 영어가 물밀듯이 밀려 들어와 한국어의 자리를 빼앗던 그 20여 년의 세월 동안 외래어와 외국어를 가르는 어떠한 책임 있는 사회적 결정도 없었던 것이다. 그렇다면 '센터'라는 말은 왜 표준국어대사전에 올라갔단 말인가?

2006년부터 국립국어원장을 지낸 이상규 교수(경북대 국문학)에 따르자면, 그것은 1990년대 초반에 국어사전 편찬 작업을 국가가 가져가 표준국어대사전을 부리나케 만들던 과정에서 여러 작업자가 임의로 사전에 올린 외국어 가운데 하나였다. 내가 찾아본 바로도 게스트(guest), 가비지(garbage), 가이드라인(guide line), 고스트(ghost), 테크닉(technic), 텐션(tension)과 같은 영어 낱말이 표준국어대사전에 버젓이 올라 있었다. 이상규 교수는 그런 외국어가 2만 개가 넘는다고 밝혔다. 참으로 어처구니없는 사정이었다.

외국어가 우리말 몰아내고 외래어 자격 얻어

이런 사정을 들어 행정자치부를 다시 비판하자니 우리나라 국어계 전체의 후진성과 나태함을 드러내야 하고, 그런 행동은 국어계의 논란을 부르는 일인지라 그럴 수도 없었다. 우리 한글문화연대는 거의 일 년 가까이 서명운동과 일인 시위를 하며 싸웠지만, 전국 2천여 곳이 넘는 동사무소를 주민센터로 바꾸는 일을 막지 못했다. 이명박 정부의 영어몰입교육 정책을 쉽게 물리친 사실에 비한다면 투자 대비 효율이 너무 낮았다. 난 그 원인 가운데 하나가 바로 외래어와 외국어에 관한 우리 사회의 오해라고 생각한다. 행자부 공무원이 '센터'를 외래어로 받아들이지 않았다면, 이 정책을 세운 사람이 애초에 그런 분별력을 지니고 있었다면, 우리가 아무 성과도 거두지 못하고 힘만 빼는 싸움을 펼칠 일도 없지 않았겠는가.

그런데 놀랍게도 국어운동을 하는 사람들이나 국어학자, 국어정책 관계자들 사이에서도 외래어와 외국어를 제대로 구별하여 말하는 사람이 그리 많지 않다. 그 방증으로 '외래어 남용'이라는 말을 사용하는 사람들이 많다는 점을 들 수 있다. 아니, 외국어도 아니고 우리말의 한 갈래인 외래어를 사용한다는 게 왜 문제냐, 게다가 우리말을 지나치게 사용한다니 무슨 뜻이냐는 반론을 부를 수밖에 없다. 당연히 '외국어 남용'이라고 해야 할 일이다. 이런 혼란은 4대 어문규범 가운데 하나인 '외래어표기법' 때문에 생겼을 가능성이 크다. 외래어표기법은 외국에서 들어온 말이나 외국어를 한글로 어떻게 적을 것이냐는 기준을 정한 규범인데, 여기에는 외래어와 외국어 용례가 마구 뒤섞여 있다.

외래어와 외국어의 구분 기준이 모호하고 누구 하나 외래어 목록을 정리하여 발표하지 않으니 이 혼란과 허술함을 틈타 많은 외국어가 우리말을 몰아내고 외래어라는 시민권을 얻게 된다. 즉, '대체할 말이 없는 외국어'가 외래어가 되는 게 아니라 일부 영어족이 마구 사용하는 외국어가 우리말을 몰아내고 외래어라는 지위까지 얻어간다는 말이다. 시간이 조금만 흘러도 그 외국어를 대신할 우리말은 다시 살려내기 어려운 낯선 말이 된다. '마인드'라는 말은 인사 평가 분야에서는 이미 '심성'이라는 말을 완전히 몰아냈고, 누군가 마인드 대신 심성이라는 말을 사용한다면 말하는 이나 듣는 이나 모두 어색한 느낌을 받을 것이다. 시너지라는 말은 '상승, 용오름' 정도로 쓸 수 있는 말인데 다들 시너지 효과라고 쓰는 바람에 상승효과라는 말이나 용오름은 죽은 말이 되고 만다. 그러면 사람들은 시너지를 사전에 올리고 시너지가 외래어가 되었다고 주장할 것이다.

너무 다양한 뜻으로 쓰이는 외국어 낱말

이런 문제점에 더하여 또 하나 짚고 갈 게 있다. 앞서 외래어는 우리말에서 대체할 말이 마땅치 않은 외국어로서 널리 우리말에 쓰여 굳어진 말이라고 했는데, 여기서 '대체할 말'이라는 규정에 감추어진 함정을 조심해야 한다. 하나의 외국어가 우리말에서 너무 다양한 뜻으로 쓰이는 바람에 어떤 한 가지 뜻은 대체할 수 있지만 다른 쓰임새는 만족하게 해주지 못하여 사람들이 받아들이지 않는 일이 일어나기 때문이다. '콘텐츠'의 대표 번역어는 '내용물'인데, '디지털 콘텐츠'를 '디지털 내용물'이라고 하자니 너무도 어색한 것이다.

'센터'가 바로 그런 경우다. 우리가 학교에서 영어 공부할 때 익힌 센터의 뜻은 '중심'이다. 그런데 동그라미의 중심이나 세모꼴의 중심처럼 눈으로 확인하기 쉬운 중심도 있지만, 눈으로 확인하기 어려운 매우 다양한 공간적 중심이나 일의 중심도 있다. 영어에서는 그걸 센터라고 부르는 게 자연스러웠나 보지만 우리는 그런 중심을 다른 낱말로 표현했었다. 민원센터는 '민원창구', 보안센터는 '보안본부', 복지센터는 '복지관' 따위로 말이다. 그런데 카센터, 애견센터, 미용센터 등 아무 곳에나 다 센터라는 말을 붙이다 보니 어디에서는 대체하여 쓰기에 마땅한 말이 어느 곳에서는 잘 어울리지 않는 일이 일어난다. 그러면 사람들은 우리말 사용을 거부하게 되고, '센터'는 반드시 '가운데, 중심'이라는 뜻이 아닐 때도 붙일 수 있는 모호한 말이 되어버린다. 물론 '주민센터'라는 이름을 지은 사람이 이런 논리적 추론 과정을 거쳤다기보다는 마케팅 차원에서 이 말을 붙였겠지만 말이다. 센터를 대신할 우리 토박이말로 '가온'이 이런 뜻을 지닌 낱말이지만 최근 들어서야 조금씩 다시 사용되는 말인지라 이 당시에는 그럴 힘이 없었다.

이처럼 외국어 가운데에는 매우 다양한 뜻으로 사용하고 있어서 어떤 하나의 대체어로 바꾸기 어려운 말들이 있다. '시스템'도 그런 말 가운데 하나다. 우리말에서는 '체계, 체제, 틀, 조직, 구성' 등을 쓰던 곳에 이제는 모두 시스템이라는 말을 갖다 붙인다. 대개는 정확한 번역이 불가능하여 외국어 낱말을 그대로 사용하는 게 아니라 좀 있어 보이려는 화장발 의도로 이런 말을 사용하다 보니 너나없이 그런 말을 쓰게 된다. 이런 외국어 남용이야말로 문장의 뜻을 모호하게 만들어 의사소통에 어려움을 줄 뿐이다. 내가 그런 모호함을 많이 느끼는 말은 다음과 같다.

콘텐츠(내용, 목차, 저작물, 디지털 콘텐츠), 프로그램(일정, 계획, 순서, 컴퓨터 프로그램), 플랫폼(승강장, 협업 환경, 플랫폼), 시스템(체계, 체제, 조직, 컴퓨터 시스템)

모호한 외국어를 마구 붙일 게 아니라 우리말로 표현할 수 있는 외국어는 우리말을 쓰고, 외국에서 들어오는 새로운 개념도 빨리 우리말로 이름을 지어주면 소통에 어려움을 주지 않는다. 예를 들어 '북마킹'이라는 말은 초기에 '즐겨찾기'라는 말로 바뀌어 정착하였고, '네티즌'은 '누리꾼'이라는 말과 함께 쓰이다가 요즘은 누리꾼이 월등하게 널리 사용된다.

외래어 개념은 폐기해야 할 수도

어쩌면 낱말을 어원에 따라 나눌 때 이제 외래어라는 갈래는 없애야 할지도 모르겠다. 이런 개념은 민족국가의 경계를 중시하던 시절, 주민의 자유로운 왕래가 가능하지 않던 시절, 주민의 외국어 능력이 거의 백지 상태이던 시절에 새로운 문물이나 개념이 들어와 자리 잡는 과정을 설명하기 위해 사용한 말일 터이다. 하지만 지금은 전 세계가 거의 동시 생활권을 이루고 있다. 외국어 교육 수준도 근대 초기와는 비교할 수 없을 정도다. 즉, 우리 한국인도 영어를 상당히 많이 알고 생활에서 새로운 개념의 영어 낱말을 쉽게 접하여 옮기고 사용하는 상황이라는 뜻이다. 한국어 낱말도 쓰지만 영어 낱말, 일본어 낱말, 프랑스어 낱말, 중국어 낱말을 사용한다. 그것들이 굳이 우리말 낱말로 편입되어 이중 국적을 지닐 필요는 없다. 하나의 낱말을 모어 사용자도 쓰고 외국 사용자도 쓸 뿐이다. 그런 말 가운데 어떤 말은 자기네 말로 바꾸어 쓰는 경우가 일어날 수 있고, 어떤 말은 그게 어려워 그냥 외국어를 사용하는 일이 벌어지는 것뿐이다.

그러니 외국어 남용을 줄이자고 할 때 그것은 그 낱말이 외국어냐 외래어냐 가릴 필요 없이, 우리말로 나타낼 수 있는 말은 반드시 우리말로 쓰자는 뜻이다. 특히 공공언어에서는 이런 원칙이 지켜져야 한다. 어쩌면 외국어를 사용하는 것이 문제가 아니라 외국어라는 인식이 사라지는 것이 문제다. 우리는 무심코 또는 일부러 외국어를 사용할 수도 있다. 외국어와 한국어를 섞어 쓰는 경우가 생길 수 있고, 그것은 매우 자연스러운 현상일 수도 있다. 하지만 외국어라는 인식이 사라지면 공공언어에서도 외국어를 남용하게 된다. 자기 사교계에서야 어떻게 쓰든 큰 문제가 아니겠지만, 공공언어에서는 다르다. 그건 반칙이다. 축구와 농구의 규칙이 다르다는 인식이 사라지면 축구공을 손으로 잡고 농구공을 발로 차게 된다.

3장.
나이 드신 어머니가 알아들을
공문서를 쓰라.

　방송 뉴스에서는 가끔 영어 낱말을 먼저 말한 뒤 우리말 설명을 덧붙이는 일이 아주 잦다. 예를 들어 "하이브리드 카 즉, 전기와 기름을 함께 사용하는 차의 국내 매출이 급신장하고 있습니다"하는 식이다. 상품의 이름뿐만 아니라 개념까지 영어로 제시하는 것은 현재 한국의 마케팅에서 필수다. 그래야 있어 보인다고 서로 굳게 믿고 있기 때문이다.

　문제는 정부와 언론에서 이런 외국어 개념을 그대로 받아주고 있다는 점이다. 매우 전문적인 용어가 아니라면 영어사전에 올라 있는 낱말 대부분은 우리말로 바꿀 수 있는데도 말이다. '빵', '고무', '라디오'처럼 개화기에 밀려 들어온 외래어와 '디지털', '인터넷'처럼 정보통신혁명기에 정신 차릴 틈도 주지 않고 자리 잡은 말을 빼면 실제 우리말로 바꿀 수 없는 외국어는 거의 없다. 니즈(needs), 리스크(risk), 팩트(fact), 포지션(position), 프레임(frame), 미션(mission), 워딩(wording), 가이드 라인(guide line), 인프라(infra), 힐링(healing) 들과 같이 우리나라 지식인이나 정치인이 자주 사용하는 모든 영어 낱말이 다 그렇다. 외래어가 아니라 주목받기 위해 사용하는 외국어일 뿐이다. 우리말이 있어야 할 자리를 이런 영어 낱말에 내어주니까 '외국어'가 '외래어'로 둔갑한다.

주목받으려고 쓰는 외국어

앞서 살펴보았듯이 정부와 언론 등 공공언어에서 영어를 남용하는 짓은 영어 사대주의라서 문제가 아니라 우리 국민 누군가에게 고통을 주기 때문에 문제다. 공적인 영역에서 영어를 남용하는 행태는 영어 실력이 좋고 나쁨에 따라 사람의 알 권리를 차별하는 결과를 낳는다. 그래서 억울한 사람은 영어 공부 더 열심히 하라고 전 사회가 쪼아댄다. 그러면 외국에서 공부하고 들어온 사람이 가장 유리하다. 결국, 외국에 유학 보낼 수 없는 저소득층과 그렇지 않은 고소득층이 확연히 나누어져 완벽하게 대물림되는 나라가 미래의 대한민국이다. '콘센서스'라는 영어 낱말을 모르는 99%의 국민을 앞에 놓고 "국민과 콘센서스가 중요하다."라고 말하는 정치인은 민주공화국이라는 정치 공동체마저 무너뜨리는 것이다. 영어 남용은 영어가 외국어라서 문제인 게 아니라 그 지나친 쏠림이 대한민국이라는 공동체의 구성원들을 차별하고 배제하고 고통에 몰아넣기 때문에 문제인 것이다.

그런데 정부나 언론의 외국어 남용을 규제하는 법률은 없다. 다만

2005년에 만든 국어기본법 제14조 ①항은 정부의 공문서 문자 표기에 관해 다음과 같은 규정을 두고 있다. "공공 기관 등의 공문서는 어문규범에 맞추어 한글로 작성하여야 한다. 다만, 대통령령으로 정하는 경우에는 괄호 안에 한자 또는 다른 외국 글자를 쓸 수 있다." 즉, 본문에서 괄호 속에 넣는 말이 아닌 모든 말은 한글로 적어야 한다는 뜻이다. 하지만 국어기본법이 있음에도 정부 보도자료에서 법을 어겨가며 문서에 외국 글자나 한자를 그대로 드러내는 일은 매우 흔하다. 처벌 조항이 없기 때문이다. 2012년부터 2016년까지 한글문화연대가 중앙정부의 석 달 치 보도자료 3천 건씩을 조사한 바에 따르자면 보도자료 하나에 3~4회꼴로 한글전용 원칙을 위반하는 것으로 드러났다. 로마자나 한자를 괄호 속의 설명어로 사용하는 게 아니라 문서 본문에 버젓이 적었다는 뜻이다. 영어로 표기한 게 대부분이고, 'R&D, MOU, first mover'와 같은 낱말이 그 주인공이다. 언론이나 시민이나 공무원이나 이런 영어 낱말을 굳이 써야 하느냐는 지적에 고개를 끄덕인다.

알기 쉬운 말과 한글로 공문서 써야

공문서 속 영문 표기는 영어 낱말을 그대로 적었든 머리말 약어를 적었든 모두 국어기본법 위반이다. 이와 같은 외국 문자 표기는 낱말과 표기 모두 우리말글로 바꿔야 하는 경우와 말은 바꾸지 못하더라도 한글로만이라도 적어야 하는 경우의 두 가지 방향으로 개선해야 한다.

예를 들어 'coffee break'는 커피 브레이크로 쓸 게 아니라 '휴식 시간'이라는 말을 사용하고 그렇게 적는 게 옳다. 자주 나오는 'R&D' 역시 알앤디가 아니라 '연구개발'로 적고 말하는 게 좋으며, 'MICE'처럼 머리글자 약어는 뜻을 전혀 알 수 없으므로 '전시박람회' 정도로 뜻을 풀어 표기해야 한다. 소리 나는 대로 외국어를 적어야 하는 말은 '버스', '디지털'처럼 이미 우리말에 가까워진 외래어라고 볼 수 있는 말이거나 '다이오드'처럼 매우 전문적인 분야에서만 제한적으로 사용하는 전문어일 수 있다.

'digital camera, 디지털 카메라, 디지털 사진기'와 같은 세 가지 경우를 보자면 '디지털 사진기'가 가장 쉽고 정확한 표현이므로 이를 사용하는 게 옳다. 이때의 디지털은 이미 외래어 수준으로 우리 생활에 가깝게 와 있어서 영어를 병기할 필요도 없는 말이다. 이와 달리 요즘 자주 등장하는 'governance'는 '협력하여 경영하거나 통치하는 방식'이라는 뜻인데, 이런 말은 굳이 쓸 필요가 없는데에도 사용하는 유행어에 속한다. 따라서 영문 표기나 '거버넌스'라는 한글 표기도 필요 없다. 공공언어에서는 '협치', '민관 협력' 등으로 적절하게 사용하면 될 일이지 굳이 이 말을 써야 할 정도로 오묘한 철학적 차이가 공문서에서 표현될 까닭이 없다.

공문서에 외국 문자를 사용하지 말고 국어기본법을 철저히 지키자고 권할 때 자칫 외국어를 음차만 하여 한글로 적으려는 시도가 늘어날 위험도 있다. 'I am a boy'를 '아이 엠 어 보이'라고 적는 식이다. 한글문화연대가 분석했던 석 달 치 정부 보도자료에서는 보도자료 한 건에 이런 쓸데없는 외국어 음차표기가 6~7회나 나온다. 시너지, 리스크 등과 같은 경우다.

이런 문제점을 개선하기 위해 2017년에 국어기본법 제14조 ①항의 앞 문장이 다음과 같이 개정되었다. "공공기관 등은 공문서를 일반 국민이 알기 쉬운 용어와 문장으로 써야 하며, 어문 규범에 맞추어 한글로 작성하여야 한다." 국민이 알기 쉬운 용어의 범위나 기준이 구체적으로 어떠하냐고 따진다면 사람마다 답이 다를 것이다. 우리나라에서는 중학교까지 의무교육이 이루어지므로 중졸 학력을 지닌 사람들이 평균적으로 알아들을 수 있는 말이어야 한다고 좀 더 구체적인 기준을 잡을 수 있겠다. 하지만 외국어 능력은 세대에 따라 엄청난 편차를 보이므로 '국민이 알기 쉬운 용어'에 우리말로도 쓸 수 있는 외국어가 끼어들 여지는 없다. 우선 공무원들은 자신이 쓴 글을 나이 드신 어머니께 읽힌다고 생각하고 글을 써야 한다. 그런 절실함이 있어야 영어 남용과 어려운 말 사용을 피할 수 있다.

공공기관의 안내문 1

공공기관의 안내문 2

4장.
'IMF'는
'외환위기'가 아니다.

　40~60대 중년층은 20년 전의 외환위기를 잊지 못한다. 어제까지 잘 돌아가던 회사와 거래처가 하루아침에 부도가 나고 은행이 문을 닫고 대기업들도 줄줄이 무너졌다. 항변할 틈도 기운도 없이 회사에서 쫓겨나 거리를 헤매는 실업자가 셀 수 없이 많았다. 갈 데가 없어 택시 기사로 취업한 사람들이 길을 못 찾아 손님과 시비가 붙는 경우도 매우 잦았다. 사람들은 이걸 '아이엠에프(IMF) 사태'라고들 불렀다.

　아이엠에프는 당시 우리가 부족한 외환을 메우기 위해 급전을 빌린 '국제통화기금(International Monetary Fund)'의 로마자 머리글자다. 세계무역 안정을 목적으로 설립한 국제금융기구다. 국제통화기금에서 195억 달러의 구제금융을 받으면서 기업과 금융의 구조조정이 진행되어 실업과 기업 도산이 증대했으므로 이를 '아이엠에프(IMF) 사태', 또는 더 줄여서 '아이엠에프'라고 불렀다. 요즘 젊은이들 가운데에도 어느 날 먹구름이 집안을 가득 덮었던 아이엠에프 때를 기억하는 이가 많을 것이다. 이처럼 이 참담한 사태를 기억하는 우리 국민에게 아이엠에프는 여전히 '외환위기'이지 '국제통화기금'은 아니다.

청소년 줄임말 쓰듯 국제 기구 이름 줄여 불러

정부나 언론에서 사용하는 용어에 외국어를 남용하지 말자는 주장에 공감하는 사람조차 'UN, EU, OECD, IMF, WTO' 같은 말에 이르면 의견이 갈린다. 국어기본법대로 해야 한다는 주장과 매우 익숙한 'UN' 정도는 예외로 해야 하는 것 아니냐는 식으로. 어느 의견이 옳으냐를 따지기 전에 먼저 말 줄임이 타당한지부터 살펴보자. 왜냐하면, 말 줄임에 대한 상반된 시선, 또는 이중잣대가 우리 사회에 존재하기 때문이다.

우리말이 망가진다는 지적이 나올 때마다 언론에서 가장 먼저 손에 꼽는 주범은 청소년의 줄임말이다. 외계어라고 부르는 청소년의 신조어는 긴 문장이나 명사 합성어의 머리만 따내어 만든 말이 대부분이다. 솔까말(솔직히 까놓고 말해서), 베라에서 생파(베스킨 라빈스에서 생일 파티), 버카충(버스 카드 충전), 넘사벽(넘을 수 없는 사차원의 벽) 들이 대표적이다. 아마 이런 말은 이미 낡아서 사라지고 새로운 말들이 태어나 그런 말을 모르는 세대와 소통의 벽을 쌓고 있을 게다. 요즘에는 아줌마들 사이에서도 먹방(먹는 모습 보여주는 방송), 볼매(볼수록 매력 덩어리), 문센(문화 센터), 꿀잼(꿀맛처럼 재미있다)과 같은 말을 사용하는 사람들이 점차 늘고 있다.

이와 같은 말 줄임 현상을 나쁘다고만 할 것인가? 길게 말하거나 적어야 하는 시간과 힘을 줄여주니 경제성이 높다고 주장할 수도 있다. 한국(대한민국), 한은(한국은행), 문체부(문화체육관광부), 여가부(여성가족부), 전경련(전국경제인연합회), 민노총(전국민주노동조합총연맹)과 같이 우리 눈과 귀에 익숙한 줄임말이 청소년 아닌 어른의 손으로 만들어져 이미 굳어졌고, 수도 없이 태어난다. 청소년을 욕할 까닭이 전혀 없다. 사실 소통에 큰 지장만 주지 않는다면 말 줄임은 언어생활에서 매우 자연스러운 경향으로 받아들여야 할 것 같다. 특히 현대와 같이 급변하는 융합 시대에 새로 등장하는 복합 개념의 말 길이를 생각한다면 피하기 어려운 현상일 것이다.

그렇다면 이런 관점에서 정부와 언론이 영어 줄임말을 사용하는 게 정당한지, 요즘 공문서나 정부 발표, 언론 보도, 사회생활에서 가장 자주 등장하는 국제기구인 '경제협력개발기구(OECD)'를 들어 이 문제를 생각해보자.

《한국민족문화대백과》에 따르면 경제협력개발기구는,

"영어로 OECD(Organization for Economic Cooperation and Deve-lopment)로 표기한다. 이 단체는 회원국 간 상호 정책조정과 정책협력을 통해 회원국의 경제·사회 발전을 공동으로 모색하고 나아가 세계 경제 문제에 공동으로 대처하기 위한 정부 간 정책 논의 및 협력기구다. …… 미국 마샬 플랜(Marshall Plan)의 성공적인 추진을 위한 유럽국가 간 협력을 위해 1948년 유럽경제협력기구(OEEC: Organisation for European Economic

Cooperation)가 설립되었으며, 1961년에는 미국·캐나다 등이 가입함에 따라 OECD로 확대, 개편되었다. 그 뒤 일본·호주 등이 가입하였고, 1994년 이후 멕시코·체코·헝가리·한국·슬로바키아공화국 등이 가입하여 2000년 말 현재 회원국이 30개국으로 확대되었다."

그런데 우리나라 성인 가운데 경제협력개발기구가 어떤 성격의 기구이고, 어떤 일을 하고 있고, 회원국은 어디 어디인지 하는 사정을 아는 사람이 얼마나 될까? 국제연합(유엔, UN)은 한국전쟁 참전 때문에 거의 다 알고 있겠지만, 경제협력개발기구를 아는 사람은 정말 10%를 넘지 않을 것 같다. 하물며 그 영어 줄임말인 'OECD'를 '경제협력개발기구'라고 풀어서 말할 수 있는 사람은 그 가운데 또 10%를 넘지 않을 것이다.

먼저, 정부 보도자료를 보면 아예 경제협력개발기구라는 말이 거의 보이지도 않을 정도로 'OECD'를 마구 사용하고 있다. 다음으로, 방송에서는 가끔 "오이시디, 즉 경제협력개발기구는 어쩌구 저쩌구" 하는 식으로 부르고 대개는 '오이시디'라고 영어 약자만 읽는다. 영어 우대에다 말 줄임 경향을 그대로 보여준다. 방송 자막에서는 여지없이 'OECD'로 적는다.

신문은 방송보다는 조금 나은 편인데, 크게 보아 세 가지 방식으로 적는다. 첫째는 '경제협력개발기구(OECD)'라고 처음에 적은 뒤 같은 기사 안에서는 영어 약자인 OECD만 적는 경우, 둘째는 영어를 앞세워 'OECD(경제협력개발기구)'라고 적고 같은 기사 안에서는 영어로 OECD만 적는 경우, 마지막은 우리말 이름 없이 모조리 영어로 OECD만 적는 경우다. 이 세 가지 유형의 기사에서 제목은 대개 영어로 OECD만 적는다. 본문에서는 처음 나올 때 딱 한 번만 경제협력개발기구를 적고 그 뒤로는 대부분 영어로 OECD만 적는다.

로마자 줄임말은 정보의 실마리도 못 줘

자, 한 번 생각해보자. 공문서나 언론에서 경제협력개발기구라고 적을 때와 OECD라고 적었을 때 읽는 이나 듣는 이의 의미 이해에 차이가 없을까? 그 기구가 무슨 일을 하는 곳인지 어렴풋하게라도 알 수 있는 이름은 OECD가 아니라 경제협력개발기구이다. '유럽연합과 EU', '국제통화기금과 IMF', '세계축구연맹과 FIFA' 모두 마찬가지이다.

정부와 언론은 국민의 알 권리를 보장해야 할 의무를 지므로 불편하더라도 줄임말을 사용하지 말고, 길더라도 되도록 뜻을 잘 전달할 수 있는 용어를 사용해야 한다. 국어기본법 이전에 소통을 고려하는 말을 사용하는 게 매우 당연한 자세다. 물론 이에 대한 반론도 있다. 첫째는 이름이 너무 길면 입력과 출력에서 경제성이 떨어진다는 것이고, 둘째는 세계 추세에 맞지 않는다는 비판이다. 또한, 너무 교조적인 태도 아니냐는 비판도 있다.

경제성부터 살펴보자. 글자를 적는 일로만 보자면 한글 타자에서 영문 타자로 바꾸었다가 대문자를 설정하고 입력한 뒤 다시 한타로 바꾸는 과정이 전혀 효율 높다고 할 수 없다. '경제협력개발기구' 여덟 자를 치는 게 영문 대문자로 'OECD'를 치는 속도에 전혀 뒤처지지 않는다. 대개의 언론인, 편집자들은 아마도 지면의 부족을 가장 큰 이유로 꼽을 것이다. 신문의 기사 제목이나 방송의 자막 공간은 매우 좁으므로 말을 줄이려 할 수밖에 없다. 물론 지나친 말 줄임은 자칫 '전달'이라는 목적까지 해칠 수 있으므로 그 자체를 무조건 인정할 수만은 없다. 하지만 공간 부족 때문에 불가피한 경우를 인정하지 않을 수도 없다. 그런데 문제는 그 말 줄임이 영어 중심으로 가고 있다는 점이다. '전국경제인연합회'를 '전경련'으로 줄여 부르듯 국제기구 이름도 처지에 맞게 줄여서 약속하면 안 될 까닭이 있겠는가? 경제협력개발기구는 '경협기구' 정도로, 국제통화기금(IMF)은 '통화기금' 정도로 줄일 수 있다. 이런 줄임 방법은 기구의 이름이 어떤 뜻을 담고 있는지 더 분명하게 나타내주므로 시민과 의사소통하는 데에도 훨씬 유리하다.

다음으로, 세계 추세를 따르지 말라는 이야기가 아니라 우리 국민을 대상으로 하는 말에서 굳이 그럴 필요가 없다는 뜻이다. 한국의 언론이 뉴욕 타임스나 에이비시(ABC) 방송이 아님은 너무나도 분명하다. 이를테면 'R&D, MOU, FTA' 등은 앞서도 지적했듯이 영문 줄임말을 사용하거나 병기할 필요도 전혀 없는 말이다. 연구개발, 업무협약, 자유무역협정으로 쓰면 되는 말이다. 물론 FTA는 방송 등에서 '에프티에이'라는 낱말로 자주 읽어 귀에 익숙해졌으므로 어쩔 수 없이 당분간 괄호 속에 병기해야 할 수도 있지만, 이 역시 처음에 제대로 말을 사용했다면 문제 되지 않았을 사안이다.

마지막으로 입에 굳은 말, 즉 '유엔', 'UN' 대신 '국제연합' 또는 '국련'을 사용하자는 것은 좀 너무한다는 불평이 나올 수 있다. 이에 대해서는 인정할 수도 있겠다. 유엔은 우리 현대사에서 이미 외래어 수준으로 정착한 말이기 때문이다. 그러나 유엔 말고 그 산하기구 인 '유니세프(UNICEF)', '유네스코(UNESCO)'만 해도 영문 약자를 우 리말 발음대로 한글로 적는 방식보다는 그 뜻을 알 수 있는 '국제아 동기금'(또는 줄여서 아동기금), '국제교육과학문화기구'(또는 줄여서 교문기 구)로 말하고 적어야 한다. 유니세프나 유네스코로는 그 뜻이 우리 국민에게 잘 닿지 않기 때문이다.

민간 기업도 그렇지만 공공 기관 가운데 'KORAIL', 'LH', 'KT&G', 'KOBACO' 등 정체를 알기 어려울 정도로 영어 줄임말 로 이름을 바꾼 데가 문제다. 이런 영어 줄임말 증가 추세와 반대로 'SH공사'는 2016년에 '서울주택도시공사'로 다시 이름을 바꾸어 화 제가 되었다. 서울주택도시공사는 원래 2004년까지는 '서울도시개 발공사'라는 이름이었다가 느닷없이 SH공사로 이름이 바뀌더니, 서 울시에서 '국어바르게쓰기' 조례를 제정한 뒤 다시 이름을 바꾼 것 이다. 새 이름이 이 조직의 정체를 시민에게 정확히 알려준다.

5장.
영어로 하는 대학 강의는
학습권을 침해한다.

　10여 년 전, 뒤늦게 교수 자리를 얻은 어느 선배가 자신은 영어 강의 능력이 있음에도 운때가 안 맞아 좋은 대학에 자리를 잡지 못했다는 하소연을 한 적이 있다. 자기 대학의 학생들 영어 실력이 낮아 나중에 대우받지 못할까 염려하여 학과 수업과는 별도로 학생들에게 영어를 가르치고 있다는 말도 남겼다. 그의 전공은 사회과학임에도. 그 선배가 얼마 전에 서울의 명문대로 자리를 옮겼다. 영어 강의 능력을 인정받은 모양이다.

끊이지 않는 영어 몰입 교육의 유혹

　영어를 익히는 방법에는 여러 가지가 있다. 가장 좋기로야 영어 쓰는 나라에 살면서 그곳 사람들과 부대끼는 길이다. 이런저런 사정 때문에 그 길을 택하기 어려울 때 국내에서 찾을 수 있는 대체 수단도 이제는 꽤 많다. 그래도 예부터 영어에는 왕도가 없다고들 했듯이 어떤 수단을 택하느냐보다는 얼마나 시간을 투자하느냐가 성취를 좌우한다.

따라서 시간을 많이 투자해도 지루하지 않거나 그 투자가 어차피 쏟아야 할 노력과 겹치는 것이라면 투자 대비 효율이 높다고 할 수 있다. 영어 교육자들은 늘 이런 방법을 고안하려 애쓴다. 먼저, 지루함이 없으려면 재미가 있어야 한다. 일본 애니메이션에 빠져 일본어를 익혔다거나 미국 드라마 때문에 영어가 들리기 시작했다는 사람들이 아주 전형적인 사례다. 하지만 이 방법은 시간 투자가 너무 많고 개인 취향이나 성격에 따라 선호도가 달라 규격화와 사업화가 어렵다. 그래서 후자의 방법, 즉 어차피 쏟아야 할 노력을 영어로 수행하게 하는 투자 방법이 고안된다. 미국 교과서를 교재로 삼아 수학이나 과학, 사회를 영어로 가르치는 학원이 바로 그런 종류이다.

이른바 내용 기반 교육(CBT:Contents Based Teaching)이라는 영어 교육 방법은 생활에서 영어 환경을 확보할 수 없는 경우에 효과가 좋다는 부분적인 영어 몰입 교육 방법이다. 학생들이 어차피 해야 할 공부를 우리말로 하는 게 아니라 영어로 하는 거다. 특히 시험이라는 강제력이 강하게 작용하는 학교 공간에서 매우 큰 효과를 거둘 거라고 기대하는 이가 많다. 그래서 2008년 이명박 정부 출범 당시 이를 초중등 교육에 도입하려 했으나 '안타깝게' 좌절되었다. 하지만 국민이 잘 모르는 사이에 국내 대학에서는 이 교육 방법이 확고하게 자리를 잡았다. 대학 순위 평가에 영어 강의 시행 여부가 영향을 미치자 신임 교수 채용에도 영어 강의 능력이 당락을 결정하는 잣대가 되었다.

어차피 해야 할 수업을 영어로 한다면 대학생들의 영어 실력은 높아질 테니, 왕도는 아닐지라도 괜찮은 영어 교육 방법이다. 아니, 그렇게들 가정한다. 그러므로 우리 대학생들은 전 세계에서 가장 등록금이 비싼 대학에 다닌다고 불평할 것이 아니라 사실은 세계에서 가장 비싸고 넓은 '영어 학원'에 다니고 있다는 점을 알아야 한다. 전문 지식과 지성을 습득하기보다는 그것을 매개로 영어를 가르치는 대형 학원이 오늘날 한국의 대학인 셈이다. 그래서 어떤 대학생들은 이런 세태를 비꼬아 국어영문학과, 불어영문학과, 경제영문학과, 건축영문학과라고 전공 학과의 이름을 바꾸어 부르기도 한다.

영어 능력이 학문 발전보다 더 중요해져

모국어로 학문할 수 있다는 것은 축복이다. 하지만 이를 저주의 불도장으로 받아들이는 자들은 동남아 여러 나라의 대학에서 영어 교재와 영어 강의가 횡행하는 이면의 서글픔, 자기 말로 학문을 할 수 없는 불리함을 동경한다. 서울 학생이 진주 출신 교수님의 사투리 장벽을 넘기도 만만치 않을진대 영어로 전달하고 영어로 이해해야 하는 그 구멍 숭숭 뚫린 공부가 어찌 학문의 발전을 이룰 수 있겠는가.

2011년에 학생들을 죽음으로 내몰았던 한국과학기술원 서남표 전 총장의 강제 영어 수업 방침이 여론의 따가운 지탄을 받았지만, 뒤를 이은 총장도 강제 영어 수업 방침을 바꾸지 않았다. 이 학교에서는 징벌적 등록금 제도와 전면 영어 수업 등 서남표 전 총장의 학사 운영 방식 때문에 2016년까지 10명의 학생이 목숨을 끊었다. 빠르고 섬세하고 깊이 있는 모국어 의사소통 대신 아무래도 그보다 처지는 영어로 가르치고 배우는 게 학문 발전보다 더 중요한 가치가 되고 있다. 그래서야 거지도 영어 잘한다는 영미권의 학문에 견줄 우리 학문을 언제 세우겠는가.

강제로 영어만 사용하게 하는 대학 강의는 영어 편식을 그냥 놓아둔 결과이자 우리 사회의 영어 편식을 더욱 부추기는 요인으로 떠오르고 있다. 영어로만 하는 대학 강의가 늘어나는 경향은 실용성과 학생의 권리 측면에서 문제가 매우 많다. 대학의 영어 강의 확대에 대해서는 대학교수들을 상대로 지식 전수나 학문 발전에 효율이 높은 방법인지 그 실용성을 조사해야 한다. 또한, 어떤 과목을 영어로 개설할 때에는 같은 과목을 반드시 한국어로도 개설할 것을 대학에 요구해야 한다. 이 역시 학생의 학습권 보장이라는 권리의 측면에서 문제를 제기해야 한다. 그리고 대학 평가 잣대에서 영어 강의 여부를 빼거나 배점을 낮추도록 시민들이 요구해야 한다. 학생들은 영어를 공부하러 한국의 대학에 가는 게 아니다.

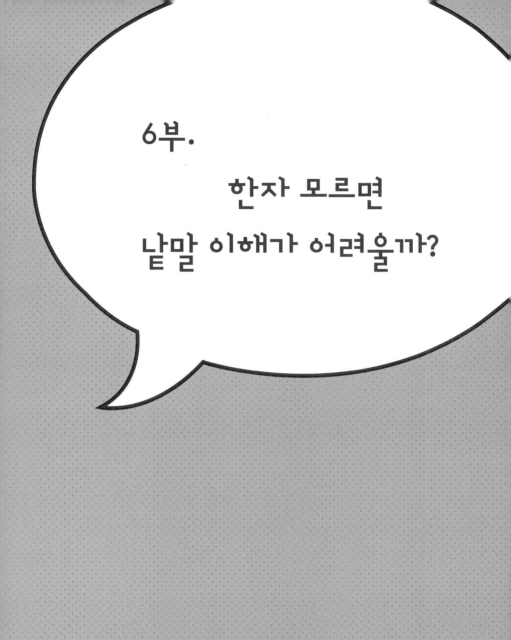

1장.
시각장애인은
한자어를 이해할 수 있을까?

2016년 5월 12일, "헌재 법정에 선 한글전용"이라는 제목으로 신문과 방송에서 야단법석을 떨어댔다. 한글전용 정책에 큰 문제가 있어서 곧 폐기되기라도 할 듯이. 한자혼용을 주장하던 어문정책정상화추진회, 전통문화연구회, 한자교육추진총연합회 등의 사람들이 주축이 되어 2012년 10월 22일에 공문서의 한글전용을 규정한 국어기본법 등이 위헌이라며 헌법소원을 냈는데, 3년 반 만에 공개 변론이 열리게 된 것이다. 사건번호는 2012헌마854. 나는 국어기본법을 만든 문화체육관광부의 요청을 받아 한글전용을 지지하는 참고인으로 헌법재판소 법정에 섰다.

청구인들은 '한자는 국자(나라글자), 우리 문자'라는 주장에서 출발하여 네 가지 사안에 위헌 확인을 요구하였다. 첫째, 국어기본법 제3조(정의) 등에서 국어를 표기하는 문자로 한자를 언급하지 않음으로써 한글전용·한자배척의 언어생활을 강요하여 국민의 행복추구권과 표현의 자유를 침해한다는 것. 둘째, 국어기본법 제14조(공문서의 작성) ①항과 시행령에서 예외적인 경우가 아니면 공문서를 한글로만 작성하도록 하여 행복추구권 등을 침해한다는 것. 셋째, 국어기본법과 교육부가 정한 '교과용 도서에 관한 규정'에서 초·중등학교의 교과용 도서에 한자혼용을 금지하여 학습권과 수업권, 출판의 자유를 침해한다는 것. 넷째, 교육부가 고시한 '초·중등학교 교육 과정'에서 한자 교육을 선택적으로 받도록 함으로써 학생의 자유로운 인격 발현권, 부모의 자녀 교육권을 침해한다는 것.

한글과 한자의 해묵은 논쟁, 마침내 헌법재판소로

공개 변론 한 달 전에 열린 대책회의에서 법률 대리를 맡은 변호사는 이 공개 변론이 매우 이례적이라는 소감으로 회의를 시작했다. 대체로 사회적 논란이 심할 거라 보이는 사건에 한하여 1년에 10여 건의 공개 변론을 연다고 한다. 그런데 3년 넘게 사건을 묵히다가 공개 변론을 여는 것도 그렇고, 1명씩 세우던 양쪽 참고인을 2명씩 요청한 것도 처음이라고 하였다. 헌재가 청구인들의 요구를 받아들인 결과란다. 문체부에서는 국립국어원장을 지냈고 막 한글학회장에 취임하신 권재일 서울대 언어학과 교수를 또 다른 참고인으로 모셨다.

설마 헌재에서 세상을 거꾸로 돌리는 판결을 내리겠느냐고 전망하면서도, 헌법소원은 어떤 결정이 나든 돌이키기 어려우니 우리에겐 이런 이례적인 점들이 무거운 짐으로 다가왔다. 특히 청구인들 변호인은 초대 헌법재판소 재판관 출신이었고, 게다가 시기도 그다지 좋지 않아 보였다. 2014년 교육부에서 초등 교과서 한자병기를 검토하겠노라고 발표했다가 여론의 반대에 부딪혀 잠시 유보한 때라 도무지 긴장을 풀 수 없었다. 이 위헌심판 청구인들의 논리는 교육부에서 초등 한자 교육 강화를 검토하던 논리와 완벽하게 일치했던 것이다. 혹시라도 헌재에서 한자혼용 요구를 받아들이면 어마어마한 재앙일 테고, 그러진 않더라도 100을 요구하는 청구인들에게 50에 만족하라면서 한자혼용 대신 한자병기 확대로 나가는 길을 터주면 어쩌나 하는 걱정이 가시지 않았다.

우리 문자 생활에서 한자를 사용할 것인가, 사용한다면 어떤 용도로 얼마나 써야 하는가 따위 문제는 해방 뒤 70년 넘게 치열한 논쟁거리였다. 그도 그럴 것이, 지난 120년은 우리 민족이 사용하는 주요 문자가 한자에서 한글로 옮아가는 전환기였으므로, 대다수 국민이 서로 명쾌하게 합의하기 어려운 과도기 혼란과 갈등을 피할 수 없었다. 1894년 11월에 고종이 칙령 1호를 발표하여 공문서에서 한글을 주로 쓰는 원칙을 세웠음에도 한자를 쓰던 오랜 관성 때문에 한글 사용은 제대로 자리를 잡지 못했다. 일제 강점기 조선어 말살 정책과 해방 뒤의 한글전용, 그리고 박정희 정권의 한자혼용과 한글전용 널뛰기 등 역사는 지루한 밀고 당기기를 거쳐야 했다.

국민이 주도한 문자혁명

그러다 1988년에 《한겨레신문》이 한글전용으로 창간한 뒤 1990

년대 후반에 일간신문의 한글전용이 자리를 잡음으로써 비로소 우리 사회는 한국어를 한글로 적는 언문일치를 이룩했다. 비슷한 시기에 컴퓨터 통신망에서 일반 국민들이 한글로 글을 쓰고 소통하면서부터 한글전용은 거스를 수 없는 대세가 되었다. 사회적이고 공개적인 글쓰기의 주체가 소수 지식인에서 다수 국민으로 바뀐 사정이 우리 문자 환경을 한글전용으로 굳힌 결정적인 요인이었다. 이 10여 년은 국민이 주도한 문자혁명기라고 부를만하다.

그러나 세계화와 개방, 외환위기 때문에 2000년대에 들어서 영어 능력이 필요 이상으로 대접받고 상대적으로 국어 정체성이 약해지자 한자를 혼용하거나 병기하자는 요구가 다시 일어났다. 이 위헌심판 청구와 초등교과서 한자병기 방침 검토가 대표적이다. 이렇듯 한자를 둘러싼 대립은 우리의 주류 문자가 바뀌던 전환기 120여 년 동안 묵은 것이다. 그 세월의 무게만큼이나 전통과 현대, 사대와 자주, 소수 특권 지배와 다수 민주 정치 등 우리 근현대의 사회적 갈등 또한 이 논쟁 안에 복잡하게 반영되어 있다.

시각장애인은 한자를 읽을 수 없지만

헌재에서는 공개변론 직전인 4월 말까지 변론 요지와 참고인 의견서를 내달라고 하여, 준비할 시간도 넉넉하지 않았다. 청구인들이 처음에 낸 심판청구서는 백 쪽이 넘고, 그 뒤 문체부 변론서를 반박하고자 낸 보충의견서 또한 백 쪽이 넘는 방대한 분량이었다. 그저 읽는 데만도 꽤 긴 시간과 인내가 필요한데, 더구나 나는 자판을 쳐서 글을 쓸 수는 있어도 내가 쓴 글조차 제대로 읽을 수 없는 일급 시각장애인이다. 게다가 내 의견만 밝히는 형식이 아니라 상대방의 주장을 인용하고 꼼꼼하게 반박하는 논쟁적인 글이 필요하다고 생각한 터라 의견서 작성은 더더욱 힘든 일이었다. 나는 청구인들의 심판청구서와 보충의견서에서 비판할 거리를 하나하나 따내고, 인용문 조각들을 내 논리 전개 흐름에 따라 분류한 뒤, 글을 쓰면서 인용문의 위치와 반박 논리를 수없이 조정했다. 약간 남아 있는 시력을 온통 쏟아부어야 하는 고통스러운 글쓰기였다.

내 의견서는 애초 예상했던 40쪽보다 훨씬 길어져 무려 120여 쪽에 이르렀다. 단 한 차례 공개 변론으로 끝난다고 생각하니 무엇 하나 가벼이 넘길 수가 없었다. 정말 막판에는 각막염에 시달리면서도 밤을 새워 가며 글을 쓰고 또 고쳤다. 그런데 나는 나의 이 고통스러운 작업 과정이야말로 청구인들의 핵심적인 주장, 즉 한자어는 한자로 적어야 뜻을 알 수 있다는 주장을 반박하는, 그들이 도무지 방어할 수 없는 강력한 증거라는 사실을 공개 변론 전날에 깨달았다. 나는 그들의 청구서를 눈으로 읽은 게 아니었던 것이다. 아홉 분의 재판관 앞에서 나는 이렇게 공개 변론을 시작했다.

"저는 1급 시각장애인입니다. 저는 중학교부터 한문 과목에서 한자를 공부했습니다. 지금 저는 한자뿐만 아니라 한글도 읽을 수 없는 상태입니다. 청구인들이 냈던 아주 긴 심판청구서와 보충의견서를 저는 음성 합성 소프트웨어를 통해서 들었습니다. 그 안에는 동음이의어도 있었고 제가 모르는 낱말도 분명히 있었습니다. 그러나 음성 합성 소프트웨어를 통해서 소리로 듣고 그 말뜻을, 그리고 문장 전체를 이해하는 데 큰 어려움은 없었습니다. 모르는 낱말은 옆 사람들의 도움을 받아 사전을 찾아서 이해했습니다. 한자어라고 해서 한자로 표기되지 않으면 뜻을 알 수 없을까? 저는 이런 주장이 성립되지 않는다고 생각합니다. 우리가 말로 이해할 수 있는 한자어 낱말을 왜 그 낱말 소리대로, 한글로 적었을 때 이해하지 못하겠습니까?"

다른 참고인들은 20쪽 미만의 의견서를 냈는데, 120쪽 가까운 방대한 의견서를 낸 참고인이 시각장애인이라는 사실을 알게 된 헌법재판관들은 매우 깊은 관심을 보였고, 나중에 박한철 헌재 소장은 내게 존경의 마음마저 표현하는 바람에 쑥스러울 지경이었다. 어쨌거나 시작은 성공이었다. 한자어를 한자로 적지 않으면 뜻을 이해할 수 없다는 청구인들의 그럴듯한 논리를 매우 충격적인 체험 사례로 반박하였으니. 이어서 나는 청구인들이 사실은 한자 교육 내실화로 해결할 문제를 한자혼용 표기로 끌어가려 한다는 점을 비판해 들어갔다.

2장.
한자,
'표기'가 아니라
'교육'의 문제다.

　한자 문제에는 두 가지 논쟁점이 있다. 하나는 '한자로 표기하지 않으면 한자어의 뜻을 제대로 알 수 없는가?'하는 점이다. 다른 하나는 '한자어 뜻을 익히는 데에 한자 지식이 꼭 필요한가?'하는 점이다. 두 문제는 '낱말의 뜻을 사람이 어떻게 알아채는가'라는 하나의 물음에서 나오지만, 엄밀히 보자면 '표기'와 '교육'이라는 서로 다른 영역에 속한다. 문자로 적은 낱말을 눈으로 지각하고 식별하는 국면에서 한자가 필요하다는 주장은 표기의 문제이고, 새로운 낱말을 이해하는 국면에서 한자 지식이 꼭 필요하다는 주장은 교육의 문제이다. 한자 중시론에 선 사람이나 한글전용을 지지하는 사람들 모두 논쟁에서 이 두 문제를 자주 뒤섞어 말한다.

한자 표기 주장은 현실과 동떨어져

사실, 한자혼용이나 한자병기의 확대 등 한자 '표기' 주장은 학문적 근거 이전에 국민의 생활 경험에 비추어보아도 더 이상 지지를 얻기 힘들다. 우리는 라디오나 전화, 강연에서 한자어를 포함한 문장을 입말로 수없이 주고받지만, 아무런 혼란 없이 이해할 수 있다. 그렇다면 그것을 그대로 한글로 적었을 때 이를 읽고 이해하지 못할 까닭은 없다. 문자란 말을 표상하는 기호일 뿐이고, 사물이나 사태의 의미는 문자 이전에 말에 담기는 것이기에, 이런 생활 경험들이 학문적으로도 충분히 뒷받침된다. 한글조차 모르는 어린아이도 '부모, 유치원, 자동차'와 같은 한자어의 뜻을 말로 들어 이해한다면 한글을 배운 뒤 한글로 적어놓은 '부모, 유치원, 자동차'와 같은 낱말의 뜻을 이해하는 데에 아무런 어려움이 없다. 이는 낱말의 뜻이 '부모, 유치원, 자동차'와 같은 한글 표기나 '父母, 幼稚園, 自動車'와 같은 한자 표기에서 나오는 것이 아니라는 사실을 뜻한다. 즉, 한자라는 글자가 의미를 만들어내는 게 아니라 이미 말 속에 담겨 있는 의미를 한자라는 문자로 표기한 것일 뿐이다.

인지과학자 퍼페티(Perfetti, C. A.)는 중국인이 한자를 읽을 때, 단어를 발음할 필요가 없어도 뇌에서 자동으로 말소리를 떠올리는지 확인하는 다양한 실험을 수행하였다. 그 결과, 중국인들이 한자를 보고 바로 의미에 접근하는 게 아니라 그 글자가 나타내는 말소리(음운)를 떠올리고 이 음운 정보의 도움을 받아 의미를 꺼내온다는 사실을 확인했다. '표음문자'에 대비되는 '표의문자'의 작동 원리가 기대와 다르다는 이야기이다. 사실 말소리와 관계없이 뜻을 나타내는 문자란 아이콘이나 도로 기호 같은 것뿐이다. 읽기 과정이 말의 음운을 매개로 한다는 인지과학의 연구 결과에 따르자면, 우리가 말로 주고받는 것을 거의 그대로 적는 한글 전용 문장을 읽고 뜻을 이해하지 못할 까닭이 없는 것이다. 난독증 환자가 아닌 한, 우리의 실제 생활에서 말은 이해하되 그것을 적은 글을 이해하지 못하는 경우란 없다.

한자어는 한자로 적어야만 뜻을 알 수 있다는 주장은, 한자만 사용하는 중국에서 시각장애인들이 표음문자 원리에 바탕을 둔 중국어 점자를 사용하고 있다는 사실만으로도 충분히 반박할 수 있다. 일본에서도 사정은 같다. 이른바 표의문자라는 한자를 사용하는 나라에서 표음 원리의 점자를 사용해 글을 읽는다는 건 한자어를 반드시 한자로 적어야만 의미를 표현할 수 있다는 주장이 근거가 없음을 보여준다. 이는 한자어를 다수 포함하고 있는 우리나라에서 표음문자인 한글로 표기한 글을 읽고 이해하는 게 논리적으로 전혀 이상하지 않다는 점을 확인해준다. 심지어 동형어도 마찬가지다. 사람을 관리하는 일인 '인사'와 누구를 만나서 나누는 예절인 '인사'는 한글이 같은 동형어일 뿐만 아니라 한자마저 '人事'라고 같게 쓰지만 누구나 말과 글에서 이 두 낱말을 맥락으로 충분히 구별한다.

자주 쓰지 않는 한자어의 이해

물론 이러한 사정은 문장에 쓰인 낱말의 뜻을 알고 있다는 전제를 깔고 있다. 즉, 말로 들어서 문장 속의 한자어를 다 이해한다면 그 말을 한글로 적어놓아도 다 이해한다는 이야기이다. 사람들이 자주 사용하는 고빈도 한자어는 대개 그 뜻을 알고 있으므로 한자어일지라도 한자 표기가 필요 없다. 'coffee'를 '커피'라고 적어도 아무 문제가 없듯이, '大韓民國'이라고 한자로 적지 않았다 하여 '대한민국'이 우리나라 이름임을 모를 한국인이 어디 있겠는가.

반면, 자주 사용하지 않는 저빈도 한자어는 대개 전문적인 용어이므로 그 분야의 배경 지식을 가지고 있지 않다면 한자로 표기하더라도 뜻을 정확히 파악할 수 없는 경우가 많다. 예를 들어 자동제세동기(自動除細動器), 포괄수가제(包括收價制)와 같은 전문용어를 한자로 적어놓는다 하여 일반인이 그 한자를 읽고 정확한 뜻에 다가가기란 쉽지 않다. 그런데 청구인들은 해괴한 주장을 서슴지 않았다.

> "微分, 積分을 '미분, 적분'이라 썼다고 우리말이 되지도 않을 뿐만 아니라 한글로 쓴 미분 적분을 보고 그 개념을 파악하기는 매우 어렵습니다. 원칙적으로 한자어는 한자로 써야 그 정확한 개념이 파악되고 또 의미가 제대로 전달됩니다." - 심판청구서, 33쪽

미분과 적분을 이해하려면 수학 지식이 필요하지 한자 표기가 중

요한 것은 결코 아니다. 왜 이름을 그렇게 지었을까 궁금할 수는 있겠으나, 어떤 이름이 그 개념의 모든 것을 담아내기란 어려운 일이다. 낱말의 뜻을 모른다면 한자로 표기하든 한글로 표기하든 매우 모호한 수준에서 뜻을 추측할 수밖에 없다. 거꾸로, 앞에 예로 든 두 전문용어와 미분, 적분도 설명을 듣거나 배경 지식을 갖추고 나면 그 뜻을 어느 정도 알게 되므로 한글로 표기해도 의사소통에 어려움이 없다. 뜻을 모르는 낱말은 '교육'의 영역에서 해결할 일이지 '표기'의 영역에서 다룰 문제가 아니다.

물론 예외적으로 표기와 교육의 두 요소가 함께 다가올 때도 있다. 혼자 글을 읽는데 한 번도 만나보지 못한 한자어가 나왔을 경우다. 특히 동형어가 많은 낱말은 한자 표기가 필요하지 않으냐고 주장할 수 있다. 글쓴이 처지에서 이런 걱정이 크게 인다면 모든 경우에 대비해 모든 한자어를 한자로 표기하는 선택 말고는 달리 길이 없다. 하지만 현실이 그토록 극단적이지는 않으므로 글쓴이 스스로 판단하여 신조어나 전문용어 등 일반적인 독자가 낯설게 느낄만한 한자어에 한해 한자를 병기하는 방법이 합리적이다. 이게 바로 국어기본법에서 허용한 예외적 한자병기의 원칙인데, 청구인들은 이 국어기본법이 한자를 배척하고 말살하여 국민의 문해력을 떨어뜨렸다고 주장한 것이다.

결국은 모든 국민에게 한자 강요

청구인들의 한자혼용 표기 요구에 근거가 없음을 밝힌 뒤, 나는 그 요구조차도 일관되지 않고 혼란스러우므로 요설에 휘말려서는 안 된다는 점을 강조했다. 만일 청구인들 주장대로 한자어를 한자로 표기하지 않았을 때 낱말의 뜻을 알 수 없다면 우리는 모든 한자어를 반드시 한자로 표기해야 한다. 그런데 이들은 무슨 까닭인지 철저하고 전면적인 한자혼용 표기를 요구하지는 않는 것이었다.

"물론 경우에 따라서는 한자를 쓰지 않고 음만 적을 수도 있습니다만, 이 방식은 원칙적으로 한자에 대한 지식 즉 독자의 머릿속에서 한자가 복원되는 것을 전제로 하는 것입니다." - 보충의견서, 23쪽

"필요에 따라 표음문자인 한글로 써야 할 때는 한글로 쓰고, 한글과 한자를 혼용(混用)해야 할 때는 한자를 적절히 선용(善用)하여 쓴다면, 이 두 문자의 장점만을 취하게 되는 가장 이상적인 문자 활용사례가 되는 것입니다." - 보충의견서 15쪽

한자어는 한자로 적어야 한다는 게 이들의 원칙인데, 여기서는 그리 말하다가도 저기서는 말을 바꾼다. 모든 한자어를 한자로 표기하자는 건 아니며, 특정 영역에서 한글전용을 하기 위해서라도 한자교육을 강화해야 한다고 말한다. 그러면서도 한자혼용이 필요함을

다시 주장하고, 그러다가는 반발을 의식한 듯 적절히 혼용하면 된다고 얼버무린다. 난 이 혼란이 어디에서 오는지 헤아려 보았다. 그것은 단지 그들의 개인적 혼란이 아닐 거라는 깨달음이 어느 순간 내 머리를 쳤다. 한자가 도대체 어떤 방식으로 얼마나 필요한지 그들 역시 헷갈리고 있었고, 이는 우리 사회 구성원 대다수에게 마찬가지라는 생각이 들었다. 아니나 다를까, 이 혼란은 공개 변론 당시 청구인 쪽 대리인과 참고인 진술에서도 그대로 나타났다.

나는 청구인들의 모호한 주장대로 공문서에 한자혼용을 허용한다면 최악의 상황에서는 모든 국민에게 한자 위주의 문서 읽기를 '필수'로 강요하여 국민의 알 권리를 심각하게 침해할 거라고 경고하였다. 어떤 공무원은 한자를 100% 혼용하여 문서를 작성하고 어떤 공무원은 1%만 혼용하여 문서를 작성한다면, 우리 국민은 자신의 권리나 의무를 정확하게 알기 위해서라도 반드시 모든 한자를 다 배워놓아야 한다. 쓰는 사람은 자기 맘대로 '적절하게' 한자를 혼용해도 그만이겠지만, 읽는 국민은 그중에 모르는 한자가 있으면 황당한 꼴을 당할 수도 있기 때문이다. 그렇다면 우리는 누구나 '100% 한자혼용'의 경우를 대비해야 하고, 한자를 제대로 익히지 못한 국민은 문맹으로 떨어져 자신의 알 권리조차 보장받지 못하게 된다.

고작 내거는 것은 한자 교육

현실에서 한자혼용 표기를 전적으로 강요할 수는 없다는 사정 때문인지 청구인들도 모든 한자어를 반드시 한자로 표기해야 한다는 취지는 아니라고 자신들의 핵심 논리를 흐리면서, 한자를 가르쳐 한 자어를 이해시켜야 한다는 쪽으로 강조점을 옮긴다. '교육'의 영역으로 넘어가는 것이다.

> "가령, '문제의 난이도'라는 용어를 한글로 표기한 경우, 한자를 배운 사람의 경우에는 '난이도(難易度)'란 한자어를 구성하는 개별 글자의 의미를 알기 때문에, 그 의미를 명확하게 이해할 수 있습니다. 그러나 한자를 배우지 않은 사람의 경우에는 '쉽고 어려움의 정도'라는 의미를 그 전체로서 암기하여 기억할 수밖에 없습니다." - 심판청구서 4쪽

위 인용문에서도 확인할 수 있듯이, 한자어의 뜻을 파악하는 데에 한자 지식이 중요하다고 강조할 때, 그 한자 지식이란 한자의 '모양', 즉 한자 표기가 아니라 한자 음에 붙어 있는 뜻풀이인 '훈'이라고 보는 것이다. '개별 글자의 의미'인 훈이 한자어 이해의 관건인 한자 지식임을 청구인들도 분명하게 언급하고 있다. 낱말 식별을 위해 반드시 한자 '표기'가 필요하다는 주장은 설득력이 약하다는 점을 스스로 인정한 셈이다.

그렇다면 도대체 이 위헌심판 청구인들을 비롯한 한자 중시론자들은 왜 한자혼용이나 한자병기 확대와 같은 표기 문제를 강조할까? 그것은 한글전용이 한자를 보여주지 않음으로써 한자를 잊게 만드는 효과를 지니기 때문이다. 즉, 반복적인 노출을 통해 한자를

재교육하는 수단으로서 한자 표기가 중요하다고 여기는 것이다. 이는 한자 지식을 보전하여 다른 한자어를 습득할 때 그 지식을 활용해야만 한다는 교육 방법을 전제로 삼기에 나오는 요구다. 결국은 한자어 교육의 문제이다.

  공개 변론 현장에서 청구인 쪽 대리인과 참고인들은 한자혼용이라는 '한자 표기'에 집착하면서도 정작 현실의 문제점으로는 한글 세대가 한자어 낱말의 뜻을 모른다는 이야기만 쏟아 놓았다. 그렇다면 이 사건은 한자어 교육에 관심 있는 분들이 엉뚱하게도 문자 표기 문제를 걸고넘어진 꼴이라 하지 않을 수 없었다. 나는 한글전용 때문에 문해력이 낮아졌다는 청구인들의 근거 없는 주장을 반박하고, 한자어 교육에 한자 지식을 동원하려는 전략이 그다지 적절하지 않음을 밝혀 나갔다.

3장.
한글 세대의 문해력은
세계 최상위 수준

이 위헌심판 청구인들이 제기하는 한글전용의 폐해 가운데 가장 큰 문제점은 역시 '문해력 저하', 즉 한글로 적힌 글을 읽고도 뜻을 이해하지 못한다는 현상이다.

> "국가의 한글전용 정책으로 인하여 한편으로는 국민 누구나 한글로 표기된 한국어를 읽을 수 있게 되었습니다만, 다른 한편, 자신이 읽은 것의 의미를 더 이상 명확하게 이해하지 못하는 현상이 동시에 발생하고 있습니다." - 심판 청구서, 3쪽

이들은 이런 주장이 자신들의 독단적인 비난이 아니라는 점을 강조하기 위하여 국립국어원의 조사 결과를 인용하였다. 국립국어원의 '2010년 국민의 언어의식 조사' 결과에 따르면, '최근 한국인의 국어능력이 저하되고 있다'는 의견에 대해 저하되고 있다는 답변

(42.5%)이 그렇지 않다는 답변(30.4%)보다 높다는 것이었다. 그런데 이들은 국립국어원이 그 5년 전인 2005년에 했던 동일한 조사의 결과와 비교하는 일을 놓쳤다. 같은 질문에 대해 2005년에는 국어능력이 저하되고 있다는 답변(62.7%)이 그렇지 않다는 답변(15.7%)보다 훨씬 높다. 그렇다면, 국어능력이 떨어지고 있다는 의견은 2005년 63%에서 2010년 43%로 무려 20%나 줄어든 것이다. 즉, 국민들은 한국인의 국어능력이 높아지고 있다고 느끼는 것이다.

한글전용 탓에 문해력 낮아졌다는 근거 자료 없어

청구인들 주장처럼 한자 사용을 배척하는 국어기본법이 2005년에 제정된 점에 비추어 보자면 청구인들 주장과 달리 국어기본법 시행 이후 국어능력이 떨어진다는 국민의 걱정은 줄어들었다. 청구인들은 2010년의 조사 결과만 강조하면서 문해력 저하를 주장하고 이것이 한자를 몰라서 그렇다고 연결한다. 즉, 문해력의 약화는 어휘력의 약화가 불러온 결과이고 어휘력의 약화는 한자말살로 한자어를 정확하게 알지 못하게 된 때문이라고 주장하는 것이다. 과거 자료도 보았으면 자신들의 주장이 억지임을 알 수 있었을 텐데도.

그런데 이들은 한자 교육을 하지 않아 "학생들의 학습능력이 현저히 저하"되고 있다는 연구 결과나 조사 결과는 하나도 제시하지 못한다. 학생들의 문해력이 떨어졌다는 주장은 한자혼용을 원하는 분들에게서 수없이 나오지만, 근거 자료는 어디에도 없다. 공개변론 당시에 나는 그런 자료가 있으면 내놓아보라고 청구인 법률 대리인에게 요구하였으나 역시 아무런 자료를 내놓지 못했다.

그러나 청구인들의 주장과는 반대로, 한글전용 교과서로 공부한 우리나라 학생들의 읽기 능력은 세계 최상위 수준이다. 그것도 단 한 차례의 조사 결과가 아니라 경제협력개발기구(OECD)에서 2000년부터 3년마다 조사한 '국제학업성취도평가(PISA)'의 결과가 모두 그러하다. 국제학업성취도평가에서는 회원국 및 비회원국의 만 15세 학생들을 상대로 읽기, 수학, 과학 분야의 능력을 평가한다. 이 평가에서는 읽기 능력을 "자신의 목적을 성취하고 지식과 잠재적 능력을 계발하며, 사회에 참여하기 위해 다양한 텍스트를 이해·활용하고 텍스트를 바탕으로 하여 성찰하며, 다양한 텍스트 읽기 활동에 참여하는 능력"이라고 정의한다.

우리나라 청소년 읽기 능력은 세계 최상위

다섯 차례 15년 동안의 등위와 점수를 주요 국가 및 기구 평균과 비교하여 표로 정리하면 오른쪽과 같다.

한국은 2000년 6위 수준에서 출발하여 그 뒤로는 늘 최상위 수준을 유지하고 있다. 이런 결과가 한글전용 덕분인지, 입시 압력 덕분인지, 사교육 덕분인지, 우리 학생들이 원래 총명해서 그런지는 명확하게 말할 수 없다. 하지만 한자 교육이 부실하여, 또는 한글전용

국제학업성취도평가(읽기) 결과 비교

평가 연도		2000년	2003년	2006년	2009년	2012년
한국	점수	525	534	556	539	536
	순위	6	2	1	1~2	1~2
일본	점수	522	498	498	520	538
	순위	8	14	9~11	3~6	1~2
독일	점수	484	491	495	497	508
	순위	21	21	10~16	11~21	9~15
프랑스	점수	505	496	488	496	505
	순위	14	17	15~22	11~22	15위 밖
미국	점수	504	495	분석제외	500	505 아래
	순위	15	18	분석제외	8~20	15위 밖
기구 평균점수		500	494	492	493	496
기구 참여국		27	30	30	34	34

* 순위는 경협기구(OECD) 참여국 기준

을 실시하여 학생들이 문해력과 학습능력이 떨어졌다는 청구인들의 주장이 전혀 근거가 없다는 점만은 분명하게 밝혀준다.

혹시라도 이 결과가 입시 전쟁에 시달리는 우리 학생들이 문제 풀이 능력이 높아 그렇다고 억지를 부릴지도 몰라, 한국 성인 문해력에 대한 조사 결과를 하나 더 들겠다. 경제협력개발기구에서는 회원국 및 비회원국 성인들을 상대로 국제성인역량평가(PIAAC)의 한 분야로 문해력을 조사한다. 기구에서는 문해력(literacy)의 정의를 다음과 같이 밝힌다.

> "피악(PIAAC)에서 문해력(Literacy)이란, 다양한 문맥에서 인쇄되거나 쓰인 글들을 활용해 식별, 이해, 평가, 해석, 창조, 소통하고, 글들을 연관시키는 능력이다. 문해력은 개인이 목적을 달성하고 지식과 잠재력을 개발하며 공동체와 더욱 넓은 사회에 완전히 참여할 수 있게 하는 지속적인 학습과 관련된다."(경제협력개발기구 누리집)

'문해력'은 '읽기'를 포함한 여러 가지 인식 전략을 아우르는 개념이다. 2013년의 평가 결과 한국 성인의 문해력은 평가에 참가한 23개국 가운데 중간인 11위로 나타났다. 낮은 게 결코 아니다. 그런데 이 결과를 연령대로 나누어 살펴보면 아주 특이한 양상을 발견할 수 있다. 16~24세 청년층의 문해력은 23개국 가운데 3~4위인 반면에 55~65세 노년층의 문해력은 끝에서 4위인 20위다. 한자혼용 세대라고 할 수 있는 노년층의 문해력은 최저 수준이고, 한글 세대인 청년층의 문해력은 최고 수준이다.

성인 문해력은 노년층에서 매우 낮아

도대체 이 양상은 어떻게 받아들여야 할까? 청구인들 주장처럼 한자혼용 세대였던 노년층이 한글전용 문제지를 읽고 이해할 수 없어서 점수가 낮다고 봐야 할까? 진짜일까? 나는 노년층의 세계 최저 문해력을 두 가지 가설로 설명할 수 있다고 본다.

첫째, 우리 노년층의 평균적 문해 수준이 원래 낮았다고 보는 해석이다. 이 결과가 한 연령대의 생애주기별 추적 조사가 아니므로 현재 나이가 많은 세대의 문해력이 낮고 젊은 세대의 문해력이 높다는 사실은 요즘 젊은 층의 문해력이 과거의 젊은 층보다 좋아졌다는 증거일 수도 있다. 이는 사회의 교육과 문화의 수준, 지식의 양이 시간의 흐름에 따라 넓어지고 높아지는 현상과 전혀 다르지 않다. 청년층의 문해력은 노년층과 비교하면 매우 높아진 셈이다. 그리고 문해력이 높아진 젊은 세대가 꾸준히 성인층으로 편입되기 때문에 평균 수준이 높아지고 있다고 보아야 한다.

둘째, 상당수 노년층의 지적 수준과 문해력이 노화에 따라 자연스레 감퇴한 것이라고 여길 수 있다. 물론 법조계, 학계, 의료 등에서 일하는 소수의 전문가들은 이런 가설을 거부할 것이다. 그렇다면 일부 사람의 문해력은 어느 수준을 유지하는데 나머지 사람들의 문해력은 떨어졌다고 해석할 수 있다. 그 이유는 당연히 문해 활동을 하지 않아서일 것이다. 이 조사를 담당한 한국직업능력개발원에서는 이런 가설과 연관된 결과를 보고한다. 책을 많이 읽는, 즉 평소에 문해 활동을 꾸준히 하는 사람들은 나이가 들어도 문해력이 그다지 떨어지지 않는다는 것이다. 조사에 응한 사람들이 집에 어느 정도의 책을 가졌는지 비교한 결과는 이렇다.

"대체로 책의 숫자가 늘어남에 따라서 역량이 높아지지만, 500권 이상과 101-500권 사이의 차이는 유의미하지 않은 것으로 나타났다. 연령별로 비교하면, 유일하게 55-65세 집단에서만 500권 이하와 그 이상 간의 차이가 확연하게 드러났다."

노년층에서는 책을 많이 읽는 사람과 아닌 사람 사이에 문해력이 크게 차이가 난다는 결론이다. 우리나라 성인층이 나이가 들수록 문해력이 낮아지는 결정적인 요인은 한글전용이 아니라 책을 읽지 않는 풍토에서 찾아야 한다는 게 전반적인 평이다. 한자 세대인 노년층 문해력이 낮다는 점은 한자 지식과 문해력 사이에 유의미한 상관관계를 설정할 수 없음을 뜻한다.

4장.
한자어 32%만
한자로 뜻 설명된다.

이제 '표기'의 문제가 아니라 '교육'의 문제, 즉 한자를 알아야 한자 어의 뜻을 이해할 수 있으니 초등학교부터 한자 교육을 강화하고 한 자 지식을 활용하여 낱말 교육을 해야 한다는 주장에 집중해보자. 흔히 한자어의 의미는 구성 한자의 훈을 모아 끄집어낼 수 있다고들 여긴다. 이 위헌심판 청구인들뿐만 아니라 어른들 가운데에도 그리 생각하는 사람이 많다. 이 믿음에는 한국 한자의 비밀이 작동하고 있는데, '하늘 천(天)'으로 그 비밀을 해부하면 이렇다.

영어에서 'sky'라고 표현하는 대상이 우리 토박이말에서는 '하늘' 이고 중국어에서는 '티앤 [tiān]'이다. 중국어에서는 이 '티앤'을 '天' 이라고 적고 '티앤'이라고만 읽는데, 한국 한자에서는 '天'이라 적고 '하늘 천'이라고 익힌다. '하늘'을 '티앤'과 비슷한 '천'이라는 음으로 압축 번역하고 그 훈인 '하늘'로 '천'의 뜻을 설명해준다. 이렇듯 우 리 토박이말을 중국 한자와 비슷한 음으로 압축 번역한 것이 한자 음이고, 이 한자 음을 모아 만든 낱말이 바로 한자어이므로, 한자를 알면 낱말 뒤에 압축번역된 뜻을 풀어 이해할 수 있다는 주장이 나오는 것이다. 앞서 위헌심판 청구인들과 같은 한자 중시론자들이 예로 들었던 '난이도'라는 말은 '어려울 난, 쉬울 이, 정도 도'라는 세 글자로 이루어져 있고, 그 뜻은 '어렵고 쉬움의 정도'이니, 한자에 맞춰 이루어진 풀이를 보면 한자어 이해에 개별 한자의 의미가 연결된다고 믿게 된다.

매일 쓰다 보니 한자어의 공허함 못 느껴

그런데 사정이 그리 간단하지는 않다. 토박이말인 '하늘'을 왜 그렇게 이름지어 부르는지 의심하지 않는 것처럼, 한자어 가운데에도 구성 한자의 훈으로 낱말 뜻을 설명할 수 없지만 아무 의심 없이 쓰는 말이 수두룩하다. 남의 결점이나 잘못을 책잡아 나쁘게 말한다는 뜻의 '비난'은 그 구성 한자가 '아닐 비(非)'에 '어려울 난(難)'이니, '어렵지 않다'는 황당한 풀이가 되고 만다. 위헌심판을 맡은 헌법재판소의 '헌법'이라는 말은 '법 헌(憲)'에 '법 법(法)'이라 그저 동어반복일 뿐이므로 한자 풀이가 낱말 이해에 별 쓸모가 없다. 그렇다면 이런 명백한 반론의 증거가 있음에도 왜 우리는 한자 지식이 한자어 이해에 도움이 된다는 상식을 의심하지 않았을까?

어떤 낱말이 개념이나 현상을 .총체적으로 담아내 표현하기 어렵다는 점은 한자어건 고유어건 마찬가지이다. 하나의 개념이 담아내는 다양한 관계, 하나의 현상에 연결된 다양한 사정, 하나의 물체에 담긴 다양한 성질은 낱말에 아주 부분적이고 추상적으로 표현된다. 하지만 그 낱말이 대표하는 모든 관계와 사정과 성질은 우리의 언어와 사고 속에서 총체적이고 구체적으로 작동한다. 그러므로 한자어의 의미가 구성 한자의 훈으로 투명하게 환원되지 않더라도 우리는 그 낱말을 버리거나 의미를 부정하려 들지는 않는다. 고유어의 어원을 모르더라도 그 의미를 받아들이는 데에 거부감이 없듯이 한자어의 어원적 한계에 주목하지 않는 것이다. 오늘날 너무 높게 칭송되는 한자의 효능이란 결국 '사회적 약속'인 언어생활의 일반 속성이 언중으로 하여금 한자어의 어원을 의심하지 않고 쓰게 강제한 효과인 셈이다. 한자를 알아야 한자어의 뜻을 알 수 있다는 믿음에는 이런 역전된 사정이 깔려 있다.

훈과 음 사이에 동어반복 일으키는 한자어 많아

두 가지 사건이나 사물 사이에 서로 관계되는 성질이나 특성을 상관성이라고 부른다. 이제 한자 지식과 한자어 이해 사이의 상관성을 차근차근 따져보자. '하늘 천(天)'이라는 한자를 보면 '天'이라는 모양이 있고, '천'이라는 음이 있고, '하늘'이라는 훈이 있는데, 앞의 '비난, 헌법, 난이도'의 한자 풀이에서도 보았듯이 한자어의 뜻에 영향을 미치는 요소는 구성 한자의 모양이나 음이 아니라 바로 그 뜻인 '훈'(새김)이다. 따라서 한자 지식이 한자어 이해에 도움을 주는지 따져보려면 구성 한자의 훈과 한자어 의미 사이의 상관성을 따져보아야 한다.

먼저, 한자어 가운데에는 구성 한자의 훈과 음이 같거나 훈이 음을 포함하여 동어반복을 일으키는지라 낱말 뜻 이해에 전혀 도움이 되지 않는 한자가 들어간 낱말들이 있다. 예를 들어 '재판'의 판단할 판(判), '재산'의 재물 재(財), '민법'의 법 법(法)과 같은 한자이니, 훈이 있으나 마나 한 동어반복일 뿐이다. 교육부에서 권장한 중등 한문 교육용 기초한자 1,800자에는 표준 훈이 붙어 있지는 않으므로 훈을 붙인 사람에 따라 다르긴 하지만 대략 28~32%의 한자는 훈이 한자어이고, 음과 훈이 동어반복을 일으킨다. 사실, '난이도'의 마지막 글자인 '정도 도(度)'의 훈은 20개가량이며 대표 훈은 한자어인 '법도'인데, 법도(法度)든 정도(定度)든 뒤의 그 '도'는 자기 자신과 같은 말 '도'이니, 당신은 누구냐는 질문에 "나는 나다"라고 답하는 꼴이라 낱말 풀이에 전혀 도움이 되지 않는다.

초등 4학년 1학기 사회 교과서에 나오는 '감독'이라는 낱말을 예로 들어보자. 이 말은 '볼 감(監), 감독할 독(督)'이라는 두 한자로 이루어져 있는데, 두 훈을 엮어도 우리는 '감독'의 뜻을 아무것도 파악할 수 없다. 그렇다면 '감독'이라는 한자어의 뜻을 영원히 파악할 수 없거나 그냥 외워야 하거나, 아니면 이미 알고 있는 말이라서 아무런 문제가 되지 않는 세 가지 경우를 떠올릴 수 있다. 대개 둘째와 셋째일 것이다. 따라서 이 한자들을 배우기 전에 우리는 '감독'이라는 한자어의 뜻을 이미 알고 있었거나, 아니면 이 말을 사용하면서 차차 알게 된다고 추론할 수밖에 없다. 이런 한자들이 들어간 낱말은 구성 한자의 훈과 낱말의 뜻 사이에 상관성이 거의 없는 셈이다. 이런 경우에 한자 지식의 역할은 그 낱말이 고유어가 아니라 그저 한자의 조합인 한자어임을 재확인하는 선에서 더 나가지 못한다.

낱말 뜻과 구성 한자 훈 사이의 상관성 다양해

다음으로, 기초한자 1,800자 가운데 70% 남짓의 한자는 '하늘 천'처럼 훈이 고유어로 되어 있는데, 이런 한자들을 모아 만든 낱말에서 한자 지식이 미치는 영향은 일률적이지 않다. 먼저, 한자어 뜻과 개별 한자의 훈 사이에 상관성이 높은 말들이 있다. 부모(父母)는 '아비 어미'로, 애국(愛國)은 '나라 사랑'으로 풀이되므로 한자를 알면 낱말을 이해할 수 있다는 주장에 딱 맞다. 한자 중시론에서는 주로 이런 한자어를 예로 든다. 하지만 상관성이 매우 낮거나 아예 없는 경우도 많다.

훈이 고유어임에도 '사회(社會)'와 '회사(會社)'는 '모임+모임' 정도의 뜻이므로 구성 한자의 훈과 낱말 의미 사이에 상관성이 그리 높지 않다. 상관성이 낮은 경우로 4학년 1학기 사회 교과서에 나오는 '가구, 과태료, 단체'와 같은 한자어를 들 수 있는데, 가구(家口 집/입)는 사람 수를 입에 비유하고, 과태료(過怠料 지날/게으를/헤아릴)는 '헤아릴 료'에서 돈의 뜻이 바로 튀어나오지 않으며, 단체(團體 둥글/몸)는 둥글게 몸을 묶었다는 식으로 의역해야 한다. 상관성이 낮은 것이다. 덧붙이자면, 과태료(過怠料)에 쓰는 '헤아릴 료'는 밭에 양분으로 주는 비료(肥料), 음식을 만드는 요리(料理)에도 함께 쓴다. 흔히 한자가 조어력이 뛰어난 이유로 하나의 한자에 여러 가지 뜻이 있어서 다양하게 붙여 쓸 수 있다는 점을 드는데, 이는 거꾸로 한자어의 뜻을 모호하게 만드는 단점이기도 하다. 한자의 이런 다의성이야말로 한자어를 한자로 표기해도 뜻을 알 수 없게 만들고, 한자어를 한자만으로 가르쳐서는 잘못된 이해로 이끌 위험스러운 요인이다.

마지막으로, '우주(宇宙)'는 '집집'이고 '문화(文化)'는 '글월 됨'인 것처럼, 구성 한자의 훈을 더해도 낱말 뜻과 아무 관계가 없는 한자어가 있다. 4학년 1학기 사회 교과서에 나오는 대표적인 예로 '분포, 산책, 후보' 등을 들 수 있는데, 분포(分布 나눌/베)는 베를 나누면서 어떤 일이 일어났는지 전혀 느낌이 오지 않고, 산책(散策 흩어질/꾀)은 꾀가 흩어지는 것이 산책의 의미인지 받아들이기 어려우며, 후보(候補 기후/도울)는 날씨(기후)와 후보가 무슨 연관이 있는지 이해할 수 없다. 초등 국어 교과서에 나오는 낱말 가운데 상관성이 전혀 없다고 말할 수 있는 대표적인 말을 든다면 이렇다.

초등 국어 교과서에서 한자의 훈과 뜻의 상관성이 없는 낱말들

낱말	한자	한자의 훈과 음	낱말의 뜻
간섭	干涉	방패 간, 건널 섭	직접 관계가 없는 남의 일에 부당하게 참견함.
공부	工夫	장인 공, 사나이 부	학문이나 기술을 배우고 익힘.
극복	克服	이길 극, 옷 복	악조건이나 고생 따위를 이겨 냄.
남방	南方	남녘 남, 모 방	여름에 양복저고리 대신으로 입는 얇은 옷.
누명	陋名	좁을 누, 이름 명	사실이 아닌 일로 이름을 더럽히는 억울한 평판.

낱말	한자	한자의 훈과 음	낱말의 뜻
당장	當場	마땅할 당, 마당 장	일이 일어난 바로 그 자리.
덕분	德分	큰 덕, 나눌 분	베풀어 준 은혜나 도움.
무단	無斷	없을 무, 끊을 단	사전에 허락이 없음. 또는 아무 사유가 없음.
복도	複道	겹칠 복, 길 도	건물과 건물 사이에 비나 눈이 맞지 아니하도록 지붕을 씌워 만든 통로.
부족	不足	아니 부, 발 족	필요한 양이나 기준에 미치지 못해 충분하지 아니함.
비난	非難	아닐 비, 어려울 난	남의 잘못이나 결점을 책잡아서 나쁘게 말함.
성화	成火	이룰 성, 불 화	몹시 귀찮게 구는 일.
송진	松津	소나무 송, 나루 진	소나무나 잣나무에서 분비되는 끈적끈적한 액체.
실천	實踐	열매 실, 밟을 천	생각한 바를 실제로 행함.
안내	案內	책상 안, 안 내	어떤 내용을 소개하여 알려 줌. 또는 그런 일.
야단	惹端	이끌 야, 끝 단	소리를 높여 마구 꾸짖는 일.
용변	用便	쓸 용, 똥오줌 변	대변이나 소변을 봄.
인상	人相	사람 인, 서로 상	사람 얼굴의 생김새. 또는 그 얼굴의 근육이나 눈살 따위.
입장	立場	설 립, 마당 장	당면하고 있는 상황.
취급	取扱	가질 취, 미칠 급	물건을 사용하거나 소재나 대상으로 삼음.
친절	親切	친할아버지 친, 끊을 절	대하는 태도가 매우 정겹고 고분고분함.
현관	玄關	검을 현 관계할 관,	건물의 출입문이나 건물에 붙이어 따로 달아낸 문간
휴지	休紙	쉴 휴, 종이 지	밑을 닦거나 코를 푸는 데 허드레로 쓰는 얇은 종이
흥분	興奮	일 흥, 떨칠 분	어떤 자극을 받아 감정이 북받쳐 일어남

이렇듯 한자어는 구성 한자의 훈과 낱말 뜻 사이에 어떤 상관성이 있느냐에 따라 네 가지로 나눌 수 있다.

- 1무리 ⋯ 훈과 상관성이 높은 한자어

낱말을 이루는 한자의 훈이 모두 고유어이고, 이 고유어 훈을 엮으면 한자어의 정체가 대체로 보인다. 직역에 가깝다.

(예) 부모(아비 부, 어미 모) , 애국(사랑 애, 나라 국)

- 2무리 ⋯ 훈과 상관성이 낮은 한자어

낱말을 이루는 한자의 훈이 모두 고유어이지만, 훈을 엮어도 한자어의 정체가 바로 보이진 않는다. 한자 뜻이 주는 실마리를 이용해 의역해야 한다.

(예) 사회(모일 사, 모일 회), 단체(둥글 단, 몸 체)

- 3무리 ⋯ 훈과 상관성이 없는 한자어

낱말을 이루는 한자의 훈이 고유어든 한자어든 관계없이 훈을 엮어도 낱말 뜻과 거리가 너무 멀다. (예) 비난(아닐 비, 어려울 난), 우주(집 우, 집 주)

- 4무리 ⋯ 훈이 동어반복인 한자어

낱말을 이루는 전부 또는 일부 한자의 훈이 음과 같은 한자어라 구성 한자의 훈과 낱말 뜻 사이에서 동어반복이 일어난다.

(예) 재물(재물 재, 만물 물), 헌법(법 헌, 법 법)

두 개의 한자 [가]와 [나]가 있을 때, [가]+[나] 방식으로 훈을 더하여 그 결과가 [가+나]인 경우에, 즉 구성 한자의 훈과 낱말의 뜻 사이에 상관성이 높을 때, 그 한자어는 의미 투명도가 높다고 말한다. 그와 달리 구성 한자의 훈과 낱말의 뜻 사이에 상관성이 낮거나 없어서 이런 등식이 성립하지 않으면 그 한자어는 의미 투명도가 낮다고 말한다. 구성 한자의 훈과 낱말 뜻의 상관성이 높은 1무리의 한자어는 개별 한자의 뜻을 더하여 그 낱말의 의미에 접근할 수 있으므로 의미 투명도가 높다고 하겠지만, 그 밖의 한자어들은 낱말을 이루는 개별 한자의 뜻을 더해도 그 낱말의 의미에 바로 다가갈 수 없거나 잘못된 개념으로 빠지므로 의미 투명도가 낮다고 하겠다.

　이런 상관성을 기준으로 삼아 초등 3~6학년 국어, 사회, 과학, 도덕 교과서에 나오는 한자어를 분류해 보기로 했다. 내가 보기에 "한자를 알아야 한자어를 이해할 수 있다"는 명제가 지지받으려면 상

초등 3~6학년 과목별 한자어와 훈의 상관성 분석 결과

과목별 낱말	국어		사회		과학		도덕		전체	
	개수	비율	개수	비율	개수	비율	개수	비율	개수	비율
훈과 상관성 높은 한자어	1,198	32%	1,053	30%	549	32%	667	31%	3,467	32%
훈과 상관성 낮은 한자어	590	16%	568	16%	285	16%	356	17%	1,799	16%
훈과 상관성 없는 한자어	239	7%	240	7%	87	5%	126	6%	692	6%
훈이 동어반복인 한자어	1,670	45%	1,609	47%	802	47%	984	46%	5,065	46%
합계	3,697	100%	3,470	100%	1,723	100%	2,133	100%	11,023	100%

관성이 높은 1무리 한자어가 적어도 70%는 넘어야 할 것 같았다. 4개 학년 네 과목 교과서에서 뽑은 한자어는 모두 23,000여 개였고, 각 과목 안에서 중복된 낱말을 하나로 합치니 11,023개가 남았다. 이 낱말들이 네 가지 유형 가운데 어디에 속하는지 분류했더니, 결과는 앞의 표와 같았다.

과목마다 한자어 네 무리의 분포는 거의 비슷한 비율을 보인다. 한자어와 구성 한자의 훈 사이에 상관성이 높은 낱말은 전체 11,000여 개의 32%에 불과한 3,500여 개이고, 한자 훈이 실마리 정도만 제공해주거나 의역과 비유에 해당하는 한자어는 전체의 16%다. 한자 훈으로 한자어 의미를 끄집어내려다가는 오히려 잘못된 개념에 다다를 위험이 있는 한자어가 전체의 6%이고, 한자의 훈이 설명해주어야 할 한자음을 포함하고 있어 한자 풀이가 동어반복을 일으키는 한자어는 전체의 절반 가까운 46%였다. 학년별 분포에서도 네 무리는 거의 비슷한 양상을 보인다.

한자만으로는 한자어 이해하기 어려워

이런 결과는 전반적으로 한자어와 그 구성 한자의 훈이 지닌 상관성이 그리 높지 않으므로 한자 지식을 동원하여 한자어를 가르치려는 전략이 적절하지 않음을 입증하는 것이다. 한자 훈을 동원한 낱말 교육 전략이 그다지 효율이 높지 않거나 쓸모없다는 사정은 한자어 수학 용어 분석에서 더욱 뚜렷하게 드러났다. 광운대 수학과 허민 교수의 연구에 따르자면 초중등 교육과정의 한자말 수학용어 575개 가운데 한자가 용어 이해에 도움이 되는 것은 21%뿐이고, 나머지 79%는 도움이 되지 않거나 잘못된 개념으로 이끌 위험을 지니고 있다.

한자어는 한자에 바탕을 둔 말이므로 한자를 모르면 뜻을 알기 어렵다는 주장을 깊이 파고 들어가 보면 이처럼 한자어 이해를 위한 한자 활용이 오히려 그 명분의 기반을 무너뜨림을 알 수 있다. 즉, 한자어를 이해하기 위해서는 한자를 알아야 하는 게 아니고, 오히려 한자만으로는 한자어를 정확히 이해할 수 없으므로 낱말 교육의 핵심 도구로 한자에 너무 큰 기대를 거는 것은 바람직하지 않다. 더구나 한자 중시론에서도 한자어 이해에서 중요한 요소는 구성 한자의 훈이라고 전제하므로, 한자의 모양 암기나 노출이 관건인 한자병기 및 한자혼용의 근거는 더욱 박약하다.

그런데 한자 지식을 동원하여 한자어를 가르친다는 전략의 타당성을 검토할 때 어원 상관성뿐만 아니라 한 가지 더 고려할 사항이 있다. 낱말의 사용 빈도다. 인지과학자들의 실험에 따르자면, 자주 사용하는 고빈도 단어에서는 '애국'처럼 의미 투명도가 높건 '비난'처럼 의미 투명도가 낮건 그 낱말을 인지하고 사용하는 데에 차이가 나지 않는다. 한자어의 구성을 아는 게 낱말 뜻 이해를 좌우하지 않는다는 이야기이다. 즉 의미 투명도가 낮은 한자어는 한자 지식이 아무 쓸모가 없지만, 의미 투명도가 높은 한자어일지라도 굳이 한자를 알아야만 그 낱말의 뜻을 이해할 수 있는 것은 아니다.

일부 단어에서만 한자 훈 알려주면 될 일

의미 투명도가 단어 인지에 영향을 미치는 쪽은 자주 사용하지 않는 저빈도 단어일 경우이다. 저빈도 단어에서는 의미 투명도가 높은 한자어를 더 빨리 인지한다는 실험 결과가 나온 것이다. 그래서 저빈도 한자어 가운데 의미 투명도가 높은 낱말만을 골라 사전에 나오는 풀이를 이용한 단어 수준의 학습과 구성 한자의 정보를 알려주는 한자 형태소 수준의 학습을 거친 결과가 어떤 영향을 미치는지 실험해보았다. 그랬더니, 한자 형태소를 아는 것이 단어의 사전적 의미를 학습하는 것보다 단어 이해에 더 도움이 되는 것으로 나타났다. 연구자들은 이런 결과를 들어 다음과 같이 조언한다.

"학교에서는 주로 단어의 정의를 제공하고 단어를 암기하게 함으로써 새로운 어휘 학습을 도모한다. 그러나 본 실험의 결과는 단어의 정의가 아니라 구성성분의 형태적 정보를 제공하여 의미적 투명도를 높여주는 방식—형태소 정의 조건—이 한자어 전문용어의 학습에 더 효율적일 수 있음을 시사한다." - 배성봉 외 '한자어 인지와 학습에서 의미투명성의 효과'

이 결론만 보면 한자 중시론을 지지하는 것으로 오해할 수도 있지만 사실은 그 반대이다. 여기서 한자 정보란 한자의 모양이 아니라 바로 한자의 훈이 지닌 뜻을 가리킨다. 이 실험에서는 한자의 의미 정보, 즉 훈만 가르쳐주어 이런 결과를 얻은 것이다. 이들은 한자 모양 교육 없이 훈에 대해서만 알려줘도 의미 투명도가 높은 저빈도 한자어의 이해에 도움이 된다고 보고한다.

"많은 교사와 학부모들이 독서 이해력을 향상시킬 목적으로 한자의 교육을 고려한다. 본 연구는 한자어의 이해를 위해서 반드시 한자를 습득할 필요가 있는 것이 아님을 시사한다. 한자의 교육 없이도 한자어의 이해는 향상될 수 있다. 한자어는 음절을 단위로 하는 의미 성분들로 구성되어 있으며, 이러한 성분들을 주의하고 학습하면 한자어의 이해는 향상될 수 있다." - 배성봉 외 '한자어 인지와 학습에서 의미투명성의 효과'

한자는 사교육에 맡겨도 될 문제

한자의 종류, 한자어의 종류, 구성 한자와 낱말 사이의 상관성, 사용 빈도와 한자어 인지의 차이 등 기나긴 논리 여행을 거쳐 이제 우리는 이런 결론에 이르렀다.

1) 한자어 의미를 이해하려 할 때 구성 한자의 훈을 모아 풀이하는 게 도움이 되는, 즉 의미 투명도가 높은 한자어는 전체의 32% 남짓이므로 이 전략을 보편적으로 적용할 수 없다.
2) 의미 투명도가 높은 한자어일지라도 자주 접하는 고빈도 한자어 이해에는 굳이 한자 지식을 동원할 필요가 없다.

3) 의미 투명도가 높은 한자어 가운데 자주 접하지 못하는 저빈도 한자어의 이해에 한자 지식이 도움이 되지만, 이때 도움이 되는 요소는 한자 모양이 아니라 한자의 훈이다.

결국 한자어 교육에 한자 표기를 사용하려는 전략이 별 효용이 없다면 초등학교 공교육에서 한자를 가르치거나 교과서에 한자를 표기하는 일은 사라져야 한다. 그것은 사교육의 영역으로 남겨두어 학생의 기호에 따라 선택하도록 해도 아무 문제가 없다. 잘 살고 못사는 차이 때문에 한자 습득의 차이가 나므로 이를 사교육에 맡기지 말고 공교육으로 흡수해야 한다는 주장이 있지만, 한자 능력 차이가 학생들의 일반적인 학습 수행과 성취에 영향을 미치지 않으므로 굳이 공교육에서 다룰 필요가 없는 것이다. 초등 공교육에서 한자를 중요하게 다룰수록 한자 사교육이 극성을 부릴 뿐이다.

5장.
고유어든 한자어든
이해 구조는 같다.

일부 극단적인 한자혼용론자를 뺀다면, 한자를 중시하는 사람들 대부분은 한자어를 제대로 이해하도록 기틀을 잡아주자는 게 목적이라고 말하므로, 그 실제 목표란 결국 어휘력을 높이는 것이다. 그렇다면 사람이 어떻게 어휘를 늘려나가고 그 의미를 더욱 분명하고 풍부하게 알아가는가 하는 문제를 고민해야 한다. 이에 앞에서 거들떠보지 않았던 고유어의 의미 이해 과정을 살펴보자. 한자어의 뜻이 고유어의 압축 번역이라면, 그 뜻은 한자에 있는 게 아니라 그에 앞서 고유어에 담긴 셈이니, 한자어 이해 이전에 고유어 이해의 구조를 살펴본다면 어휘의 의미를 획득해가는 과정을 쉽게 확인할 수 있을 것이다.

사실, 한자의 훈과 음을 결합하는 일은 '하나 = 일 = 1 = 一' 정도로 연결하여 짝을 맞추는 매우 단순한 활동이지 무어 그리 대단하고 창조적이랄 게 없다. '난이'와 같은 한자어의 뜻이야 그 훈인 고유어에 기대어 '어려움과 쉬움'이라고 알 수 있다. 그렇지만 이 고유어의 뜻은 도대체 어떻게 알게 된단 말인가? '어렵다'를 '쉽다'의 반대말이라고 설명한다면 '쉽다'는 또 어떻게 설명하겠는가? 그럼에도 한자 문제를 논할 때 '어렵다, 쉽다'와 같은 말의 뜻은 어떻게 알게 되느냐고 누구도 묻지 않는다. 한자어의 뜻이 구성 한자의 훈에서 온다고 주장하는 사람들은 한자의 뜻을 이루는 고유어, 즉 '어려울 난'의 '어렵다'의 뜻을 한국인이라면 누구나 저절로 알게 되는 것처럼 전제한다. 하지만 고유어라고 하여 우리가 태어날 때부터 그 의미를 알고 있었을 리는 없다.

낱말의 뜻은 내 머리 바깥의 세계와 내가 관계를 맺는 활동, 즉 체험 속에서 얻어진다. 두어 살의 어린아이가 숟가락을 드는 일, 신발을 신는 일부터 어렵고 쉬움을 체험하면서 아이에겐 그 상황과 언어적 장면의 공통된 속성이 기억으로 남는다. 이 기억에 바탕을 둔 개념은 신발의 짝을 맞추는 일, 순서대로 수를 세는 일 따위 좀 더 고차적인 두뇌 활동에서 어렵고 쉬움을 겪으며 확장되고 구체적으로 형성된다. 네 발 자전거에서 두 발 자전거로 바꿔 타는 일, 초등학교에 들어가 질문을 이해하고 셈을 해 답을 찾아내는 일, 중고교에서 정해진 짧은 시간 안에 많은 문제를 해결하는 과제 등을 경험하면서 느끼는 '어려움'은 어린 시절의 느낌과는 또 다르다. 그러면서 어렵고 쉬움이 매우 상대적이라는 사실까지 알게 된다. 또한, 지식 습득이나 인지 과정에서 겪는 어려움만이 아니라 남과 관계를 맺고 소통하는 일, 자신의 감정을 다스리는 일, 도덕적 가치 판단을 내리는 일에서도 어렵고 쉬움을 경험한다.

'어렵다'는 말은 이처럼 몸과 마음과 머리에서 힘이 달려 낑낑대던 모든 경험과 맞물려 있다. 특히 주위 사람들과 주고받는 대화에서 누구든 그 상황과 맥락에 맞게 '어렵다'는 말을 사용하므로 그 다양한 언어적 장면이 머릿속에서 '어렵다'는 개념의 구성 자원으로 기능하게 된다.

체험에 바탕을 두고

아주 어릴 적부터 아이들은 주변 어른들의 말을 듣고 입 모양과 행동을 보면서 말의 소리와 의미, 어순 등의 사용 방법 따위를 깨달아간다고 한다. 발달심리학자 토마셀로에 따르면, 아이들은 어릴 때부터 주위에서 듣는 말을 분석하여 그 구성 요소로 나누려 하며, 이 과정에서 문법을 발달시키고 이 틀에 단어와 형태소, 구 등을 넣어 자신의 말을 만들어낸다고 한다.

체험과 사용에 바탕을 두고 어휘의 의미를 이해하는 이런 원리는 고유어에만 적용되는 게 아니다. 훈이 동어반복인 한자를 포함한 4무리 한자어, 즉 도무지 한자 풀이로 뜻을 알 수 없는 한자어의 뜻을 알아가는 과정 또한 마찬가지다. 예를 들어 '정도(程度)'와 같은 낱말의 뜻을 알아가는 과정 또한 앞의 '어렵다'는 고유어의 뜻을 알아가는 과정과 하나도 다를 게 없다. 남들이 '정도'라는 말을 사용할 때 드러나는 공통의 성질과 쓰임새를 분석하여 머릿속에 저장하였다가 특정 상황에서 능동적인 두뇌 활동으로 이 말을 끄집어내 사용하면서 좀 더 구체적으로 그 의미와 용법을 이해하게 되는 것이다. 그리고 이 같은 사용을 반복적으로 체험하면서 능동적으로 개념을 구성한다.

실은, 4무리의 한자어뿐만 아니라 훈과 상관성이 낮은 2무리와 상관성이 높은 1무리의 한자어, 예를 들어 '인구', '부모'와 같은 말도 생활 속 체험에서 그 낱말의 구체성을 쌓아가고 뜻을 알게 되며, 이를 나중에 문자와 연결할 뿐이다. 다섯 살짜리 아이가 한자를 알아서 '부모', '학교'와 같은 말의 뜻을 알게 되는 게 아니다. 체험을 통해 낱말의 쓰임새를 자각하고 나름의 개념을 만드는 것이다. 그리고 커서 이런 한자어의 구성을 한자와 연결하면 사후 확인 차원에서 낱말의 뜻을 다시 한 번 다지는 활동이 될 뿐이다. 즉, 고유어의 뜻을 습득하는 원리와 과정이 한자어에도 그대로 적용된다. 체험과 사용에 바탕을 둔 낱말 이해에 보편적인 원리가 적용되는 것이다.

단어의 의미는 맥락에 따라 달라진다

사람은 여러 가지 체험에서 얻은 어떤 대상과 활동의 다양한 속성을 머릿속에서 분류하여 저장하고, 다시 그 기억의 능동적인 활동과 새로운 경험을 종합하여 현재의 개념을 구성한다. 이때 떠오르는 어휘의 의미는 국어사전의 정의에 딱 떨어지는 것이 아니다. 체험의 양과 깊이에 따라, 그리고 상황과 맥락에 따라 개념은 달라진다. 사전 풀이로는 '영리를 목적으로 모여 일하는 곳'이라는 '회사'가 아이에게는 '아침마다 엄마 아빠가 나만 떼어놓고 간다는 곳, 엄마 아빠에게 술 권하는 곳' 정도의 개념이지만, 성인에게 '회사'는 '살림을 꾸려갈 돈을 벌어오는 곳, 나의 재능과 꿈을 실현하는 곳, 스트레스 생산지, 위험과 기회가 공존하는 전쟁터' 따위의 종합적인 개념으로 다가온다. 그것은 '모일 회, 모일 사' 정도의 한자 풀이로 설명할 수 있는 내용이 아니다.

무수한 체험을 겪으면서 우리는 그 대상과 낱말과 상황에서 다양한 속성을 받아들여 분류하고 귀납적으로 개념을 구성한다. 그리고 어떤 구체적 상황에서 그 낱말이 지시하는 대상이 어떤 행동을 유도하는지 파악하고 이를 자기 몸의 요구와 문장의 틀에 맞춰 해석한다. 인지과학의 지시가설에 따르자면, 우리가 낱말에서 뽑아내는 생각을 '행동유도성(affordance)'이라고 부르는데, 체험에서 얻은 개념을 바탕으로 사람은 문맥 속의 여러 낱말이 제시하는 다양한 행동유도성을 분석하고 종합하여 문장 이해에까지 다다른다. 구체적인 상황에서 어떤 대상이나 개념이 인식 주체에 제공하는 행동유도성을 인식 주체가 능동적으로 묶어내어 문장의 의미를 이해하게 되는 것이다.

예를 들어 '자동차'라는 말은 '편안함, 속도감, 위험, 졸음, 교통 체증과 짜증, 지위의 상징' 따위 여러 가지 행동유도성을 제공한다. 신호등 근처에서 차가 온다는 말을 들었다면 '위험'을, 외제차라는 말을 들으면 '지위 상징'이라는 행동유도성을 떠올린다. 그러므로 '자동차'를 보지 못한 사람에게 '스스로 자, 움직일 동, 수레 차'라고 한자를 알려준다고 하여 자동차라는 말이 주는 다양한 행동유도성을 이해시킬 수는 없다. 마치 살구를 먹어보지 않은 사람이 '살구는 시다'라는 사람들 평을 외우듯이 그저 자동차의 사전식 풀이를 외우는 수준에서 벗어날 수 없다.

한자 훈을 더하면 한자어 뜻을 알 수 있다는 단순한 믿음과 달리 현실의 언어생활에는 이런 생생하고 주체적인 사정이 담겨 있지만, 한자 중시론에서는 이를 보지 않는 듯하다. 즉, 낱말의 뜻이 상황과 문맥, 말을 사용하는 사람의 체험과 연결될 때에만 의미가 살아난다고 보기보다 어휘의 의미는 고정되어 있고, 문맥과 독립적인 순수한 의미가 있다고 보는 것이다. 그래서 집합에 비유하자면, 어휘의 의미는 분류할 수 있는 '원소'의 모음인 집합이라고 여겨 어휘를 교육할 때에도 '원소'의 성분을 분석하고 가르쳐서 결합하는 방식을 취한다. 한자어를 가르칠 때도 한자어의 의미 '원소'인 구성 한자의 훈에 분석적으로 접근하는 방법을 택한다. 그리고 학습자는 자신과 무관하게 규정된 의미를 수동적으로 받아들여야 한다. 특히 낯선 낱말이 등장했을 때에는 더더욱 그렇다.

낯선 어휘의 의미를 학습하는 것이 어휘량을 늘리는 데에 도움이 되므로, 여기에 어휘 교육의 일차적 목표가 잡히는 것은 당연하다. 그런데 낯선 낱말들을 한자 풀이나 사전적 정의를 외워 의미를 습득하게 하려면 그 효율은 매우 낮을 수밖에 없다. 구성 한자의 훈과 상관성이 낮아서 그렇기도 하지만, 본질적으로 그것은 학습자에게 살아 있는 어휘, 학습자와 관계를 맺고 있는 어휘가 아니기 때문이다. 그런 낱말들은 다양한 노출과 사용이 이루어지지 않는다면 체화

되지 못하고 잊히는 것이 불가피하다. 이런 자연스러운 사정을 아쉬워하며 무리수를 두는 게 바로 강제적 암기 교육이다.

최근의 인지주의 언어론에서는 단어가 실제로 사용되는 사회적 맥락과 상황적, 언어적 맥락에 따라 그 의미가 달라지기도 한다고 본다. 사람은 사전의 풀이를 암기하여 의미 파악에 적용하는 게 아니라 특정한 상황과 맥락 속에서 자신이 가지고 있는 모든 지식을 총동원하여 의미를 구성하고 개념화하는 주체적이고 능동적인 활동을 한다는 것이다. 따라서 단어의 의미 구성은 그 단어를 사용하는 활동의 영향을 강하게 받는다. 어휘 교육이 어휘를 사용하는 활동, 즉 지금의 교육보다는 좀 더 글쓰기와 말하기, 개념과 연관된 활동 등을 중심으로 이루어져야 하는 까닭이 바로 여기에 있다.

말하기와 글쓰기 활동 강화해야

한자어의 의미가 구성 한자의 훈으로 환원된다는 한자 중시론의 주장은 앞서 제시한 한자어 상관성 분석 결과에서도 사실이 아니라는 점이 이미 드러났다. 그런데 더더욱 큰 문제는, 한자 중시론의 관점이 낱말의 이해에 관한 근본적인 원리를 무시한 채 그 표층에서 작동하는 '짝 맞추기, 번역'의 작업을 '낱말 이해 과정'이라고 오인함으로써 낱말 이해의 일반 원리를 왜곡한다는 점이다. 상관성이 높은 경우일지라도 한자의 단순한 뜻풀이는 사전의 정의보다도 훨씬 허술하기 때문에 사전에 정의된 의미를 훌쩍 뛰어넘는 현실의 맥락적 의미를 잡아내는 데 한계가 있다. 낱말 교육 면에서 보자면 현실의 체험에서 얻는 생생함이 사라진 죽은 개념, 아니 아직 살아나지 못한 개념을 외우게 할 뿐이다. 어휘 습득은 체험과 사용에 기반을 두고 일어나므로, 이를 강화할 다양한 체험 활동과 글쓰기, 토론, 말하기 교육을 더 충실하게 설계하는 게 좋다. 한자 교육은 이렇게 의미를 자각한 어휘에 대해 사후 확인 차원에서 개념을 정비하는 데에 사용하는 보충적 수준을 벗어날 수 없다.

다만, 초등학교 3학년부터 한자 기반 학습 용어가 어린 학생들에게 산더미처럼 제시된다는 문제점은 다음과 같이 해결해야 한다. 첫째, 용어를 바꿔야 한다. '즐문토기(櫛文土器)→빗살무늬토기, 타제석기(打製石器)→뗀석기, 백혈구(白血球)→흰피톨' 등의 사례에서 볼 수 있듯이 주로 일본에서 만들어진 어려운 한자 기반 학습 용어를 토박이말이나 쉬운 말로 바꿔야 한다. 해방 뒤에 우리말로 쉽게 학술 용어를 만들고자 애썼던 결과가 많이 남아 있으니 이를 되살리고, 새로이 학술 용어를 쉬운 말로 바꾸는 연구를 진행해야 한다. 둘째, 문장에서 어려운 한자어 대신 토박이말이나 쉬운 한자어를 사용해야 한다. '소거하다'라는 말을 '없애다'라고 표현하는 식이다. 셋째, 초등 교육과정의 양을 줄이고 교육과정에 나오는 용어의 양도 줄여야 한다. 또한, 교육을 일방적인 지식 전달 과정으로 여기는 과거의 교육관에서 벗어나 학습자의 주체적인 지식 구성 능력을 키워주는 쪽으로 관점을 바꿔야 지나치게 많은 학습 용어를 제시하는 폐단을 없앨 수 있다.

하나의 단어가 현실을 다 담을 수 없을뿐더러, 새로운 개념을 번역할 때에는 더더욱 불완전함을 피할 수 없기에 조각조각의 한자가 제공하는 뜻이 전체인 것처럼 오해하게 해서는 결코 좋은 공부라고 할 수 없다. 어휘 교육에서는 문장 속 쓰임새, 관련어, 문법 성격, 어원을 두루 알려줘야 한다. 특히 다양한 문맥 속에서 다른 느낌으로 사용되는 쓰임새를 체험하고 이런 경험을 귀납적으로 정리하여 자신의 개념을 능동적으로 구성하도록 도와주는 어휘 교육이 중요하다.

그리고 한자 지식은 어린 시절보다는 어느 정도 한국어 체계를 내면화한 뒤에 중학교부터 한자어의 구성성분을 확인하는 수준에서 갖추어도 낱말 익힘에 문제가 없다. 이를 지나치게 강조하다 보면 어휘 교육에서 보조적으로 사용해도 될 도구를 핵심이라고 앞장세움으로써 어휘 교육을 왜곡할 수도 있고, 중학교 수준부터 시행해도 될 한자 교육 및 활용을 초등 시절부터 강요함으로써 학생들의 부담만 키운다.

국민 알 권리 보장하는 한글전용 합헌이다

한글문화연대 사단법인 한글문화연대

헌법재판소 판결이 나던 날

6장.
한글 시대를 선포한
헌법재판소

2016년 11월 24일, 헌재는 이 헌법소원 사건의 판결을 내렸다. 헌재에서는 청구인들의 요구 네 가지 가운데 국어기본법의 공문서 한글전용을 규정한 둘째 사안을 '공문서 조항', 초중등 교육 과정에서 한자·한문 교육의 선택 과목화를 다룬 넷째 사안을 '한자 관련 고시'라고 불렀다. 헌재는 이 '공문서 조항'과 '한자 관련 고시'에 청구한 위헌 확인 요구를 기각하고 '국어의 정의 수정'과 '교과서 한자 혼용' 요구는 심리할 필요조차 없다고 모두 각하하였다. 공문서의 한글전용에 대해 헌재는 다음과 같이 판시하였다.

"이 사건 공문서 조항은 공문서를 한글로 작성하여 공적 영역에서 원활한 의사소통을 확보하고 효율적·경제적으로 공적 업무를 수행하기 위한 것이다. 국민들은 공문서를 통하여 공적 생활에 관한 정보를 습득하고 자신의 권리 의무와 관련된 사항을 알게 되므로 우리 국민 대부분이 읽고 이해할 수 있는 한글로 작성할 필요가 있다. 한자어를 굳이 한자로 쓰지 않더라도 앞뒤 문맥으로 그 뜻을 이해할 수 있는 경우가 대부분이고, 뜻을 정확히 전달하기 위하여 필요한 경우에는 괄호 안에 한자를 병기할 수 있으므로 한자혼용 방식에 비하여 특별히 한자어의 의미 전달력이나 가독성이 낮아진다고 보기 어렵다. 따라서 이 사건 공문서 조항은 청구인들의 행복추구권을 침해하지 아니한다."

각하한 사안과 '공문서 조항'에 관한 기각 판결은 재판관 전원 일치였으며, '한자 교육 관련 고시'에 대해서는 위헌 의견을 낸 4명이 있었지만 5:4로 기각하였다. '한자 교육 관련 고시'에 대한 기각 이유를 밝힌 다음 대목은 한자에 관한 과장 광고를 차분히 비판하고 있어서 눈여겨볼 만하다.

"한자어는 굳이 한자로 쓰지 않더라도 앞뒤 문맥으로 그 뜻을 이해할 수 있는 경우가 대부분이고, 낱말에 담긴 뜻은 결국 그 단어에 대한 지식과 정보를 습득하고 실제 생활에서 그 단어를 사용하는 과정을 통해 정확히 이해하게 되는 것이므로, 그 낱말이 한자로 어떻게 표기되는지를 아는 것이 어휘 능력 향상에 결정적인 요소가 된다고 보기 어렵다. 독해력이나 사고력의 향상도 근본적으로는 꾸준한 독서와 다양한 경험 등을 토대로 이루어지는 것이므로, 한자 지식이라는 하나의 요소가 학생들의 독해력 향상에 큰 영향을 미치는 것은 아니다."

게다가 '한자 교육 관련 고시'에 대한 반대 의견을 낸 네 재판관도 문제가 초등학교 교육 과정에 있지 않음을, 즉 중고교 한자 교육부터 먼저 정상화하여야 함을 수차례 밝혔던 내 생각과 비슷한 견해를 이렇게 말했다.

"초등학교 단계에서는 모국어의 기초 낱말에 대한 감수성을 키우고 우리 글의 기본과 언어 예절, 대화 방법 등 기초적인 언어 학습을 해야 하는 시기이므로 한자 교육을 한글 교육과 동시에 하는 것이 반드시 바람직하다고 보기는 어려울 수 있다.

그러나 중고등학생은 우리말과 글에 대한 이해와 사용 능력이 어느 정도 갖추어진 상태로, 한자 교육이 한글 학습이나 기초적인 언어 습관 형성에 혼란을 초래한다고 보기 어렵다. 오히려 적절한 수준의 한자 교육은 위에서 본 바와 같이 우리 전통에 대한 이해와 사고를 기르고, 우리말의 어휘력을 향상시키며, 각 교과 과목의 필수 개념을 이해하는 데 도움을 주는 등 학생들의 교육적 성장과 발전에 크게 기여할 수 있다. …… 최소한 중등학교에서부터 기본적인 한자 지식을 갖추게 하고 이를 바탕으로 대학에서는 보다 심화된 내용의 한자 학습과 학문적 연구 등을 할 수 있도록 교육의 토대를 마련할 필요가 있다.

한자에서 한글로 넘어오는 과도기에 종지부 찍어

방청석에서 숨죽이고 판결을 듣던 나는 환호성을 지를 수도 없는 분위기 때문에 조용히 법정을 빠져나와 미리 준비해 간 한글문화연대 논평을 법정 건물 앞에서 기쁜 마음으로 발표했다. 언론에도 바로 뿌린 논평에서는 이 판결의 의미를 다음 세 가지로 정리했다.

"첫째, 이 판결은 일부 식자층 위주의 말글살이가 아니라 국민 전체의 '알 권리'를 보호하는 말글살이가 중요하다는 '언어 인권' 정신이 우리나라에 뿌리내림을 뜻한다. 둘째, 이 판결은 우리 한민족의 문자 역사가 19세기 말부터 대략 1백여 년의 과도기를 거쳐 한자 시대에서 한글 시대로 완벽하게 옮아왔음을 선포하는 것이다. 셋째, 청구인들과 동일한 논리를 펼치는 지나친 한자 숭상론이 더 이상 우리 교육을 망가뜨려선 안 된다는 주장의 올바름을 확인해 준 것이다."

한번은 제대로 짚고 넘어갈 일이었으므로, 나는 헌재의 이번 공개 변론과 판결이 우리 사회가 한 걸음 나아가는 계기가 되었다고 믿는다. 넓은 시야로 보자면, 한자혼용으로 돌아가자는 주장은 일종의 과도기 혼란이다. 국한문혼용이라는 표기 방식은 우리 선조들이 사용한 일반적인 문체가 아니다. 우리 조상들은 우리말을 중국어로 번역하여 한자로 기록했고, 이 '한문'이 19세기 말까지 주된 문체였다. 말의 순서와 글의 순서, 말의 표현과 글의 표현이 달랐던 것이다. 이런 번역 시대로부터 말과 글이 순서와 표현 모두 일치하는 시대로 넘어가는 과도기에 1백 년가량 국한문혼용이라는 문체가 주로 사용된 것이다. 한자를 사용하여 한문 번역 생활을 하던 지식인들이 당연히 자신에게 익숙한 한자를 버리지 못하고 국한문혼용으로 옮아간 것은 어쩌면 자연스러운 변화일지도 모른다. 그 과도기에 어린 시절의 호기심과 젊은 날의 총명함을 모두 바쳐 글을 읽고 쓰던 분들 처지에서 요즘의 한글전용은 참으로 걱정스러운 삶의 방식이리라.

사람은 누구나 자기가 열정적으로 살던 시대의 삶의 방식, 생각의 방식을 자연스럽고 진실하며 가장 사람다운 것이라고 여긴다. 누구에게나 '그때가 좋았던' 바로 그때가 있다. 그것은 자기 삶의 정체성과 정당성의 표출이니, 어찌 이를 그저 탓하기만 할 수 있겠는가? 하지만 세상은 바뀌고 사람살이도 변한다는 점만은 부정하지 말아야 한다. 자연스러운 세상의 움직임을 돌이키려는 시도가 바로 한자어로 '반동(돌이킬 반 反, 움직일 동 動)'이다. 대부분 노년 세대인 청구인들의 걱정이 그저 헛되거나 사리사욕의 결과라고 할 수는 없다. 이분들의 걱정이 반동으로 떨어지지 않으려면 젊은 세대와 꾸준히 대화하면서 그들의 세계를 이해하고 그들을 믿어야 할 것 같다. 미래는 미래 세대에게 맡겨야 한다.

다시 국어를 사랑하기 위하여

나는 대한민국 국민으로 태어난 것이 고맙고 자랑스럽다.

분단과 기나긴 독재, 경제위기와 무한경쟁의 굴레에 나 역시 견디기 힘들 때가 많았다. 일제 강점과 전쟁을 겪은 어르신들이라면 더더욱 그럴 터, 우리 근현대사는 국민 모두에게 참으로 아프고 고단한 여행길이었다. 만만치 않게 힘든 나라다. 만일 이 땅에 태어나지 않았다면 나는 더 행복한 삶을 누릴 수 있었을까? 쓸데없는 상상일 뿐이다. 나의 역사와 생각과 감정은 이 땅에서 지금까지 익은 것이니 다른 시대에 다른 곳에서 살았다면 그것이 어찌 나이겠는가?

날씨 좋고 자연이 아름다워서, 가난을 이겨내고 잘살게 되어서, 기나긴 역사 속에 민족 독립과 정체성을 지켜내서, 어려움이 닥쳐도 신명이 사그라들지 않아서 내가 대한민국을 사랑하는 것만은 아니다. 나의 나라 사랑은 다른 무엇보다도 대한민국이 우리가 만들어가는 민주공화국이기 때문이고, 이 나라가 점점 더 나의 자유와 존엄을 지켜주는 쪽으로 발전하고 있다는 믿음 때문이다. 국가가 국민의 자유와 존엄을 위해 일하는 날이 오겠냐고 체념했던 사람들도 있지만, 나는 우리 시민 한 사람 한 사람의 노력이 모여 국민의 자유와 인간다운 삶을 보장해주는 나라를 만들게 될 거라고 기대하며 살았다. 그렇게 바꾸려고 노력했다. 나와 비슷한 생각을 했던 수많은 국민이 과거엔 이승만, 박정희, 전두환 독재와 싸웠고, 최근엔 국정 농단 세력을 몰아내고자 거리에서 촛불을 밝혔다. 인권과 민주주의, 그것이 우리의 목표였다.

그렇기에 나는 나날이 민주주의 문화가 발전하는 대한민국이 사랑스럽고 자랑스럽다. 내 몸과 영혼이 이 나라와 통한다는 느낌을 받을 때마다 짜릿하다. 대한민국은 나의 모습이기도 한 것이다. 늘 소란스럽고 가끔 실망스러울 때도 있지만, 그래도 이 나라는 보람을 찾을 수 있는 곳이다.

물론 나와 달리 이 땅의 삶을 오로지 고통으로, 절망으로 느끼는 사람들도 있을 터이다. '헬조선'을 저주하는 젊은이들도 많다. 주로 재산과 학벌과 능력의 차이를 너무 심한 사회적 격차로 끌어가는 어떤 악마 같은 힘에 무력감과 분노를 느껴서 그럴 것이다. 차별과 모욕도 적지 않다. 나로선 이 문제의 해결책을 속 시원하게 말할 수 없다. 하지만 단 한 가지는 분명하다. 이런 문제를 해결하기 위해서라도 우리는 삶의 원리와 가치를 좌우하는 정치에 참여해야 하고 다른 시민들, 정치인들과 토론하며 답을 찾아가야 한다.

인권과 민주주의를 위해 국어를 사랑해야

　대한민국을 더 멋지고 행복한 나라로 만드는 일은 우리 시민 모두의 과제이고, 그 행복을 나누어 갖는 것은 우리 모두의 권리다. 인권을 가장 소중하게 여기는 나라, 시민들의 자유로운 의사 표현이 민주적으로 모여 다스려지는 공동체. 바로 내가 그리는 대한민국이다. 다양한 국민의 힘을 모아 대한민국을 더 좋은 민주공화국으로 만드는 데에는 역시나 민주적인 소통이 관건이다. 그것은 말과 글로 이루어진다. 그래서 나는 인권과 민주주의를 지키려면 먼저 국어를 사랑해야 한다고 말하고 싶다. 국어를 잘 지키고 다듬어서 우리 모두가 편하게 쓸 수 있어야 소통의 장벽을 없앨 수 있기 때문이다.

　말이 편하지 않다면 누구든 자유롭게 생각하고 표현하기는 어려우리라. 편하고 풍부하게 소통할 수 있는 국어가 우리에겐 필요하다. 내 몸에 잘 맞는 옷이 늘 입기 좋듯이 내 정신에 잘 맞는 말이 소중하지 않을 수 없다. 정갈하게 갈아놓아 잘 드는 칼처럼, 나의 일에 최적화된 컴퓨터처럼, 내 운전 습관에 딱 맞게 조율된 자동차처럼 나는 국어가 우리 국민 모두의 생활에서 몸에 찰싹 달라붙어 소통의 길을 뻥 뚫어주는 훌륭한 연장이길 바란다.

　사람은 자신과 비슷한 대상이나 성향을 사랑하는 경향이 있다. 세상에는 누가 사랑하라고 말하지 않아도 사랑하게 되는 대상이 있고, 그저 무덤덤하다가 어떤 깨달음을 얻고 나서야 사랑하게 되는 대상이 있다. 대개 자식이나 애인이 앞의 부류라면, 부모와 나라, 자연 등은 뒤의 부류일 것이다. 앞의 사랑에는 이유가 필요 없지만, 뒤의 사랑에는 이유가 분명할수록 사랑도 깊어진다. 부모는 꼬물거리며 자라나는 아이를 보면서 어린 날의 자신을 확인할 수 있지만, 자식은 이미 30년 전의 시대를 먼저 살아간 부모의 삶을 이해하기가 쉽지 않다. 가까운 시간과 공간에서 살아 움직이는 애인은 바로바로 사랑을 확인할 수 있는 존재이지만 자연과 나라는 내가 태어나기 전부터 주어진 환경이었고, 그것이 내게 도움을 주는지 어떤지 평소에 확인하기도 만만치 않다. 그러므로 부모가, 자연이, 나라가 나와 비슷하다는 느낌, 즉 나를 나답게 만들어주는 정체성의 한 부분을 이루고 있거나 그걸 공유하고 있다는 느낌을 구체적으로 가지게 될 때 비로소 그에 대한 사랑이 크게 일어난다. 우리말에 대해서도 마찬가지일 것이다.

해방 때처럼 국어를 사랑할 수는 없어도

우리 국민은 어떻게 하면 다시 한국어와 한글을 사랑하게 될까? 어쩌면 그것은 불가능할지도 모른다. 일제 강점 때처럼 '금지된 사랑'이라면 모를까, 지금 한국어는 생존을 걱정하지 않아도 되는 부강한 나라의 국어다. 일제강점기나 해방 직후와 같은 열렬한 사랑을 요구하는 것은 "옛날엔 정말 먹을 게 없었다."라고 말씀하시면서 밥 남기는 손주를 탓하는 할아버지와 다를 바가 없다. 국민 개인과 민족의 정체성이 이제는 쉽사리 훼손당할 처지가 아니니, 비록 염려는 되더라도 옛날식 사랑을 강요하지는 말자.

사실, 우리나라와 같은 단일 민족, 단일 언어 사회에서 모두가 똑같이 늘 사용하는 말에 약간의 지루함을 느끼지 않을 사람이 얼마나 있겠는가? 개인 생활에서 적절한 외국어 사용과 욕설, 은어, 말 파괴 등은 많은 사람에게 돈 안 드는 활력소, 스트레스 완화책임을 부정할 수 없다. 더구나 세계화, 정보화에 따라 요리, 유행, 예능, 살림 등 생활문화에서 외국의 전문용어가 수없이 쏟아져 들어오는 오늘날, 외국어와 유행어 사용은 삶의 자잘한 재미이기도 하다. 이를 마냥 나쁘다고만 욕할 수는 없다. 사람이니까……

다만, 쓸 때와 아닐 때를 가려 쓰는 지혜가 필요하다. 인권과 민주주의를 지키기 위해 적어도 공공 영역에서는 누구나 알아먹기 쉽고 예의 바른 말을 사용해야 한다. 학문의 발전과 지식의 대중화를 생각한다면 전문가는 일반인과 대화할 때 전문용어 가운데 사람들에게 자주 노출되는 말은 쉬운 우리말로 바꿔 써야 한다. 애건 어른이건 친구와 놀 때 빼고는 욕설, 비속어, 은어 등을 쓰지 않을 수 있어야 한다. 우리가 우리말과 한글을 열렬히 사랑하지는 않는다고 하더라도 최소한 지켜내야 할 곳에서는 지켜내야 한다. 그러면서 점차 사랑할 만한 대상으로 국어를 다듬어야 그런 국어가 우리 미래 세대의 행복을 키워준다. 이런 관점에서 최소한 다음 네 가지는 우리의 과제다.

다시 국어를 사랑하기 위하여

첫째, 정부 공문서와 정책용어에서 외국어 남용을 없애야 한다. 특히 외국어 전문용어 가운데 자주 쓰이는 말은 정부가 나서서 우리말로 바꿔주어야 공공언어에서 외국어를 남용하는 관행도 뿌리 뽑을 수 있다. 대통령이나 총리 밑에 각 부처의 전문용어 표준화협의회를 총괄할 전문용어 총괄위원회를 두고, 외국에서 들어온 새 전문용어 가운데 국민에게 자주 노출되는 말부터 쉬운 우리말로 바꾸자. 학자들이 쉬운 전문용어를 연구하는 데에도 지원을 아끼지 말아야 한다. 특히 대통령 등 정부 고위층이 외국어 사용을 줄이고 쉬운 말 사용에 앞장서야 한다. 공공언어에서 영어 남용은 국어를 싸구려 이류 언어로 떨어뜨린다.

둘째, 법률 용어와 문장을 쉬운 말로 고쳐야 한다. 어렵고 낯선 한자어들이 주로 문제인데, 낯익은 고유어나 쉬운 한자어로 고칠 수 있는 용어는 모두 고쳐야 한다. 적절한 대체어가 없다고 손 놓을 게 아니라 낱말 수준을 넘어 문장을 통째로 바꾸어 동일한 의미를 담는 방안을 적극적으로 연구해야 한다.

셋째, 글쓰기와 말하기에서 민주시민이 갖추어야 할 시민적 예의를 가르쳐야 한다. 처지를 바꾸어 생각하고 말하는 버릇, 경청하는 버릇, 차별하지 않는 말버릇, 대화를 독점하지 않고 공평하게 발언하는 버릇, 비아냥거리지 않고 핵심을 정확하게 표현하는 능력, 비판에 귀 기울이는 태도, 잘못과 실수를 진심으로 인정하고 반성하는 능력을 키워야 한다. 학교에서 국어교육이자 민주시민교육의 한 영역으로 잡고, 사회에서도 평생교육의 한 영역으로 정하여 가르쳐야 한다. 시민들끼리 주고받는 거친 말과 욕설은 국어를 저질로 몰아가고 시민들 사이의 관계를 깬다.

넷째, 국어교육을 크게 바꾸어야 한다. 지금까지 해왔던 공부로는 말맛을 느끼고 풍부한 어휘를 구사하면서 살아가기 어렵다. 우리 아이들은 좀 더 자유로운 책 읽기 외에도 살아 있는 글쓰기와 말하기 등을 배우고 익혀야 한다. 연극과 뮤지컬, 독서 토론, 웅변, 방송 제작, 강연 등 글쓰기와 말하기가 결합된 다양한 활동을 펼치는 게 좋겠다. 또한, 새말 만드는 방법을 가르쳐서 어린 시절부터 느낌이나 개념을 새말로 만드는 능력을 키워야 한다. 이는 외국어 남용에서 벗어나는 길이자 우리말 어휘를 풍부하게 발전시키는 토대가 될 것이다.

이런 과제들이 조금씩 풀리면서 국어 환경이 좋아질 때마다 우리 국민은 구체적인 국어 사랑의 계기를 마주할 수 있을 것이다. 나의 삶을 편하게 해주고, 나의 권리를 튼튼하게 해주고, 내 정신에 빛을 밝혀주고, 남과 맺는 관계를 풍요롭게 살찌우고, 다른 이가 내게 보내는 존중을 분명히 느끼게 해줄 때, 우리에게 우리말은 얼마나 멋진 친구란 말인가.

어떤 이는 주장한다. 말은 자연스레 변하는 생물과도 같으니 인위적으로 순화하거나 건드리지 말라고. 외국어 남용은 세상이 그럴만하게 변해서인데, 그걸 억누르려는 건 자연스럽지 않다고. 한자어가 예전엔 중국말, 일본말이었지만 이제는 우리가 그것들을 사용하지 않고 말할 수 없듯이, 영어도 그렇게 되는 거라고. 젊은 세대의 줄임말 신조어, 말 파괴와 맞춤법 파괴는 이 시대의 자연스러운 현상이니 변화를 변화로 받아들이라고. 억지로 뭔가를 바로잡으려 하지 말라고 그들은 내게 충고한다. 언어는 생물과 같아서 스스로 변하는 것이지 사람이 인위적으로 바꾸거나 지키려고 해서 그렇게 될 일이 아니라는 것이다.

과연 그럴까? 그러면 세종대왕은 왜 인위적으로 한글을 만들어서 한자 세상을 뒤집으려 하였을까? 주시경은 왜 국한문혼용 시대에 한글전용 신문을 냈을까? 일본 제국주의자들이 조선어 교육을 줄이고 결국 못쓰도록 한 것은 아무 효과가 없었을까? 한겨레신문은 무슨 배짱으로 한글전용 가로쓰기를 선보였을까? 다 자연스레 된 일은 없고, 모두가 인위적으로 벌어진 일이다. 정부에서는 어려운 행정 용어와 법률 용어를 바꾸고, 방송 뉴스에서는 언젠가부터 '엘리베이터'를 '승강기'로, '싱크 홀 현상'을 '땅 꺼짐 현상'으로, '개문냉방'을 '문 열고 냉방'으로 바꿔 쓰고 있다. 모두 인위적이었지만 이제는 다 자연스럽다.

뭔가 하려는 사람이 세상을 바꾼다. 영어를 퍼뜨리는 사람, 줄임말 신조어를 퍼뜨리는 사람이 있기에 과거와 다르게 말이 변한다. 그와 똑같이, 비록 다 내 마음대로 되지는 않겠지만, 내가 이런 말을 쓰지 말자고 하면 그런 방향으로 사회적인 힘을 모을 수 있는 것이다. 즉, 생각하고 실천하는 주체들이 모여서 이루어진 이 세상에는 나처럼 어떤 방향으로 행동하는 사람이 있고, 나와 반대인 사람도 있고, 제3의 입장을 지닌 이들도 있다. 이런 세력들의 충돌과 타협, 긴장 속에서 세상이 변하고 말도 변한다. 그냥 자연스레 변하는 게 아니라 사회적 실천의 씨줄과 날줄이 새로운 세계를 짜내는 것이다. 사람은 자연에서 살아가는 꽃이나 나비가 아니다. 오로지 구경꾼으로만 사는 사람은 없다.

1부. 말의 여러 가지 얼굴

3장. 권리의 언어-어려운 이의 어려움을 키우는 말

전태일 열사의 수고를 소개한 글은 조영래 변호사가 쓴 《전태일 평전》 166쪽에서 인용하였다. 이 책은 2009년에 '아름다운 전태일 출판사'에서 나왔는데, 초판은 1983년에 "어느 청년 노동자의 삶과 죽음"이라는 제목으로 출판사 돌베개에서 냈었다.

4장. 살림의 언어-일의 효율을 떨어뜨리는 말

미국에서 어려운 말과 쉬운 말을 쓸 때 경제적 효과가 어떤 차이를 보이는지 추정한 결과는 2010년에 국립국어원에서 현대경제연구원의 장후석 박사 등에게 의뢰하여 수행한 '공공언어개선의 정책 효과 분석'에서 재인용하였다.

2부. 언어는 인권이다

2장. 짜장면과 자장면, 정말 무엇이 맞을까?

짜장면에 관한 시인 안도현의 글은 2000년에 열림원에서 나온 《짜장면》 122쪽에서 인용하였다.

말과 글에 관한 주시경의 철학은 1910년에 보성중학교 졸업생 회지인 《보중친목회보》에 실린 '한나라말'에서 인용하였다. 원고지 4매 분량의 짧은 글이지만, 말과 글과 민족과 사회와 국가의 관계를 매우 명쾌하게 밝혔다.

3장. 누구라도 어떤 단어를 몰라 죽게 해선 안 된다.

영국의 쉬운 영어 운동을 주도한 크리시 메이어(Chrissie Maher)의 방송 인터뷰 글은 김미경이 2009년에 출판사 써네스트에서 낸 《Plain English 쉬운 영어》 22쪽에서 인용하였다. 크리시 메이어와 이 단체의 활동은 도서출판 피어나에서 2014년에 낸 《쉬운 언어 정책과 자국어 보호 정책의 만남》, 그리고 이 단체의 누리집(http://www.plainenglish.co.uk)을 참고하였다.

4장. 한글 창제 정신은 오늘날의 인권 의식

이 장은 내가 2016년에 도서출판 피어나에서 낸 《한자 신기루》 17장을 다듬어서 실었다.

최만리 등의 '언문 반포 반대 상소', 그리고 신하 허조와 나눈 논쟁이 실린 세종 14년(1432년 11월 7일)의 '세종실록'은 김슬옹이 2005년 《짚신문학》 17호(겨울호)에 쓴 '최만리 외 6인의 언문 반포 반대 갑자 상소의 맥락적 평가'에서 재인용하였다.

6장. 민주주의와 인권을 위해 국어를 지킨다.

공중과 공론장에 관한 장은주의 글은 그가 2017년에 도서출판 피어나에서 낸 《시민교육이 희망이다》 135~136쪽에서 인용하였다.

3부. 현대인은 국어를 사랑하지 않는다.

2장. 똥통에 빠져 죽은 악질 조선인 형사

조선어학회 사건의 전말은 한글학회에서 2009년에 펴낸 《한글학회 100년사》를 참조하였다.

일제의 조선어 말살 정책은 국사편찬위원회에서 2007년도에 구술자료 수집사업으로 진행한 '해방 이후 국어 정립을 위한 학술적, 정책적 활동 양상' 가운데 김민수의 증언을 참조하였다. 김민수는 고려대학교 국어국문학과 교수를 지냈고, 1973년에 《국어정책론》을 냈다.

조선말 사전 편찬 진행에 관한 정인승의 회고는 한글학회가 1957년 10월에 펴낸 《한글》 제122호, 가운데 "큰 사전" 끝권을 내면서'에서 인용하였다.

조선어학회 사건 재판 당시 일제가 문제로 삼은 사전 원고 내용은 2012년에 박용규가 써서 한글학회에서 펴낸 《조선어학회 항일투쟁사》 109쪽에서

재인용하였다. 《한글학회 50년사》와 2001년 선영사에서 펴낸 이희승의 자서전 《다시 태어나도 이 길을》에 나오는 내용이다.

조선어학회 사건 당시 고문에 관한 김윤경의 증언은 박용규가 쓴 《조선어학회 항일투쟁사》 164쪽에서 재인용하였다.

안정묵의 죽음에 관한 정인승의 기억은 김승곤이 2012년 여름에 《새국어생활》 제22권 제2호에 쓴 '내가 아는 건재 정인승 선생님'에서 인용하였다.

김건치의 죽음에 관한 이강로의 회고는 국사편찬위원회에서 2007년도에 구술자료 수집사업으로 진행한 '해방 이후 국어 정립을 위한 학술적, 정책적 활동 양상' 가운데 이강로 편을 참조하여 재구성하였다.

3장. 최초의 한글 말뭉치, 독립신문

국한문혼용으로 신문을 내야 한다고 제안한 일본인 이노우에의 건의서와 그 의도는 김슬옹이 2009년에 한겨레말글연구소 누리집에 올린 '고종의 국문에 관한 공문식 칙령 반포의 국어사적 의미'에서 인용하였다.
http://blog.daum.net/cyy003/6028243

독립신문 기사 현대문은 네이버에서 제공하는 《독립신문》에서 인용하였다. http://terms.naver.com/list.nhn?cid=51385&categoryId=51385

4장. 서울역 화물창고에서 되찾은 한국어

《큰 사전》 편찬의 우여곡절은 2009년에 한글학회에서 펴낸 《한글학회 100년사》 537~543쪽을 참고하였다.

5장. 고문 용어까지 우리말로 바꿔낸 말글 해방

'민족'의 개념과 이를 둘러싼 논쟁에 관해서는 구갑우, 이건범 등이 2010년에 위즈덤하우스에서 펴낸 《좌우파사전》에서 구갑우의 '남북관계' 148~149쪽을 인용하였다.

임화의 발언은 고길섶이 1995년에 토담에서 낸 《우리 시대의 언어게임》에서 재인용하였다. 이 발언은 《우리문학》 1946년 2월호 '문학자의 자기비판' 꼭

지에 나온다고 한다. 1945년 12월 봉황각에서 이 주제로 열린 좌담에는 김남천, 김사량, 이기영, 이원조, 이태준, 임화, 한설야, 한효 등이 참석하였다.

4부. 우리는 왜 국어를 사랑하지 않게 되었을까?

3장. 독재의 언어로 악용당한 민족어

박정희의 10월 유신에 기대는 듯한 전국국어운동대학생회연합과 한글학회의 표현은 고길섶이 1995년에 토담에서 낸《우리 시대의 언어게임》10장에서 재인용하였다. 한글학회의 진언서는 한글학회가 펴낸 소식지이자 기관지인《한글새소식》1975년 6월호에 실렸다.

전두환의 국어순화 정책은 고길섶이 1995년에 토담에서 낸《우리 시대의 언어게임》10장에서 재인용하였다.

4장. 자유를 얻고 영혼을 내준 우리말

1980년대 후반부터 벌어진 네 가지 사회변화와 이에 따른 국어 변화의 흐름은 2013년에 한글문화연대에서 수행한 국민대통합위원회 연구 용역 과제인 '말(언어) 문화 운동 추진 방안 연구'의 보고서(이건범 집필)를 일부 재활용하고 다듬은 것이다.

5부. 영어, 그 지나침이 고통을 주기에 비판한다.

2장. 국어사전에 있는 영어는 모두 외래어인가?

《표준국어대사전》에 영어 낱말이 표제어로 올라간 사정은 이상규가 2013년에 쓴 '한국 국어정책의 미래'에서 인용하였다. 이 글은 도서출판 피어나에서 낸《쉬운 언어 정책과 자국어 보호 정책의 만남》에 실려 있는데, 이 책은 2013년 10월에 한글문화연대가 연 국제학술회의의 발표 원고 모음이다.

6부. 한자 모르면 낱말 이해가 어려울까?

1장. 시각장애인은 한자어를 이해할 수 있을까?

헌법재판소에 참고인으로 나가 증언하며 논쟁한 내용은 국립국어원에서 낸 《새국어생활》 2017년 봄호(27권 1호.)에 실린 나의 글 '국어기본법 지키려 헌재 법정에 서다'를 가져와 다듬었다.

헌법재판소 변론 동영상은 헌법재판소 누리집 '변론 동영상'에서 변론 날짜(2016년 5월 12일)로 검색하면 볼 수 있다.

2장. 한자, '표기'가 아니라 '교육'의 문제다.

이 장은 내가 2017년 3월에 한글학회 학술지 《한글》 315호에 실은 논문 '초등교과서 속 한자어 교육에 한자 지식이 미치는 영향 분석'의 일부 내용을 가져와 다듬었다. 이 논문은 2016년 9월 23일 한글문화연대가 연 학술토론회에서 내가 발표한 '초등교과서 속 한자말과 한자 어원의 상관성 분석'을 바탕으로 삼았다.

인지과학자 퍼페티의 실험은 인지과학자 배문정이 한글문화연대에서 2016년 9월에 연 학술토론회에서 발표한 '한자 교육의 인지과학적 고찰'에서 인용하였다. 토론회 주제는 '한자어의 이해 과정과 어원 지식의 역할'이었다.

헌법재판소 사건번호 2012헌마854의 위헌 소송에서 청구인들은 '국어기본법 등 위헌확인 심판청구서'를 내고 그 뒤에 '국어기본법 등 위헌확인 심판 보충의견서'를 재판부에 냈다. 앞엣것을 '심판청구서', 뒤엣것을 '보충의견서'라고 출처를 밝힌다.

3장. 한글 세대의 문해력은 세계 최상위 수준

한글 세대의 문해력에 관한 내용은 내가 2016년 5월에 헌법재판소에 낸 '참고인 의견서' 내용 일부를 가져와 다듬었다.

읽기 능력에 대한 정의는 한국교육과정평가원에서 2014년 12월에 낸 《피사 2012 주요결과 보고서》에서 인용하였다.

국제 학업성취도평가 다섯 번의 순위 통계는 한국교육과정평가원 누리집의 'PISA 2000, 2003, 2006, 2009, 2012 주요 결과'에서 가져왔다. http://www.kice.re.kr/resrchBoard/list.do?type=default&page=1&m=030101&pblYymm=&s=kice&cate=0&srchWord=PISA&strSrchType=

문해력에 대한 경제협력개발기구의 정의는 이 기구 누리집에서 인용하였다. http://www.oecd.org/edu/innovation-education/adultliteracy.htm

노인층 문해력과 독서의 상관성에 대한 언급은 2013년에 교육부, 고용노동부, 한국직업능력개발원에서 함께 작성한 《한국인의 역량, 학습과 일- 국제성인역량조사(PIAAC) 보고서》 53쪽에서 인용하였다.

4장. 한자어 32%만 한자로 뜻 설명된다.

이 장은 내가 2017년 3월에 한글학회 학술지 《한글》 315호에 실은 논문 '초등교과서 속 한자어 교육에 한자 지식이 미치는 영향 분석'의 일부 내용을 가져와 다듬었다.

한국 한자의 특징은 내가 2016년 1월에 도서출판 피어나에서 낸 《한자 신기루》 93쪽에서 인용하였다.

한자어 수학 용어 이해에 한자 지식이 미치는 영향을 분석한 광운대 수학과 교수 허민의 연구 결과는 '한자말 수학 용어의 문제점과 극복 방안'에서 인용하였다. 한글문화연대에서 2016년 9월에 "한자어의 이해 과정과 어원 지식의 역할"을 주제로 연 학술토론회에서 발표한 글이다.

단어의 사용 빈도와 의미 투명도 사이의 상관관계를 실험한 연구 결과는 배성봉과 이광오, 박혜원 등이 2012년에 쓴 논문 '한자어 인지와 학습에서 의미투명성의 효과'에서 인용하였다.

5장. 고유어든 한자어든 이해 구조는 같다.

체험과 사용에 바탕을 둔 언어 습득에 관한 토마셀로의 견해는 안소진이 2011년에 쓴 논문 '한자어 형태론의 제 문제와 어휘부'에서 인용하였다.

지시가설의 행동-유도성에 대해서는 Kaschak, M. P. & Glenberg, A. M.이 2005년에 쓴 'Constructing meaning: The role of affordances and grammatical constructions in sentence comprehension'을 참고하였다. 이 논문은 *Journal of memory and language* 43의 508~529쪽에 실려 있다.

인지주의 언어론의 이론적 뼈대는 서혜경이 2014년에 쓴 경북대 박사학위 논문 '국어 어휘의미 교육의 인지언어학적 연구'에서 인용하였다.

6장. 한글 시대를 선포한 헌법재판소

헌법재판소의 판결문은 '2012헌마854 국어기본법 제3조 등 위헌 확인 사건 판결 요지'에서 인용하였다. 이는 헌법재판소 누리집에서 내려받을 수 있다.